분열병과 인류

KB109519

BUNRETSUBYO TO JINRUI
by Hisao Nakai
Copyright © 1982 Hisao Nakai
Korean translation rights were arranged with UNIVERSITY OF TOKYO PRESS
through Japan UNI Agency, Inc., Tokyo and Korea Copyright Center, Inc.,
Seoul.

이 책의 한국어판 저작권은
일본 UNI 에이전시와 한국저작권센터(KCC)를 통해
UNIVERSITY OF TOKYO PRESS와 독점 계약한 마음산책에 있습니다.
저작권법으로 한국 내에서 보호를 받는 저작물이므로
무단 전재와 무단 복제를 금합니다.

■ 이 도서의 국립중앙도서관 출판시도서목록(CIP)은
서지정보유통지원시스템 홈페이지(http://seoji.nl.go.kr)와
국가자료공동목록시스템(http://www.nl.go.kr/kolisnet)에서 이용하실 수 있습니다.
(CIP제어번호: CIP2014036096)

분열병과 인류

정신병은 어떻게 만들어졌나

나카이 히사오

한승동 옮김

마음산책

나카이 히사오 中井久夫

정신과 의사. 1934년 일본 나라 현에서 태어났다. 1959년 교토대학 의학부 의학과를 졸업했다. 당초 바이러스를 연구했으나 도쿄대학 부속병원에 근무하던 중 정신의학으로 방향을 바꿨다. 1971년 도쿄대학 강사 및 부속병원 신경과병동 의장을 지냈고, 1975년 나고야시립대학 의학부 조교수, 1980년 고베대학 의학부 교수, 그 뒤 고난대학 문학부 교수 등을 역임했다.
지은 책으로 『나카이 히사오 저작집』(전 6권, 별권 2권) 『천재의 정신병리』 『정신과 치료의 각서』 『정후·기억·외상』 『기억의 초상』 『가족의 심연』 『아리아드네에서 나온 실』 등과 다수의 에세이가 있다.

옮긴이 한승동

1957년 경상남도 창원에서 태어나 서강대학교 사학과를 다녔다. 1988년 〈한겨레〉 창간 때부터 지금까지 기자로 일하고 있으며 1998년부터 3년간 도쿄 특파원을 지냈다. 이후 국제부장, 문화부 선임기자, 논설위원 등을 거쳐 지금도 문화부에서 주로 책·출판 분야 일을 맡고 있다. 지은 책으로 『지금 동아시아를 읽는다』 『대한민국 걸어차기』가 있으며, 옮긴 책으로 『속담 인류학』 『멜트다운』 『디아스포라의 눈』 『나의 서양음악 순례』 『세계를 움직이는 인맥』 『부시의 정신분석』 등이 있다.

분열병과 인류

1판 1쇄 인쇄 2014년 12월 30일
1판 2쇄 발행 2015년 6월 1일

지은이 | 나카이 히사오
옮긴이 | 한승동
펴낸이 | 정은숙
펴낸곳 | 마음산책

등록 | 2000년 7월 28일(제13-653호)
주소 | (우 121-840) 서울시 마포구 잔다리로 3안길 20(서교동 395-114)
전화 | 대표 362-1452 편집 362-1451   팩스 | 362-1455
홈페이지 | http://www.maumsan.com
블로그 | maumsanchaek.blog.me
트위터 | http://twitter.com/maumsanchaek
페이스북 | http://www.facebook.com/maumsanchaek
전자우편 | maum@maumsan.com

ISBN 978-89-6090-210-7 03300

* 책값은 뒤표지에 있습니다.

정돈과 청결, 적어도 청결하려는 의식,
그리고 간헐적인 공격성 분출, 권력과 지배의 질서—
이것은 바로 강박증 구조 그대로다.

차 례

분열병과 인류
예감, 불안, 원망사고願望思考

집착기질의 역사적 배경
재건 윤리로서의 근면과 궁리

서구 정신의학 배경사

가정과 학교를 불문하고 교육이라는 건
특히 강박성이라는 꽉 죄는 옷을
능숙하게 입도록 하는 접근 방식들로 가득 차 있다.

□ 일러두기

1. 이 책은 나카이 히사오의 『分裂病と人類』(도쿄대학출판회, 1982)를 번역한 것으로 동아시아출판인회의 '동아시아 100권의 인문도서'에 선정된 것을 계기로 국내 초역되었다.

2. 본문에 삽입한 표와 그림은 원서에서 가져온 것이다. 본문 중 이 책 출간 당시의 일부 지명·기관명·시설명·국가명은 현재와 다르더라도 되도록 원서를 따랐고 필요한 경우 옮긴이가 주로 설명을 달았다.

3. 저자의 주는 권미로 몰고 본문에 숫자를 달았다. 옮긴이 주는 본문 글줄 상단에 맞춰 작은 글자로 표기했다. 일부 꼭지 뒤쪽에 나오는 부연 글은 저자 것이다.

4. 굵은 고딕 글씨로 처리한 부분은 저자가 원서에서 방점으로 강조한 곳이며, 본문에서 ( )로 묶은 곳은 저자가 덧붙인 것이다.

5. 외국 인명·지명·작품명 및 독음은 외래어표기법을 따르되 관용적인 표기와 동떨어진 경우 절충하여 실용적 표기를 따랐다.

6. 국내에 소개된 단행본 등은 번역된 제목을 따랐고, 국내에 소개되지 않은 것은 원어 제목을 독음대로 적거나 우리말로 옮겨 적었다.

7. 잡지, 신문 등의 매체명은 〈 〉로, 논문과 단편 등은 「 」로, 단행본과 장편은 『 』로 묶었다.

분열병과 인류

예감, 불안, 원망사고 願望思考

조몬繩文 후기의 '환각 가면' 독초 등을 써서 의식적으로 환각 상태를 불러일으킨 뒤, 그때 눈에 비치는 얼굴을 표현한 것이 아닐까. 이 장에서 다루는 시기의 말기에 해당할 듯하다. 모두 흙으로 빚은 것. 이와테 현 출토. 스케치 오오쓰카 가즈요시大塚和義,〈고인돌〉7호에서)

들어가며

　이것은 분열병 문제에 대한 지극히 간접적인 접근에 지나지 않는다. 그러나 이런 거시적 관점에서 이 문제를 다시 살펴보는 것도 때로는 필요하지 않겠는가.

　여기에선 고전적인 '분열병' 개념을 직접 거론하진 않는다. 고전적 '분열병' 개념이 19세기 초 거대 단과 정신병원이 구미 각지에 등장한 뒤 대략 반세기에 걸쳐 형성됐다는 건 우연이 아닐 것이다. 거대 정신병원은 대체로 한 세기 이상 거의 개선된 바 없지만■ 그 속에서 이른바 가성소다(수산화나트륨) 통 속에 넣었다가 꺼내듯 골격을 깨끗이 빨아낸 것이 고전적 '분열병' 개념이다. 아마도 거대 단과 정신병원이 등장하기 이전의 분열병에 상당하는 상태는 훨씬 더 다채롭지 않았을까.

　우리가 그것을 직접 살펴볼 순 없지만 그 이전 시대, 당시 뉴턴역학과 더불어 최첨단 과학이었던 린네Carl von Linné, 1707~1778. 스웨덴의 박물학자. 저서 『자연의 분류』에서 생물의 학명을 속명(屬名)과 종명(種名)으로 나타내는 '이명법(二名法)'을 창안해 지금의 생물분류 방법을 확립했다의 생물분류법을 무기 삼아 광기를 분류하려고 한 나머지 혼란과 부정합 속에 종언을 고했던 18세기는 학문이 미성숙했다기보다는 당시 다채로운 '광기'의 현상형태를 반영한 게 아닐까.■■ 그렇게 보는 이유는 우리가 지금 다시 분열병 상像의 윤곽이 흐릿해지고 다채로워진 시대를 경험하고 있기 때문이다. 분열병에 특이한 증상이 존재하지 않는다는 점에는 점차 정신과 의사들이 합의하고 있다.

만약 결핵 요양소의 장기 입원 환자만 보고 결핵 환자의 병 전체를 추측한다면 그것은 구제불능의 중병으로 보일 것이다. 만약 결핵이 수명을 단축시키지 않았다면 각지의 요양소는 지금 정신병원 이상으로 대량의 만성 환자들을 끌어들여 의료는 더 허술하고 획일적인 것으로 돼 있을 것이다. 오늘날에도 장기 입원 중인 분열병 환자는 다른 병의 중증 환자가 받는 만큼의 극진한 보호를 받지 못하고 있는데, 만일 그 수가 한 자릿수 줄어들면 현대의 의료 수준으로도 지금 상태보다는 좀 더 나은 대우를 받을 수 있지 않을까. 게다가 장기 입원 환자는 빙산의 일각에 지나지 않으며, 분열병도 결핵과 마찬가지로 저변이 넓은 병이라 여겨진다.■■■

■   피넬Philippe Pinel, 1745~1826. 프랑스 의학자, 정신과의. 백과전서파의 영향을 받아 심리학을 깊이 연구했고. 루소와 당시 영국의 심리학적 정신과의임상실적의 영향을 받았다에 상당하는 독일의 인물은 동시대의 라일Johann Chritian Reil, 1759~1813. 독일 의사, 생리학자, 해부학자, 정신과의이 아니라 반세기 뒤의 그리징거Wilhelm Griesinger, 1817~1868. 독일 신경학자, 정신과의. 반사생물학을 토대로 반낭만주의적 정신의학의 확립에 공헌했다인데, 그가 일찍 요절하는 바람에 독일 정신병원은 1960년 전후까지 한 세기 이상 바뀌지 않았다고 한다.(현대 의학사가 M. 슈렝크[1])

사정은 일부 예외를 빼면 다른 구미 제국에서도 다를 바 없었던 듯하다. 나아가 피넬까지 포함해서 일반적으로 정신병원 개혁자가 이룬 개혁이 그 개인의 생애보다 오래 살아남은 경우는 불행하게도 거의 없었던 게 아닐까. 예외가 있다면 튜크^{Tuke} 가문인데, 이건 예외적으로 독지가(퀘이커 상인)이자 정신과 의사였던 4대째와 함께 역설적이게도 그 전통이 끝났다.

덧붙여 얘기하면, 정신의학·정신병원을 개혁하려는 사람들 중엔 일반 사회의 혁명을 꾀하다 좌절한 사람 또는 도중에 혁명에 실망한 사람이 많다. 오래전에 시드넘^{Thomas Sydenham, 1624~1689. 영국 의사. '세인트 비투스 댄스'로 알려진 무도병(舞踏病)을 발견했다}—임상의학의 '아버지'—은 이미 청교도혁명에서 의회군 기병대의 일원이었고 그 때문에 찰스 2세의 왕정복고 뒤 남프랑스 몽펠리에로 도망가야 했으며, 귀국 뒤에도 정식 자격을 얻는 데 어려움을 겪었다. 피넬은 프랑스혁명 뒤에 새로운 사회교육 체제를 구상한 지식인 그룹, 엘베시우스 미망인을 중심으로 한 '이데올로그'의 일원이었다.

그들은 나폴레옹에 이용당하고 버려졌다. 그리고 루이 18세의 왕정복고 뒤 피넬은 요주의 인물로 간주되고 행동의 자유를 제약당했다.(왕정복고 시대에도 프랑스 의사회는 여전히 보나파르트파의 아성이었지만, 미셸 푸코의 비난은 이 시기의 피넬에 대해서는 좀 가혹한 듯하다.)

그리징거는 피르호^{Rudolph Ludwig Carl Virchow, 1821~1902. 독일인 의사, 병리학자, 선사학자, 생물학자, 정치가. 백혈병 발견자}와 함께 1848년 3월혁명으로 하나의 정점에 도달했던 시기 이전, 역사가들이 말하는 이른바 3월혁명 이전 시기의 정신적 중압 속에서 독일 시민혁명을 구상했던 사람들의 일원이었는데, 혁명이 좌절한 뒤 이집트로 도피해 10여 년을 보내다가 귀국해 바로 정신병원 개혁을 기획한다.(이 패턴은 20세기 후반의 정신의학 개혁자들에게도 어느 정도 계승되고 있지 않을까.)

독일의 정신병원은 독일 낭만파의 정신을 명분으로 내걸고 있지만 속내는 예전의 적이었던 나폴레옹이 창설한 근대적인 관료·교육 제도를 패전국 프로이센에 (원형보다 더 엄격하게) 실현하려는 이른바 슈타인Heinrich Friedrich Karl vom und zum Stein, 1757~1831. 프로이센 왕국의 정치가. 개명파 관료 개혁의 일환으로 위생 관료, 때로는 일반 관료들이 건설했다. 패전국의 재건을 담당하는 지배층의 발상은 어디에서나 비슷하다. 그러나 원형인 프랑스에서처럼 독일에서도 정신병원장은 정신병원을 하나의 목가적 유토피아 또는 왕국으로 구상한다. 이성의 신전을 중심에 놓는, 프랑스 에스키롤Jean Étienne Dominique Esquirol, 1772~1840. 프랑스 정신의학자. 피넬의 수제자로 정신의학, 특히 정신병자 처우나 정신의학 교육에 크게 공헌했다이 지은 샤랑통Charenton 왕립병원, 독일 '낭만파 정신의학'이 좋아했던 멋들어진 정자(파비용·pavillon)라 불리는, 인가와 떨어진 임야 속에 흩어져 있는 병동도 바로 그 결정체들이다.

다만 이들 모두 '왕'으로 군림하는 자는 병원장이다. 말하는 김에 보태자면, 본래 혁명가였든 아니든 정신병원장들 중 적지 않은 사람들이 아르카디아Arcadia. 고대 그리스의 펠로폰네소스 오지에 있었다고 하는 이상향. 무릉도원를 꿈꾸는 현실도피자적인 면을 지니고 있을 가능성이 농후하다. 왕국의 고독한 주인인 병원장들은 보통은 무섭도록 근면하지만 홀연히 휴양을 떠나곤 하는데, 그 행선지는 묘하게도 남쪽 바다일 경우가 많다.

■■ 린네의 2항 명명법의 흔적은 Dementia praecox('조발치매早發癡呆'—원래 뜻은 급속히 진행되는 치매)라는 명칭 그 자체에서도 찾아볼 수 있는

데, 린네를 비롯해 네덜란드, 스코틀랜드(에든버러대학), 남프랑스(몽펠리에대학)의 의사들은 '하나하나 착실하게 쌓아가는 정신' 아래 정신병을 수십, 수백 가지로 나눴다. 또 19세기 정신병원의 획일성과 규율—유형流刑에 처하는 대신 나폴레옹법전 및 그 아류를 근거로 형무소=교도소로 보내는 것, 용병 대신 징병제 상비군 병영으로 보내는 것, 그리고 정신병원, 이 3대 격리는 19세기의 한 특징이라 할 수 있다—에 비해 18세기의 '수용 시설'은 훨씬 잡다하고 일종의 활기 같은 게 있었다. 제복을 입을 수 없고, 호가스William Hogarth, 1697~1764. 로코코 시대의 영국 화가의 판화에서 보듯 때로는 왕의 옷차림조차 취향(또는 망상)대로 허용됐으며 병원 내에서 출산하는 것도 놀라운 일이 아니었다. 치료법도 18세기가 좀 더 보호적이었고 충격적 치료는 오히려 19세기(적어도 18세기 후반 이후)가 선호했다.(피넬 이후에 구금이 없어졌기 때문에 물론 그런 치료도 사라졌다.)

18세기 후반에는 특히 프랑스에서 자선慈善 사상의 영향 아래 정신병원의 설계를 일류 건축가가 기꺼이 맡아 했으며, 특히 통풍이 잘되도록 하는 걸 중시했다.(이것은 광기가 병원의 악취와 관계있다고 여겼기 때문이기도 하다.)

스코틀랜드에서는 에든버러 학파의 지도자 윌리엄 컬런William Cullen, 1710~1790. 스코틀랜드 의사. 화학자이 정신병은 치료할 수 있다는 것, 그리고 정신병을 앓고 있는 사람을 병자로 대우해줄 것을 고창했다. 19세기의 동물원 설립에 앞서 정신병원 구경이 18세기 도시 주민들의 일요일 나들이였다('인간원人間園')고 해도 거기에도 한 가지 좋은 점, 즉 정신 의료를 대중의 눈앞에 드러낸 면이 있다. 정신병원을 둘러싼 불미스러운 사건, 특히 유산 횡령을 위해 상속인을 병원에 집어넣는 사건은 오히려 19세기의 특징이었다.

18세기는 전반적으로 평균수명이 19세기보다 길었고 큰 전쟁이 없었기 때문에 유럽 세계는—기후도—19세기보다 온화했고 정치적으로도 계몽주의적 관용이 통용됐다. 1789년 바스티유가 습격당했을 때 거기에 수용된 수인이 몇 명밖에 되지 않았다는 것은 결코 강조된 적이 없는 사실이다. 산업혁명은 먼저 자국민 착취로부터 시작했고 이어서 식민지화한 지역 사람들에 대한 착취로 나아갔다. 공장의 아동노동은 19세기의 것이다. 재산에 대한 범죄는 눈에 띄게 중형을 받게 됐다. 때로는 단순 절도에 대해서 사형을 선고하기도 했다.

■■■ 청년기에 일과성으로 분열 상태를 경험한 사람들의 수는 예상 이상으로 많지 않을까. 그런 뒤 사회적으로 활약하고 있는 사람들 중에도 그런 상태가 드물지 않으리라는 건 짧은 경험으로도 추정할 수 있다. 외국의 예를 들자면 철학자 비트겐슈타인Ludwig Josef Johann Wittgenstein, 1889~1951은 1913년에 거의 분열 상태에 빠졌을 가능성이 높다는 사실이 최근에 간행된 서간집[2]을 통해 알려졌다. "망령들의 수군거림 속에서 마침내 이성의 소리가 들려왔습니다. (…) 그렇지만 광기의 바로 지척까지 갔는데도 깨닫지 못하고 있었다니"라고. 거꾸로 20년 이상 분열병을 앓았던 (폴란드계) 러시아 무용가 니진스키Vaslav Nizinskii, 1890~1950는 세계대전 말기 치료를 전혀 받을 수 없는 상태에서 만기 관해寬解[정신분열병의 증상이 약화 또는 일시적으로 회복된 상태. 증상이 사라진 완전 관해와 일부 증상이 남아 있는 불완전 관해로 나뉜다]에 도달했던 것이 아닐까.[3]

선취적 구상

네덜란드의 임상정신의학자 뤽케Henricus Cornelius Rümke, 1893~1967는 정상인들도 모두 이른바 분열 증상을 체험하지만 그건 몇 초에서 몇십 초라고 했다.[4] 이 지속 시간의 차이가 무엇을 의미하는가 하고 그는 자문한다.

나는 회복기에 일주일에 1, 2회, 몇십 분에서 두세 시간 '경증 재발' 하는 환자를 몇 사람이나 진찰했다.(만성 입원 환자가 극히 짧은 시간 '급성 재발'을 했다는 보고도 있다.) 그중에서도 자전거로 사람들이 붐비는 곳을 달려갈 때 일어나기 쉬운 경우[5]와 같은 게 있어 흥미로웠다.■

당연히, 앞질러 가려면 주위 사람들의 얘기를 한두 마디 주워들으며 달려가게 된다. 그럴 경우 마디마디 끊어진 채 들려오는 사람들 얘기는 그것 자체는 거의 아무런 의미도 없지만, 아니 오히려 바로 그 때문이라고 해야 할까, 흘려들을 수 없는 무엇(예컨대 자신에 대한 비판)의 징후가 된다. 거기에서 갖가지 '이상 체험'으로 가는 균열이 시작된다. 그러나 짐짓 '휘둘리지 않는' 것처럼 하고 있으면, 이 징후적인 것들의 요란한 균열이 다시 닫히고 모두 지나가게 될 것이라는 걸 알고 그렇게 하고 있으면—결코 유쾌한 시간은 아니지만—어느 사이엔가 그것들이 사라진다. 이 경우 유리에 금이 가듯 확 퍼지면서 급속한 패닉(공황 상태)에 빠지진 않기 때문에, 아무래도 많은 '분열병성 이상 체험'은 그 기저에 있는 불안 또는 (대인적對人的) 안전보장 상실감insecurity feeling의

'양'이나 그 뿌리의 깊이에 따라 공황 상태에 빠지는 경우부터 거의 간과할 수 있는 경우까지 실로 그 폭이 큰 듯하다. 환청도 약간 들리다가 마는 사람이 있는가 하면 "대학교수라면 정년까지 시달리는 예가 있다"라는 얘기도 들었다. 하지만 지속 시간을 결정하는 인자가 또 따로 있을지도 모른다.

나는 한편으로 분열병을 앓게 될 가능성은 전 인류가 다 갖고 있다고 가정하면서도, 또 한편으로는 그 심각한 실조失調 형태가 다른 병보다도 분열병으로 발전하기 쉬운 '분열병 친화자'(이하 'S친화자'로 부르겠다)가 있다고 생각한다. 가벼운 실조 상태라면 가벼운 우울증을 비롯해 심기증心気症hypochondriasis. 기질적인 신체 질환이 없음에도 불구하고 자신의 신체 상태에 대해 실제 이상으로 과도하게 비관적으로 고민하고 걱정하며, 그 결과 신체와 정신 및 일상생활에 지장을 초래하는 정신 질환의 하나. 건강염려증 등 여러 가지가 있을 수 있다.

분열병 친화성을 기무라 빈木村敏[6]이 인간학적으로 "ante festum(축제 전야제＝선취先取)적인 구조의 탁월성"이라고 포괄적으로 파악한 것은 내 입장에서 보더라도 설득력이 있다. 나는 내 나름대로 예전에 '징후 공간 우위성'과 '통합 지향성'을 추출해 "가장 멀고 가장 희미한 징후를 가장 강렬하게 감지해 마치 그 사태가 현전現前한 것처럼 두려워하고 동경한다"[7]라고 얘기했다.(징후가 국소적으로 한정되지 않고 하나의 전체적인 사태를 대표상代表象하는 것이 '통합 지향성'이다.)

여기에서 선취적인 구조의 장점과 단점을 조금 구체적으로 살펴보기 위해, 1차 근사적近似的 모델로 입력의 **시간적 변동 부분만**을 검출해 **미래의 경향 예측**으로 활용할 수 있는 '미분회로微分回路'의 특성들을 얘기해보겠다. 단, 나는 전기공학에는 전혀 문외한이어서 오해의 여지가 없지 않다. 또 '미분회로'가 1차 근사에 지나지 않는 것은, 회로는 입력이 외부에서 발생하는 것을 전제로 한다는 점으로도 알 수 있는데, 인간은 입력이 '회로' 내부에서도 발생한다는 점이 문제다.(요컨대 사고思考나 정동精動 모두 인지 대상이 되는 '내적 사상事象'이다.)

계통발생적으로는 아마 적분회로積分回路적 인지보다 미분회로적 인지 쪽이 더 오래됐을 것이다. 예컨대 운동하는 것밖에 인지하지 못하는 개구리의 시각을 생각해보면 되는데, 더 오래된 형태의 지각인 후각, 미각 등은 현저히 미분적이어서 변화의 순간부터 지각의 강도가 차차 낮아진다. 이 오래된 형태의, 따라서 보통은 그다지 흔들림 없는 인지 방식이 인류에 이르러 혼란의 원인이 됐다면 그것은 '입력의 내부 발생'이라는, 인류에 가까이 접근함에 따라 뚜렷해진 사태 전개 때문일지도 모르겠다.(미분회로는 소음noise 흡수력이 거의 없다.)

미분회로는 미리 내다보는 방식(리드 방식)이라고도 하는데, 변화 경향을 예측적으로 파악해서 장래에 발생할 동작에 대해 예방적 대책을 강구하는 데 활용된다. 실로 선취적 회로라고 할 수 있다. 또 워시아웃washed-out 회로라고도 하는 데서 알 수 있듯 과도적 현상에 민감하고 이를 씻어내는 민감성이 있어서 t≒0 상태에서 상대의 경향을 올바르게 파악한다. 그러나 이 '현실 음미력'은 지속되지 않는다. 즉, 출력이 입력을 따라가는 것은 t=o 근처일 때뿐이고, 시간이 지나면서 출력이 입력을 따라가지 못하고 금방 한계점에 도달한 뒤 점차 내려간다. 증폭력의 유지도 불가능해 불안정해진다. 중간 정도의 증폭력에서는 돌출적 변화 입력이나 점진적 변화 입력에도 합리적으로 대응할 수 있지만 일정 정도 이상의 증폭에는 약하다. 또 과도한 엄밀성을 추구해 t=0 상태의 완전 미분을 추구하려 하면 상대의 초기 움직임에 휘둘려 완전히 인지 불능 상태가 된다고 한다. 또 앞서 얘기했듯이 고주파 노이즈가 개입되면 출력이 혼란을 일으킨다. 그리고 미래 지향적인 회로여서 과거의 기억(메모리)을 되살릴 수 없다.

이는 '분열병 친화자'의 많은 국면들을 설명해주는 것으로 보인다.(대인관계론적으로 보면 모든 것은 상호적이어서 상대에게 파장을 맞추고 있는 분열병 치료자도 면접 때 미분(회로)적 감각에 예민해진다.) 만약 불안에 쫓겨 완벽한 예측을 추구하려 한다면 이는 $t=0$ 상태의 완전 미분을 추구하는 것으로, 오히려 상대의 초기 움직임에 휘둘려 발병의 극히 초기 단계에 보이는 바와 같이 주변 인물들의 거의 잡음에 가까운 표정 근육(안색) 변화에서 중대하고 결정적인 의미를 읽어내고 거기에 따라 단호한 행동을 취한다.

또 입력의 변화에서 장래의 경향을 예민하게 예측하고 과도적 현상도 간과하지 않지만, 시간이 지나면서 출력의 변동은 입력의 변동을 반영하지 못하게 되고(현실 음미성의 저하), 에너지도 저하하며, 증폭력도 유지할 수 없게 돼 불안정해진다. 이는 분열병 친화자가 쉽게 지치거나 분열병자가 잠재력potentiality을 상실하게 되는 현상을 떠올리게 한다. 만발성晚發性 치유가 문제가 된 이래(사실은 오래전부터 알려져 있었지만) 분열병적 변화가, 이론적으로는 가역적 변화이지만, 좀체 회복 에너지를 끄집어내기 어려운 구조라고 생각할 수밖에 없게 됐는데, 미분회로의 결점은 대체로 이에 대응하는 모델인 것으로 생각된다. '적당한 입력을 계속할 수 있도록' 하기 위해 구체적으로 어떻게 해야 할지 얘기하기가 쉽지 않은데, 적어도 단조로운 일상생활은 입력 제로, 즉 일종의 정보 '고갈' 상태에 놓여 있는 것이고, 이는 출력의 절대치 저하와 현실 대응성 저하를 심화시킬 것이다.

나움버그Margaret Naumburg, 1890~1983의 '마음대로 그리기(자유연상 회화 요법)'를 비롯해 회화 요법에서 흔히 얘기하는 것이지만 언어 치료에서도 사정은 마찬가지인데, 치료에는 환자에게 불안을 동반하지 않는 '기분 좋은 의외성'이 필요한 것도 이것과 관련이 있을지 모르겠다. 기억이 나지 않는 것도 '경험을 살리는' 능력의 결핍이라는 해리 S. 설리번Harry Stack Sullivan, 1892~1949. 미국 의학자, 정신과의. 전문은 정신분석의 지적과 대응하는 것일지도 모르겠다.

거꾸로 '적분회로'는 과거 전체의 집적이며, 늘 출력이 입력을 따라잡을 수 없어 경향(추세)을 파악하지 못하지만 노이즈의 흡수 능력은 발군이다. 양자를 비교해보면 전자의 특성이 한층 더 쉽게 드러날 것이다.■■

징후 공간=미분(회로)적 인지의 우위는 계통발생적으로 오랜 형태라는 것을 이미 시사했지만, 인류사에서도 가장 오래 전의 단계인 수렵·채집민들이 그 장점을 가장 잘 발휘할 수 있었던 게 아닌가 하는 생각이 든다. 사실을 살펴보자.

■ 실제 일어나는 것은 미분(회로)적 인지의 전면前景 돌출과 상대의 초기 움직임(초동)에 휘둘리는 사태다. 이처럼 미분(회로)적 인지의 탁월성과 (통상적인) 비례회로적 인지의 탁월성이 보기 좋게 교체되는 예는 정말이지 그리 많지 않다. 그러나 어떤 사람의 경우든 예컨대 산에서

길을 잃어버리면 미분(회로)적 인지가 어느새 전면에 갑자기 나타난다. 예를 들자면 올바른 하산길을 암시하는 희미한 징후. 말이 통하지 않는 외국에서도 마찬가지인데, 특히 뜻밖의 경우에 현저해서 제1차 세계대전 때 독일에 사로잡힌 러시아인 포로 집단이 자신들이 모르는 독일어를 처형에 합의하는 러시아어로 착각해 패닉 상태에 빠진 것은 유명하다.

림케가 1940년대에 그것을 자주 입에 올린 것도 '나치스 점령하의 네덜란드'의 고통스러운 분위기와 관계가 없지 않을 것이다. 그 림케가 지적하는 경우는 나의 예에 비해 10분의 1, 100분의 1의 시간인데, 그 지속 기간은 미분적 인지의 '단위시간'에 가까운 기간이라고 할 수 있지 않을까. 인간은 한순간에 어떤 상념도 떠올릴 수 있을 것이다. 마치 무용수가 한순간에 어떤 자태도 취할 수 있듯이.

■■ 분열병 친화자의 실조 때 적분(회로)적 인지 시스템이 어떻게 되는지도 흥미로운 문제다. 다만 '과거 전체의 집적'이 결여돼 있거나, 악몽적이거나, 과거를 의식하면 패닉 상태가 돼 현재와 과거의 조합照合^{대조하여 확인}함이 제대로 작동하지 않는다는 약점이 있기 십상이다. 그것을 전제로 해서, 위기적인 현재를 방대한(방대하게 마련인) 과거의 집적 속에 흡수하는 힘이 비교적 급격하게 마비된다. 그리고 이 집적이 터져서 무너진다. 미분적인 인지가 서서히 실조하는 것이라면 적분적인 인지는 갑자기 마비된다. 설리번의 어법으로 얘기하자면, 시스템으로서의 '자기'의 해리解離 유지 능력이 돌연히 마비되면서 분열병은 시작된다는 게 바로 이런 사태를 가리키는 게 아닐까.

수렵민적 인지 특성

우리가 알고 있는 현재의 수렵·채집민, 예컨대 부시맨은 오랜 세월에 걸쳐 농경·목축민들로부터 압박을 받아 점차 기름진 평야 지대에서 쫓겨났고, 나아가 근대국가의 '자연보호 지구'—당연히 수렵할 짐승들이 많은 지역—에서 실력에 의해 배제당함으로써 절멸 위기에 처해 일찍이 인류의 주류였던 면모는 지금 찾아볼 수 없다.[8]

그래도 그들이 사흘 전에 마른 돌 위를 지나간 영양의 족적을 인지하고, 보일락 말락 한 풀의 흐트러짐이나 바람에 실려 오는 희미한 냄새에서 수렵 대상의 존재를 인지하는 건 놀랄 만한 일이다. 부시맨은 현재 칼라하리사막에서 그들에게 필요한 하루 5리터의 물을 건기에는 풀의 땅속줄기에서 대부분 얻고 있는데, 수분이 많은 땅속줄기를 지닌 풀이 땅 위에 내놓고 있는 마른 덩굴과 그렇지 않은 다른 풀을 식별해내는 능력 또한 놀랄 만하다. 요컨대 그들의 징후=미분(회로)적 능력에 놀랄 수밖에 없다.

가혹한 조건 아래 살고 있으면서도 그들의 하루 노동시간은 기껏해야 여덟 시간으로, 많은 시간을 시원한 나무 그늘에서 보낼 수 있다. 지속적인 권력자는 없으며 파벌적인 투쟁도 없다. 획득물의 배분은 사냥에 공헌한 사람 위주로 하는 룰이 있는데, 요컨대 복잡한 권력 조직을 만들지 않는다.

이에 대응해서 그들의 지식과 기술은 매우 일신구현적─身具現的한 사람이 그런 지식과 기술을 두루 다 갖추고 있다는 뜻이며, 동식물과 지리에 대해 구체적이고 상세하며 정확하다.(굳이 '야생의 사고'라고 얘기할 필요가 없을 정도다.) 우리는 아마도 가장 오래된 농경 사회(예컨대 뉴기니 고지의 원주민들 사회) 중에서도 한쪽 구석에 있는 볼품없는 자리를 하나 얻게 된다면 그곳에서 살아갈 수는 있을 것이다. 그러나 영속적으로 부시맨이나 피그미족처럼 살아갈 수는 결코 없을 것이다.

중앙아프리카 도랑 지대의 자연보호 지구에서 쫓겨나 반半사막인 경사면에서 농사를 지을 수밖에 없게 돼 굶주리는 예전의 수렵민 이쿠족우간다 북동부에서 수단 남동부에 걸쳐 있는 산악 지대에 사는 수렵·채집 부족. 1962년 주 수렵지였던 곳이 국립공원으로 지정되고 수렵이 금지되면서 농업을 도입하려 했으나 제대로 되지 않아 심각한 사회 붕괴 현상을 겪었다의 실태는 그 10년 전 상태를 알고 있는, 아프리카를 사랑하는 인류학자 C. M. 턴불Constance Mary Turnbull, 1927~2008을 개탄하게 만들었다.

예전의 활달했던 수렵민들은 지금 이중으로 된 마른 가시관목 벽을 두른 집에 살고 있는데, 외래 방문자들을 입구에 고정해놓은 창으로 막고, 배설도 사체 처리도 거의 하지 않으며(마치 대인 기피의 자폐 환자들 방 같다), 강자는 약자가 찾아낸 음식물을 먼저 달려가 빼앗고, 부부 간에도 갖고 온 음식물을 나눠 주지 않으며, 아이들은 개코원숭이들이 먹다 남긴 것들을 찾아 먹고 살아간다. 그러나 오늘날의 이쿠족이 하나의 '윤리'에 따라 행동하고 있다는 것 또한 분명한 사실이라고 나는 생각한다. 청결의 윤리도, 상호 부조의 윤리도 (노인들은 빼고) 버렸다. 그러나 『신곡』 지옥 편에 나오는 우골리노 백작, '난파선 메두사호의 뗏목'에서부터 제2차 세계대전 때의 뉴기니·필리핀에 이르는 극한 상황과는 달리 거기에는 살인도 식인도 없다.

파벌로 나뉜 권력투쟁과 그 결과로 벌어지는 다수파에 의한 소수파 억압과 학대도 없다.(수렵·채집민 문화에는 항구적인 권력 장치가 없다. 그 때문에 최근에야 겨우 정치학의 대상이 된 문화다.)[9] 턴불의 혐오에도 불구하고 이쿠족의 '윤리'는 "세계의 극단적 무관심에 대해 열려 있는 상냥함"을 느끼게 한다—적어도 카뮈Albert Camus, 1913~1960라면 그렇게 말할 것이다.

턴불의 이쿠족지族誌는 향정신약向精神藥이 등장하기 이전의 거대 정신병원의 분위기와 어딘가 닮은 점이 있지 않은가. 예전에 나는 현지 연수생으로 그 가운데 하나를 견학한 적이 있는데, 메이지 시대에 설립된 병원의 만성병동 내부를 걸어가면서 해저의 고요가 그곳을 지배하고 있다는 걸 느꼈다. 사람들은 조밀하게 모여 있었지만 일정한 거리를 두고 멈춰 서 있었다. 우리 일행이 통과할 때 길은 앞쪽에서 저절로 열렸고 우리가 지나간 뒤에 다시 닫혔다. 나는 일렁이는 해조류의 숲을 걷고 있는 듯한 인상을 받았다. 돌아오는 길 교외 전차 속에서 승객들은 정오를 조금 지난 시각의 나른함에 몸을 맡기고 있었으나 내 눈에는 그들의 존재가 거의 번들거리는 욕망의 덩어리처럼 비쳤으며 그 열기를 곧바로 피부로 느낄 수 있었다.

오늘날에도 우리는 환자들의 이런 무형의 '협력' 덕에 비로소 정신병원이 어떤 안정을 유지할 수 있다는 점을 생각해봐야 할 것이다. 만일 그 대신 그와 같은 수의 이른바 건강한 사람들을 같은 장소에 수용해둘 경우 그곳은 아마도 아수라장이 될 것이다.

예전에 내가 집착기질을 역사적으로 위치시킬 때 활용한 수법(「집착기질의 역사적 배경」 참조)을 시험 삼아 적용해보면, 수렵·채집민들에게는 강박 성격도 히스테리 성격도 순환기질도 집착기질도 점착기질도 거의 나타나지 않는다. 거꾸로 S친화형 징후성 쪽으로의 우위(외계에 대한 미분회로적 인식)가 결정적인 힘을 갖게 된다. 여기에서는 "현실로부터 한 걸음 뒤처져 쫓아가는"(점착기질자에 대한 민코프스키Eugène Minkowski, 1885~1972의 표현) 것이든 "자승자박"(집착기질자에 대한 텔렌바흐Hubertus Tellenbach, 1914~1994의 표현. 기무라 빈의 번역어를 차용)이든, 뒤처지면 소용없고 항상 현재 앞서 가는 자라는 것만이 문제가 된다.

그들은 일반적으로 저장을 하지 않는다. 적어도 그것은 그들에겐 주요 관심사가 아니다. 그들이 갖고 있는 것은 가열한 '소유'라기보다는 이른바 '주변 존재'—취향이나 취미가 자연스럽게 몸 가까이에 끌어모은 것—라고 하는 편이 옳을 것이다. 분배도 그들의 단순한 정치 구조 때문에 각자의 몫은 수렵자 중심의 공헌도를 기준으로 그들의 정밀한 해부학적 지식에 따라 할당된다. 여기에 개입할 만한 권력 구조는 없다. 또 한 가지 중요한 것은, 그들은 자신을 만물의 왕이라고 생각하지 않는다는 점이다. 기디온Sigfried Giedion, 1888~1968[10]은 구석기시대 수렵민 미술 분석을 통해, 당시의 인류가 개별적 성능 면에서는 모두 다른 동물보다 열등하다고 생각하고 있었고 신에 대한 신앙의 생성은 바로 그런 생각feeling이 소멸했을 때 시작됐다고 주장했다. 어쨌든 오늘날의 수렵·채집민들에게도 복잡한 종교 체계는 없고, 간단한 터부(예컨대 부시맨의 경우 아이들에게만 거북이 포식이 허용되는 합리적인 터부)만 있다는 점을 설명하긴 어렵지 않다.

여기서 오늘날의 분열기질을 곧바로 떠올려서는 안 된다. 분열기질이란, 예전의 몸싸움 등에선 합리적인 의미를 지닐 수 있었던 고혈압이 심리적 압박이 심해진 오늘날의 세계에서는 단지 병으로 전락해버린 것처럼, 예전엔 유리했던 점을 대부분 상실하고 '소수자'로 전락한 S친화자가 자신에게 친숙하지 않은 세계 속에서 취하는 자세—내가 발병론에서 본 바로는 단단히 칼을 꼬나든 자세—에 비유할 수 있다. 따라서 그것은 '불의의 습격에 취약한' '무리한 상태'[11]다.

나는 소수자라고 했다. 그것은 반드시 인구적인 백분율을 의미하진 않는다. 내가 말하는 다수자성性은 집착기질자의 기술記述이 거의 직업윤리적 언어, 또 적지 않은 경우 직업적 장점으로 여겨지는 언어로 얘기되고 '집착기질적 직업윤리'(「집착기질의 역사적 배경」 참조)의 추출조차 가능했던 데 비해, 소수자성은 분열병 기질자의 기술이 하나의 윤리를 구성하지 못하고 많은 경우 윤리적으로 중립적이지 않은, 거의 공공연히 부負(마이너스)의 의미를 지닌 형용사의 수식을 받고 있는 사실과 대응한다. 그 때문에 우울증에 걸린 사람들은 너무도 쉽게 사회에 복귀해 재발이 되풀이되는 데 비해, 분열병자들의 사회 '복귀'(과연 복귀라고 해야 할까 가입이라고 해야 할까)는 수많은 벽을 타고 넘어야 하는데, 그 최대의 장벽이 "강박적인 것에 익숙"해질 수 있는지의 여부다. 이것은 그들에겐 실로 헤라클레스의 임무처럼 힘든 일이다. 그럼에도 많은 사회 복귀 사업들은 분열병 경과 후의 이른바 갑옷의 실밥이 터진 분열기질자를 (어쨌든 일단은) 집착기질자로 바꿔놓는 것을 목표로 삼고 있다.

분열기질자라고 하지 않고 굳이 원분열原分裂기질자라는 함의로 내가 S친화자라는 말을 사용하는 이유를 이해해주시기 바란다.

아마도 채집자였을 가장 오랜 인류도 오늘날의 채집자들과 마찬가지로 징후적인 것에 과민한 쪽이 유리했으리라는 점은 오늘날 어린이들의 '숨바꼭질'의 경우와 다름없을 것이다.

그뿐 아니라 그와 같은 가장 오래된 채집자들은 사냥하기보다 그 자신이 다른 동물들에게 사냥당할 수 있는 존재였을 것이다. 오늘날의 부시맨도 사자에 대해서는 사냥을 할 처지가 아니다. 오늘날 그들은 주로 백인이나 반투족으로부터 사냥을 당하는 존재이며, 그들이 얼마나 몸을 잘 숨기는지는 문화인류학자들의 글에 잘 드러나 있다. 도망칠 때 미분(회로)적 인지는 물론 불안도 그 전염력 덕에 매우 유리하게 작용했을 것이다. 불안은 불쾌한 냄새와 거의 같은 것인데, 종종 불안해진 자가 타인을 멀리하게 만든다.(릴케의 소설 『말테의 수기』에 불안을 냄새로 느끼는 구절이 있다.)

결과적으로 집단은 흩어져 있게 되고 포식자의 손에 잡힐 수 있는 개체는 줄어든다. 거꾸로 응집 덩어리를 만드는 것도 있는데, 이 또한 유리하다.(헝가리 출신의 영국 정신분석가 발린트Michael Balint, 1896~1970의 필로바티즘philobatism과 오크노필리아ocnophilia라는 대립 개념에 대응한다고 해야 할까.)

분열병자들 특유의 어떤 냄새는 인간이 불안할 때 내는 경계 페로몬일지도 모른다는 주장이 있다. 실제로 분열병자든 아니든 불안해진 사람이 돌연 그런 종류의 냄새를 발산하는 것을 나는 직접 경험했다. 그것은 결코 기분 좋은 냄새는 아니지만, 그게 불쾌하지 않으면 경보의 의미가 없을 것이다. 불쾌는 서로 거리를 두게 만든다. 상호 거리를 넓혀 흩어지는 것은 제2차 세계대전 초기 영국 호송선단이 취한 전술인

데, 단수 또는 소수의 공격자·포획자에 대처하는 데 일반적으로 유리한 집단행동이다.

또 야스나가 히로시安永浩1929~2011. 일본 정신과의[12]의 분열병론인 팬텀 phantom 이론의 비유가, 우선 사냥을 당하는 영양의 입장에 선 호랑이와 영양의 관계인 점에 주의할 필요가 있다.(영양은 호랑이로부터 시공적으로 멀리 떨어지는 쪽으로 행동한다. 호랑이들은 그 반대로 하겠지만.)

사냥당하는 처지에서 사냥하는 처지로 인간이 전화한 것은 필시 수렵 동물들을 모방한 데서 시작됐을 것이라는 억설이 있다—이와 함께 새로 '원망사고願望思考'가 등장한다. 알타미라동굴을 비롯한 구석기시대 수렵민들 회화는 획득해야 할 짐승을 그려둔다는 '원망사고'가 그 시절에 이미 등장했다는 식으로 설명되고 있다. 원망사고는 아마도 사고의 기원이었고, 최초의 사고는 원망사고였을 것이다.(오늘날의 정치경제적 사고의 대다수는 여전히 원망사고이며, 과학조차 거기서 완전히 벗어났다고 할 수 없다.)

원망사고와 함께 S친화형의 원형에 새로운 불안정 요소가 보태진다. 징후공간적=미분(회로)적 인지에서는 불안이 때때로 t=0의 완전 미분(회로)성을 추구케 함으로써 상대의 초기 움직임에 휘말리게 되지만, 이 위험에 비해서도 원망사고는 엄청 큰—그리고 자신이 그 속에 빠져 있는 상황에 대해 자기 인지가 곤란한—불안정 요소다. 원망사고는 증폭도를 임의로 낮추거나 높일 수 있어, 그만큼 예견성의 정확도나 현실 음미성을 가로막는 매우 방해적인 요소다.

만일 여기서 불안과 결합하게 되면 불안정성은 무제한으로 확대될 수 있다. 무엇보다도 먼저 불안과 원망사고는 앞서 얘기한 대로 성가시게 '내부에서 발생하는 입력'이다. 우리는 당장은 이를 노이즈로 다룰 수밖에 없을 것이다. 미분(회로)적 인지 능력에서는 설사 대처할 수 있다고 하더라도 외부 입력에 비해 훨씬 어렵고, 또한 2차적 소란의 발생 우려가 예상되는 사태다. 예를 들자면 일종의 내부 입력으로 우리 신체 내부에 항상 발생하는 미약하고 막연한 감각에 대해 우리는 얼마나 곤혹스러워하고 잘못된 해석을 하는가.

힘이 넘치는 큰 동물에 대들었던 빙하기의 수렵민들 사이에서 대규모의 원망사고적 회화들이 생겨난 것은, 반투계의 여러 종족들의 압박으로 칼라하리사막 쪽으로 밀려나기 전, 겨우 2, 3세기 전의 부시맨들이 거대 수렵 동물이 풍부한 사바나 지대에 다수의 암석화를 남긴 사실과 닮은 점이 있다. 이는 오늘날 부시맨이 이미 회화를 망각하고 또 일상생활 중에도 거의 원망사고 흔적을 남기지 않는 듯 보이는 사실과는 대조적이다.

농경 사회의 강박증 친화성

그러나 대규모의 변화는, 그것이 아무리 원시적인 것일지라도, 농경·목축과 함께 시작했다고 해야 할 것이다.

"오늘도 여전히 구석기시대에 살고 있다"는 뉴기니 산지 주민[13]의 생활 속에서 우리에게 낯익은 친숙함을 찾아낼 수 있는 것은 그들과 함께 살았던 혼다 가쓰이치本多勝一의 생활 체험을 살펴보면 알 수 있다. 또 구미 문화와 전혀 접촉한 적 없다는 그곳 산지 주민들 사진집을 한 번 보기만 해도 우리는 거기서 강렬한 감명을 받게 된다. 잘 손질한 타로 모시밭, 그 멋진 이랑들, 그것을 에워싼 수로, 수로 건설 공동 작업, 정교한 망태 제작 기술, 마을 어귀에 걸린 오싹한 가면들, 불 축제, 그리고 한두 명의 사망자를 내고 끝나는, 마을 인근 들판에서 벌어지는 인접 부족들 간의 정기적 전쟁.

정돈과 청결, 적어도 청결하려는 의식, 정연하게 질서가 잡힌 세계의 이면에서 꿈틀거리는 도깨비 세상과 거기에 대한 주술적 간섭, 그리고 간헐적인 공격성 분출, 권력과 지배의 질서—이것은 바로 강박증 구조 그대로다. "문화에 숨어 있는 불쾌한 것"(프로이트)은 가장 이른 시기의 농경 사회 때 이미 성립됐다고 봐야 할 것이다.

수렵·채집민의 시간이 강렬하게 현재 중심적·카이로스적(인간적)이라고 한다면, 농경민과 함께 시간은 과거에서 미래로 흐르기 시작해 크로노스적(물리적) 시간이 성립됐다. 농경 사회는 계량하고 측정하고 분배하고 저장한다.[14] 특히 저장, 프로이트식으로 얘기하자면 '항문적' 인 행위가 농경 사회의 성립에 불가결했다는 건 굳이 말할 필요도 없지만, 저장품은 과거에서 미래로 흘러가는 유형인 시간의 구체화물이다. 그 유지를 비롯해 농경의 여러 국면들은 항구적인 권력 장치를 전제로 한다. 아마 신도 필요할 것이다.

수렵·채집민이 전혀 종교를 갖고 있지 않았다고 할 수는 없다. 그러나 일반적으로 복잡한 제의는 그들에겐 없었다. 아마 다른 동물들에 대해 열등감을 느끼고 있었을 시대의 채집민들은 신을 필요로 하지 않았을 것이다. 사냥당하는 존재에서 사냥하는 존재로의 전화와 함께, 오늘날에도 일부 부시맨이 믿는 '희생당한 짐승들의 천국'을 생각해낼 수 있었는지 모른다.

그러나 오늘날의 피그미족에게도 숲은 무한한 증여자이며 양의성兩 義性 없이 그들을 품어주는 자궁과 같은 것이다. 그런데 같은 숲이 산지 농경민들에게는 적대자요 불태워서 밭을 만들어야 하는 대상, 그러나 머뭇거리다가는 금방 다시 밭을 침식해 못쓰게 망쳐놓는 존재, 주뼛주뼛하게 만들며 외부에서 들여다보는 오싹한 존재, 무엇이 튀어나올지 알 수 없는 존재다. 이런 감각은 '숲에 통달한 사람'인 피그미족에게는 이해할 수 없는 것이리라. 한편 농경지는 '어머니 대지'이긴 하지만 농경민은 이 '어머니'에게 상처를 입히고 작물을 재배하며, 또한 곡물신穀物神을 살해하고 작물을 탈취할 수밖에 없다. 지모신地母神, 곡물신은 양의적 존재여서 그 분노를 달래야만 하기에 정화淨化 의식이 필요하다. 정화는 강박증의 대표다. 여기에는 부인否認 또는 취소라는 기제가 동원된다.

요컨대 수렵·채집민은 자연의 일부지만 농경민은 이미 자연으로부터 외화外化되고 자연과 대립한다. 화전 농경민의 자연 파괴는 오늘날에도 공업과 함께 엄청난 연기를 발생시키고 있는데—인공위성을 통해서 보면 대양을 사이에 둔 인접 대륙까지 뻗쳐 있는 듯하다—단순히 양적인 파괴만이 문제인 것은 아니다. 고토렛토五島列島일본 규슈 서북쪽에 있는 섬들를 빼고 일본의 논들이 사각형인 것은 자연의 저수 방식에 반하는 것으로 수확의 계산 가능성을 우선한 결과라고 한다.(사각형은 논의 강박성!) 서구의 마녀사냥도 숲 문화와 평야 문화 간의 대립과 관련이 있는 듯하다.(「서구 정신의학 배경사」 참조)

　농경민의 세계가 강박적인 것은 물론 그 구성원들이 강박증자라는 걸 의미하진 않는다. 오히려 작은 동식물의 수렵·채집이 인간 내부에서 S친화성을 추출하고, 수렵하는 짐승을 모방한 큰 동물 수렵이 거기에 원망사고—편집증의 특징—의 색조를 가미한 것처럼 농경(그리고 목축)은 인성人性 속에서 강박성을 끌어냈다고 해야 한다. 여기서 실조한 강박증 개체가 곧바로 탄생할 수밖에 없었다는 얘기는 아니다. 정신과의는 철학자만큼 뛰어난 부엉이는 아니지만, 역시 헤겔이 얘기한 바와 같이 황혼에 난다. 정신과의의 손에 맡겨지는 건 어떤 성격 기질이나 삶의 방식의 말기일 것이다. 앞서 수렵·채집민에게서는 스스로를 현재화顯在化할 장소를 찾지 못했던 인간의 강박성이 이제 자신을 드러낼 차례가 돌아온 것이다.

　나는 여기에서 인류가 수렵·채집 단계에서 산지山地 농경 단계로 나아가고 몇 개의 중간 단계를 거쳐 공업화 사회에 도달하는 것이 진화라고 생각하는 것도 아니고, 거꾸로 수렵민을 미화할 생각도 없다는 점을 밝혀둔다. 얘기할 수 있는 것 중의 하나는, 기술의 일신구현성一身具現性에서는 인류의 가장 오래된 단계가 가장 탁월했고, 현대는 이 일신구현성을 희생시켜 예전에는 신체가 지니고 있던 기능성을 모조리 외화시켰다는 것이다.(따라서 벌거벗은 우리는 아무것도 할 수 없는 텅 빈 존재다.)

그러나 이 과정, 전쟁을 하고 계급을 만들고 지구 표면을 대규모로 파괴한 과정은 홈런인가 아니면 홈런이라고 착각한 심한 파울인가. 인류는 몇 가지 본질적인 도착倒錯을 거쳐 인간이 됐는데, 발레리의 『로빈슨 우화』에 따르면 일종의 (자연계의) 사치·도착·일탈이며, 이 중차대한 착각에 비하면 어쩌면 분열병의 '도착' 정도는 문제가 되지 않을지도 모른다는 것을 가끔은 생각해보는 것도 좋을 것이다.

또한 나는 지배(체제)의 발생 요인이 단순히 개인 소비를 능가하는 생산과잉에 있다고 보지도 않는다. 생산과잉과 마찬가지로 과소도, 아니 필시 과잉과 과소의 격렬한 교체야말로 노골적인 지배와 가열한 계급제도를 발생시키고 조장했다는 것은 20세기의 역사를 체험한 사람에게는 이미 분명한 일일 것이다.

어쨌든 관문은 농경과 저장의 성립이었다.(현대는 여전히 농경·목축 사회라고 해도 좋을지 모르겠다. 예전의 마을 대장간이 바로 거대하게 비대해지면서 공업이 됐지만 러시아나 중국 등의 거대 농경 사회조차 식량 문제는 반半지속적으로 위기 상태인데, 거기에 대해 공업은 어떻게 해볼 도리가 없다.)

또 양자의 차이는 이른바 사회 발전 단계의 차이도 아닐 것이다. 20세기의 에티오피아는 뉴기니의 산지민들보다 '근대적'이라고 세상 사람대다수는 생각할 것이다. 에티오피아가 발전사관상의 어느 단계에 와 있는지는 모르겠지만 우리는 누구도 최근 수년간 미국과 소련의 각축 와중에 급속히 변질되면서 더욱 접근하기 어려워진 옛 제국에 대해 많은 자료를 갖고 있지 못하다. 하일레 셀라시에 황제의 통치하에서 그 실상에 대해 기록한 사람들은 존 건서John Gunther, 1901~1970. 미국 저널리스트. 논픽션 작가조차 에티오피아에서 쫓겨날 정도의 처지에 몰렸으며, 유엔의 통계는 황제 정부가 보고하는 수치에 대한 비판을 꺼려 그것을 그대로 받아들이고 있었다. 그러나 전후 약 20년간 아프리카에서 유일하게 거의 독립을 유지할 수 있었던 이 나라, 유럽 국가(이탈리아)를 독자적인 힘으로 한 차례 항복시킨 적도 있는 이 나라는 한때 일본에 호의적이었고, 궁정 여관女官이나 의사를 일본에서 초빙했기 때문에 소수의 일본인들이 일반 민간인 자격으로 그 사회를 경험했다.[15]

그것을 토대로 추측하건대 에티오피아는 내가 알기에는 가장 비강박적인 사회였던 게 아닐까 한다. 일본인 궁정 여관은 에티오피아의 궁정 여관들이 테이블과 나란히 또는 직각으로 식기들을 배열하지 못하는 것■을 낮은 지능 탓으로 여겼으나, 에티오피아 문화의 면면들을 살펴보면 그것은 그런 강박에 아무런 가치도 인정하지 않기 때문이며, 지능이나 산소 부족과는 아무 상관이 없다는 걸 알 수 있다. 덧붙이자면, 거꾸로 가장 강박성이 높은 문화의 하나는 베트남 평지민平地民의 문화일 것이다. 이 송꼬이 강紅河(紅河)과 메콩 강 2대 삼각주의 농경민―원래 남중국에서 왔지만―의 강박적인 완벽 추구는, 베트민군호찌민이 결성한 베트남독립동맹회의 군대이 타이어 바퀴 자국 같은 형태로 도로를 파괴하거나―그 결과 자전거는 다닐 수 있어도 전차는 다닐 수 없다―레일을 정글로 갖고 들어가 제방을 무너뜨리고 주변의 논과 같은 높이로 만든 뒤 모를 심어놓고 가는 철도 파괴에서부터 남베트남 노점상의 정밀한 완구 배열 방식까지 그 예가 셀 수 없을 만큼 많다.

반대로 반강박적인 에티오피아에서는 호적도 없고 결혼 신고도 없다. 따라서 외국인이 아닌 사람의 살해는 가해자·피해자의 실재성實在性(!)이 문제가 되기 때문에 현행범 외에는 묵과된다. 모든 영역에서 번드르르한 겉치장이 아무렇지도 않게 행세한다. 병원을 일단 지으면 내부에 아무것도 없고 일하는 사람이 전혀 없더라도 병원으로 간주된다. 명함에 어떤 직함을 넣든 개의치 않는다. 병원의 광원비색계光電比色計 photoelectric colorimeter, 약학 분야에서 시료에 빛을 쫴 투과성 등을 비교 조사하는 장치는 터무니없는 수치를 나타낸다—셀(시료를 넣는 석영 유리 기구)을 세척하는 의미를 모르기 때문, 아니 애초에 정확한 수치가 갖는 의미 자체를 인지하지 못하기 때문이다. 그러나 그들의 불결함이 오히려 혈중 면역 글로불린 양을 스웨덴인들의 열 배나 갖게 만들었고, 맨발로 다닐 경우 거기에 기생하는 균의 자극으로 형성되는 면역 단백질의 보호를 받아, 그들은 의외로 건강하다. 언어적인 전달을 믿지 않는 이 사회의 사람들은, 하지만 한번 쓱 쳐다보고 상대방의 신뢰성을 정확하게 파악하고 측량하는 탁월한 직관력을 갖고 있으며, 밤을 새워 춤추다가 이윽고 난교亂交를 벌이는 커피하우스의 밤들을 생의 기쁨으로 여긴다. 일본인들이 보기에는 게으름과 난잡함의 극치일 것이다. 하지만 그들의 가치 기준은 다른 것이고, 생의 감미로움 또한 우리와는 다른 데서 찾는다. 그것을 상징하는 것이, 한 그루의 나무를 잘라 몇 개월이나 걸려 제작하는, 기하학과는 전혀 인연이 없지만 앉으면 아주 편한 의자다.

어떤 경우에는 그들의 군악대처럼 진기함을 과시할 정도로 진지해질 수 있다.

종종 외국인들도 이 나라의 매력에 포로가 된다. 어떤 자존자대自尊自大도 허용되는 데서 매력을 느끼는 사람도 있고, 또 '여성의 때 묻지 않은 싱싱함'(이는 처녀나 창부나 마찬가지라고 한다)에서 매력을 느끼는 사람도 있는 듯하다. 그러나 외국인들은 거기에 오래 살게 되면 사고의 틀이 무뎌지고 모든 게 아득해지는 모양이다. 그것을 에티오피아 고원의 산소 결핍 탓으로 여긴다. 하지만 많은 중남미 도시들은 아디스아바바에티오피아의 수도보다 훨씬 더 높은 곳에 있다. 오히려 모든 강박성의 결여가 일종의 감각 차단과 비슷한 상태를 불러일으키는 게 아닐까. 우리 사회는 강박적인 것을 마치 공기처럼 호흡하고 있고, 가정과 학교를 불문하고 교육이라는 건 특히 강박성이라는 꽉 죄는 옷을 능숙하게 입도록 하는 접근 방식들로 가득 차 있다. 줄 서기와 출석 확인을 비롯해 잊은 물건 찾기까지, 학교의 나날은 그런 일들의 연속이다.

아마 에티오피아 사회는 그 비옥한 흑토 지대에서 자라는 야생종 테프tef. 볏과의 여러해살이 풀인 그령과 같은 종. 에티오피아 전통의 주곡 작물를 채취해 주식으로 삼고 고기는 겨자를 발라 생식하면서 농경 사회로 진입하지 않았을 것이다. 콥트교회의 중압도, 메넬리크와 하일레 셀라시에 두 황제의 근대화 노력도 그 기본적 성격을 바꾸지 못했다.(건서에 따르면 하일레 셀라시에는 어느 시기까지 스웨덴인 대신을 고용해 통치했는데, 경범죄 재판은 물론 에티오피아 항공 운항 일정까지 자신이 직접 짜야 했던 고독한 독재자였다.) 이 보기 드문 사회는 동아프리카에서 벌어진 미소 패권 경쟁으로 파괴당하고 있었지만, 뉴기니 산지 농경민보다도 더 오래

되고 상당히 규모가 큰 반강박성 사회라는 점은 기록에 남길 가치가 있을 것이다. 아마도 지금의 분열병 환자에게는 가장 편안함을 느낄 수 있는 사회, 지금의 분열병자도 그 속에 들어가면 주변 사람과의 차이를 알아차리기 어려운 사회가 아닐까.

강박적인 농경 사회의 성립과 함께 인간은 자연의 일부에서 자연에 대립하는 존재가 됐다는 것은 여러 사람들이 지적해온 바지만, 나는 그와 동시에 분열병자가 윤리적 소수자가 됐다는 점을 얘기해두고자 한다. 이때부터 S친화자는 사회에서 자신의 존재를 인정받으려면 '위'를 향할 수밖에 없었을 것이다. 옛날에는 왕, 우사雨司, 주술의醫, 그 뒤에는 수학자, 과학자, 관료 등으로. 당연히 많은 실조失調자들이 나왔을 것이다. 빈스방거Ludwig Binswanger, 1881~1966. 스위스 정신과의. 실존주의 심리학의 선구자가 분열병자들의 처지를 형용한 verstiegen은 '진퇴유곡에 빠지다'라는 뜻이라는데, 그들이 도망갈 길은 위를 향해서만 열려 있었던 게 아닐까.

여기서 '비정형 정신병'을 주도면밀하게 배양 발생시킴으로서 S친화자가 분열병자가 되는 걸 막는 역할을 샤머니즘이 할 수 있다는 점을 주목하고자 한다. 그것은 또 어쩌면 실조를 일으키기 시작한 시기의 인류 사회가 감행한 자기치료의 시도였는지도 모른다. '타고난 샤먼'의 생애는 사람들 무리에서 떨어져 있거나 숲 근처에 홀로 있기를 좋아하는 아이를 샤먼 집단이 몰래 주목하면서 시작된다. 그 아이가 사춘기에 이르렀을 때 집단은 그를 '샤먼 학교'에 들어가도록 권유한다. 그 학교의 교과목은 환각 능력, 동시에 두 곳에 존재하는 능력, 공중 부양 능력, 속계俗界와 명계冥界 간의 왕복 능력, 트랜스(탈아脫我 상태)에 들어가는 능력 등을 전수하고 동시에 트릭(속임수) 사용법도 가르친다. 샤먼이 되는 길은 또 하나가 있는데, 샤먼의 치료를 받아서 나은 사람이 샤먼이 되는 것이다. 샤먼은 세세하거나 국소적인 질환은 치료 대상으로 삼지 않기 때문에 그런 사람은 큰 질환, 특히 정신병을 치유받았다고 봐야 할 것이다.

일찍이 샤먼을 낳은 수렵민 사회는 지금 서구 사회와 접촉하면서 대거 알코올 탐닉에 빠져들고 있다. 또 마찬가지로 전통적 농경 사회가 서구 사회와 접촉할 때 급속한 문화변용이 야기하는 정신이상은 주로 비정형 정신병의 범주에 들어가는데, 이는 음주醵酒 친화적인 의식 변용을 동반하는 상태다.[16]

데구치 나오出口なお[1837~1918. 교파신도계의 신흥 종교 '오오모토(大本)'의 시조]를 낳은 메이지 10년대는 그런 종류의 정신 질환이 적지 않게 발생하던 시대였다. 양자 사이에는 문화변용에 대한 반응이라는 유사성과 대비성이 있다.

개인의 인생에서도 급성 정신병 증세psychotic episode가 하나의 고비가 돼 수미일관성이 깨지고 그 여파로 구원과 새로운 삶을 향해 재출발하는 경우가 있는데, 그와 비슷하게 비정형 정신병이 많이 발생하는 문화변용기적 특징을 지닌 사회는 일본처럼 피해자에서 가해자로 전화할 수 있는, 상대적으로 '강한' 사회다. 알코올 탐닉에 빠지는 사회는 이런 활력 갱신을 할 수 없는 허약한 사회인 듯하다. 이쿠족이나 부시맨을 막다른 곳으로 몰아넣는 자들은 이 '상대적으로 강력한' 수단군의 전차들이고, 반투계 카필인[아프리카 동남부 원주민 카필족 사람] 노예 사용 목장주들이다. 우리는 제3세계를 일률적으로 바라보면서 다소 감상에 젖기 쉽다. 동부 변경 지역의 나가족^{인도 동북부와 미얀마 국경 지대의 나가 구릉지대에 사는} ^{몽골로이드계 민족. 인구 약 200만으로 티베트·버마어계 언어를 쓴다}을 토벌하는 인도군의 제트기 조종사도, 자연보호 지구 설정으로 수렵민을 기아 상태로 내모는 동아프리카 국가들의 관료와 군인도, 피그미족의 존재 자체를 수치로 여겨 외국인들에게 보여주지 않으려는 카메룬의 엘리트들도 모두 제3세계에 속한다. 그들의 선배 노릇을 한 존재가 메이지 개국 불과 몇 년 뒤에 벌써 군함 운요호를 파견해 서울 외항인 인천항 바깥의, 몽골 점령 시대의 옛 도읍지 강화도를 포격하고 또 대만에 군대를 파병한 일본이다.

다만 농경 사회가 성립된 뒤에도 S친화자의 언동상의 특성이 윤리적으로 올바른 가치를 지니고 있기는 했다. 일반적으로 비상시이거나 특수한 분야의 직업윤리에서다. 그런 경우에 한정된다고 해도 좋다. 단, 그러한 존재로서의 S친화적 윤리가 근대에도 큰 힘을 지니고 있었던 점을 지적해둘 필요가 있다.

■ 징후=미분(회로)적 인지가 우세한 자에겐 난잡한 쪽이 '접근성'이 높다. 흩어져 있는 책들에서는 끄트머리라도 드러나 보이기만 하면 금방 원하던 책을 끄집어낼 수 있다.(잘 정리해서 쌓아둔 책들은 굳이 번호나 표제를 읽어보지 않고는 필요한 책을 찾을 수 없다.)

근대와 분열병 친화자

근대는 대항해시대와 함께 막이 올랐는데, 직업윤리로서 항해자―
특히 고독한 결단자로서의 선장·함장―의 당위성을 세련되게 만든 건
프로테스탄트 국가들, 특히 영국과 네덜란드였다.

그들 나라보다 앞서 간 스페인, 포르투갈 함대를 떠받치고 있던 윤
리는 여전히 기사도였던 것으로 보인다. 원래 붕괴 시기의 기사도―풍
차로 상징되는 화폐경제에 적응하려던 농촌의 무시무시한 구조 변화
속에 있던 돈키호테 시대의 기사도. 스페인의 풍차가 네덜란드에서
유입된 것임을 함께 생각해보면 돈키호테라는 존재가 함축하고 있는
의미는 한층 더 깊어질 것이다. 장원莊園적 기반이 무너진 그 시기의 기
사들은 바로 그것을 무너뜨린 화폐를 취득하기 위해, 또는 기사도를 종
교계로 이식해서 재건했다고도 할 수 있는 예수회의 전도사로서, 또는
장원 제도를 중남미 천지에 재건하기 위해 때로는 단적인 전쟁 기술자
로서 바다 건너에서 활로를 찾았다.(세르반테스는 기독교 국가와 회교
국가 최후의 결전인 레판토해전에 병사로서 참전했다.)

18세기에 거의 부랑자가 된 기사 베뇨프스키Maurice Benyovszky, 1746
~1786. 동유럽 출신의 범죄자. 남작을 자칭하며 일본을 비롯한 여러 나라에서 범죄를 저지른 인물조
차 캄차카에서 훔친 범선으로 탈주해 일본으로 가서 이른바 베뇨프스
키 사건으로 일본을 떠들썩하게 한 뒤 마지막엔 마다가스카르의 왕으
로 죽었을 만큼 긴 항해를 할 수 있는 능력을 지니고 있었다. 그러나 그

들은 기본적으로 지중해 중세 항해자들의 기술 축적 덕을 보고 있었으며—콜럼버스도 아메리고 베스푸치도 모두 이탈리아인이다—선장에겐 여전히 어느 정도 수로 안내원적 성격이 남아 있었다. 바스쿠 다 가마는 포르투갈 사람이었지만, 그가 인도로 갔던 길의 후반부에서 그는 그 수로를 잘 알고 있던 중세 아랍인 수로 안내원의 도움을 받아 고아에 도착했다.

확실히 이베리아반도의 두 나라^{스페인과 포르투갈}는 서인도 항로를 위해 거대한 갈레온선^{Galleon}과 경쾌한 카라벨선^{Caravel}을 개발했으나, 그것을 감안하더라도 근세 영국과 네덜란드의 항해술이 다른 것과 달랐던 것은, 그들의 항해술이 보편적인 항해술이었던 데 비해 나머지는 베니스의 동쪽 지중해, 한자동맹의 발트 해 또는 북해, 스페인의 서인도 항로 등 각각의 항로에 탁월했던 항해술, 이른바 지방적 항해술에 머물렀다는 점이다.

17세기 말부터 19세기 중엽까지의 범선은 그것 자체에는 거의 기술 혁신의 여지가 없을 정도로 세련의 극치에 도달했다. 1700년대에 만들어진 영국 해군의 전열함^{戰列艦 ship of the line. 17세기부터 19세기에 걸쳐 유럽 국가들이 사용한 군함의 한 종류. 단일 종대로 줄을 지어 포격전을 벌인 데서 그 이름이 유래했다}의 일부는 실은 20세기 초까지 사용됐다. 이 범선들은 원자력선과 마찬가지로 한번 출항하면 몇 개월간 보급 없이 항해를 계속할 수 있었다.(19세기의 '화석연료' 사용과 함께 함선의 항속거리는 단축되었으며, 전 세계에 저탄장을 설치할 수 있었던 영국만이 '파도를 지배'할 수 있었다.) 이런 범선의 등장에는 바람이 불어오는 쪽을 향해 지그재그로 나아가는 기술을 비롯해 수학, 광학, 천문학, 지리학, 크로노미터 등의 광범한 기술

혁신이 필요하며, 그것은 또한 오늘날의 로켓 기술에 비길 만한 파급효과를 갖고 있었다. 산업혁명 이전의 과학기술의 최대 유인 요소^{incentive}는 항해였다.

그와 동시에 프로테스탄티즘 윤리의 한 갈래라고 해도 좋다는 생각이지만, 선장이라는 존재를 때로는 "부하를 냉혹하게 사지로 몰아넣는" 선상의 전권자로 만들고, 상황 속에서 홀로 시시각각 결단을 내리도록 강요받는 자로 만들었다. 이 윤리 없이는 보편적인 범선 항해술도 없었을 것이라는 점도 기술혁신과 동등한 비중으로 주목받을 만하다. 범선은 바람이 불어가는 쪽의 해안으로부터 거리를 유지해야 하는데, 이것은 젊은 날에 항해자였던 허먼 멜빌^{Herman Melville, 1819~1891}이 즐겨 얘기한 것처럼 "감미로움으로 다가오는 안전한 해안의 유혹에 저항하지 못하면 그 밑의 암초로 파멸한다"라는 경구가 되어 금욕과 고고孤高의 윤리의 좋은 예가 됐다.

이 직업윤리는 여러 가지 형태로 근대의 소수자·지도자의 윤리, 비상사태 윤리의 한 계보를 형성했다. 근대 영국 귀족의 노블레스 오블리주^{noblesse oblige. '존귀함은 의무를 강제한다'라는 뜻. 일반적으로 재산이나 권력, 사회적 지위에는 책임이 따른다는 의미인데, 특권과 사치를 누리면서 기본적인 의무를 회피하는 사회 지도층을 비판하는 부정적인 의미로 많이 쓰인다}도 그렇다.(그 윤리적 바탕 위에 영국 청년 귀족의 절반이 제1차 세계대전에서 전사했다.) 키플링^{Joseph Rudyard Kipling, 1865~1936. 영국의 소설가, 시인}이 얘기한 "백인의 무거운 짐"도 그렇다.(그 윤리적 토대 위에 예컨대 세실 로즈^{Cecil John Rhodes, 1853~1902. 영국의 아프리카 종단 식민화 정책에 앞장섰다}가 남아프리카를 정복했다.) 슘페터^{Joseph Alois Schumpeter, 1883~1950. 『자본주의, 사회주의, 민주주의』 등을 쓴 오스트리아·헝가리 출신의 미국 경제학자}가 얘기한, '자본가'와 대치되는 '끝없는 혁신innovation의 원동력으로서의 경영자'도 그렇다.(그 바탕 위에 경영자 혁명이라는 몽상이 이뤄졌다.) 생텍쥐페리Antoine de Saint-Exupéry, 1900~1944의 '비행사' 또는 그의 『성채』의 '귀족 지도자'도 그렇다. 카뮈의 '세계의 부조리에 대한 의연한 반항자'도 그렇다―제2차 세계대전 때 처칠이 국민들에게 호소한 것이 이 윤리였으며, 그것을 거의 체현시킨 국책 작가 C. S. 포레스터Cecil Scott Forester, 1899~1966. 『아프리의 여왕』 『비스마르크호 최후의 9일간』 등을 쓴 영국 작가가 창작한 '호레이쇼 혼블로워포레스터의 해양 소설 〈혼블로워 시리즈〉의 주인공. 가공의 영국 해군 병사'상은 (독창성으로 보자면 19세기 초의 대중 해군 소설 『피터 심플』을 방불케 할 정도라고는 하나, 아니 아마도 바로 그 때문에) 이 윤리를 혈육화한 것으로, 평화 시의 '셜록 홈스'에 필적하는 영향력이 있었다.

자신의 인간적인 약점에 대한 민감성, 상사·부하에 대한 대인對人 거리의 주도면밀한 측정과 대인방어의 완벽성, 심리적·육체적 고난에 대한 내성과 그것의 계산된 과시, 희미한 징후에 대한 감수성과 예상되는 사태에 대한 사전 대처, 매우 복잡한 상황의 해독, 그리고 자신이 놓여 있는 상황과 그 속의 자기 모습에 대한 객관적 관찰에서 오는 유머, 그런 것들은 넬슨Horatio Nelson, 1758~1805. 트라팔가르해전에서 나폴레옹의 프랑스 함대를 격파한 영국 해군의 영웅 또는 그 시대의 해군 장성들의 실상과는 얼마나 동떨어진 것이었는지와는 무관하게, 전망이 불투명한 상황에서 하나의 유효한 통속 도덕일 수 있었다. 이 윤리하에서도 사람들은 노력을 하지만 무턱대고 근면하거나 애타적이거나 하진 않았다. 금욕은 오히려 타자와 공유하는 인격의 개별적 욕구를 대상으로 삼고 있었고, 발상의 원점이 자신이라는 점은 결코 잊지 않았다. 단적으로 "인격 따위는 서낭당 수호신 계급의 것"이라고 조소하며 오로지 '순수자아'의 추구에 생애를 바친 시인 발레리Ambroise Paul Toussaint Jules Valéry, 1871~1945. 프랑스 작가, 시인, 평론가. 다방면에 걸쳐 왕성한 저작 활동을 한, 제3공화정을 대표하는 지성는 그 극단적인 예지만, 그가 젊은 날에 해군 장교를 꿈꾸었다가 좌절하고 그것을 평생 한으로 여겼다는 것은 당시 프랑스 해군이 그다지 영광스러운 존재가 아니었던 만큼 흥미로운 일화다.

이 윤리는 일견 근대 서구의 영광을 장식하는 것으로 보일지도 모르겠다. 하지만 실은 오히려 어떤 문명도 항구적 안전을 보장받진 못했다. "엘람Elam. 고대오리엔트 지방에 번성했던 국가, 니네베고대 메소포타미아 지역 북부에 번성했던 아시리아의 수도, 바빌론지금의 바그다드 남쪽 유프라테스 강변에 있던 고대 메소포타미아의 도시이 아름다운 이름(만)으로 남은 것처럼, 지금 루시타니아호제1차 세계대전 중이던 1915년 5월, 독일 잠수함 공격으로 침몰한 여객선. 미국인 128명을 포함한 1200여 명이 목숨을 잃었다. 이를 계기로 미국이 제1차 세계대전에 참전하는데, 루시타니아호 침몰이 미국에게 참전 명분을 만들어주기 위해 계획된 것이라는 미확인 음모설도 있다가 아름다운 이름이 되도록"(『정신의 위기』) 소멸할 수 있는 것이다. 이 윤리는 이처럼 문명의 전면적 위기가 적어도 간헐적으로나마 어떤 종류의 인간들 눈에는 분명하게 보였기 때문에 존재할 수 있었던 윤리일 것이다.

기묘한 것은, 탈 없는 평화의 시기에는 "숨어서 사는 것을 최선"(데카르트René Descartes, 1596~1650의 좌우명)으로 여기는 S친화자가 비상시에는 돌연 정신적으로 충전된 것처럼 사회의 전면에 나서서 개인적 이해를 초월해 사회를 책임지려는 기개를 보여주는 것이다. 이 '충전 현상'은 역사상 수없이 많았다. 앞서 나는 설리번[17]에 대해 이것을 좀 자세히 얘기했는데, 뉴턴[18]도 또한 명예혁명의 충전을 받아 국회의원이 된 사람이며, 물리학자로서의 그의 활동은 그 시점에서 실질적으로 끝났다. 러셀Bertrand Russell, 1872~1970의 활동은 아직도 사람들의 기억에 새롭지만, 그가 젊은 날 지적 자극을 받은 라이프니츠Gottfried Wilhelm von Leibniz, 1646~1716를 "뛰어난 지성의 소유자였지만 왕후王侯에게 아첨한 인격"[19]이라고 매도한 것은 거의 근친 증오에 가까운 곡해다. 왜냐하면 라이프니츠의 노력은 신구 양 교회의 화목과 통합을 위한 것이었고, 그것은 17세기 당시에는 20세기의 러셀이 직면한 미소 양 대국의 대립에 버금가는 세계적인 문제였기 때문이다.

그러나 S친화자를 '세상 바로 세우기'를 부르짖는 자로 보고 이를 '재건' 노선에 선 멜랑콜리 친화자(「집착기질의 역사적 배경」 참조)와 대조할 수 있다 하더라도, 현실의 세상 바로 세우기—혁명—가 S친화자에 의해 수행된다고 보는 것은 너무 단순하다. 그들 중에는 혁명의 예언자도 있지만 파국의 예감에 사로잡히면서 체제를 수호하려는 자도 있다. 다만 어느 쪽이든 S친화자가 '역사의 선택을 받은' 기질의 소유자로 행동하는 것은 문제 해결자로서가 아니라 주로 문제 설정자로서다. 그들은 희미한 징후를 통해 전체를 추정하고, 그것이 현전現前하는 것처럼 두려워하면서 동경한다. 앞서 얘기한 베뇨프스키에 관한 소문은 그때까지 호사가적으로 란페키蘭癖·에도시대에 네덜란드를 통해 들어온 난학(蘭学)에 빠져 네덜란드식 또는 서양식 습속을 동경하고 모방하던 기풍 또는 사람를 즐기고 있던 에도江戸·도쿄의 옛 이름의 지적 소수자들을 뒤흔들어 그들을 경세가警世家로 만들었다.

모리슨호의 표착·미국 상선 모리슨호가 1837년 마카오에서 보호 중이던 일본인 표류민 일곱 명을 태우고 일본에 갔다. 모리슨호는 표류민 인도 대가로 통상과 포교를 요구했으나 일본 쪽 포대가

모리슨호에 포격을 가했다은 반샤의 옥蠻社の獄 1839년 5월에 일어난 언론 탄압 사건. 모리슨호 사건과 바쿠후(幕府)의 쇄국정책을 비판한 사람들을 투옥하고 처벌했다을 야기했다. 원래 일개 선장인 모리슨을 영국 해군 장관 모리슨과 동일시한 것은 오늘날 보자면 잘못된 지레짐작이었고, '영국 함대의 일본 침공이 임박했다'고 부르짖은 것은 더욱 현실과 괴리된 것이었다고 할 수 있을지 모르겠다. 하지만 이는 아편전쟁이 중국보다 일본을 더욱 격렬하게 뒤흔들어 지적 선량들의 징후 우위적 예감이 극도로 예민해져 있었음을 보여주는 방증일 수도 있다.

만약 이것을 일본의 '흑선 콤플렉스주로 에도시대 일본 영해에 나타난 대형 서양식 증기선을 흑선(黑船. 구로후네)이라고 했다. 특히 1853년 7월 우라가 근해에 나타난, 매슈 페리 제독이 이끈 미국 해군 동인도함대를 가리킨다. 그때 문호 개방 압력에 굴복한 일본은 쇄국정책을 버렸다' 탓으로 돌린다면 그건 잘못이다. 거기에 대비되는 '백선白船 콤플렉스'라고나 해야 할 것도 있었다. 1894~95년의 청일전쟁은 당시 스물세 살의 발레리를 놀라게 만들어 (주인공으로 중국인을 내세웠지만) "일본의 흰 배가 검은 연기를 토해내면서 우리 만灣을 빼앗는다"라는 악몽적 광경을 그리게 했는데, 그것을 방불케 한다.페리 제독의 프리깃함(Frigate)이 검은 색칠을 하고 있었던 데 비해 메이지 초기의 일본 군함들은 흰색을 칠했다. 그는 곧 "일본, 독일, 이탈리아가 장차 과학으로 무장하고 유럽—그에게는 사실상 영국과 프랑스를 의미했다—을 공격할 것"이라고 예언했다. 제2차 세계대전 발발 반세기 전의 일이다.

그러나 그렇다 하더라도, S친화자의 언동 중에서 가령 '소수자의 윤리'로서나마 윤리화된 것은 결국 현상형태의 전 스펙트럼 중의 일부에 지나지 않았으며, 기본적인 것은 아마도 윤리화를 초월했을 것이다.

분열병자의 사회 '복귀'에 최대의 장벽이 되는 것은 사회의 강박성, 바꿔 말하면 강박적인 주변 사람들이 환자들을 계속 압박하는 것이다. 우리는 그것을 매일 체험하고 있다. 우리는 사회의 강박성이 얼마나 뼛속 깊이 박혀 있는지 알고 있다. 그 바깥에 반강박성적 유토피아를 건설하는 것은 아마도 불가능할 것이다. 다만 얘기할 수 있는 것은, 내가 예전에 분열병자를 치유할 때 '마음의 솜털'▪을 잃어서는 안 된다고 했는데, 실은 그것이 바로 분열병자의 미분(회로)적 인지력이며, 그것이 마모되면 모든 것이 허사가 되고 만다는 것이다. 적어도 그것은 분열병자 또는 S친화자로부터 그들이 맛볼 수 있는 생의 기쁨을 박탈하는 것이 될 것이다.

▪ 　어쩌다 보게 되는 치료 장면에서 치유자가 느끼는, 조심스러운 친절에 대한 민감성에서 찾아볼 수 있는 것과 같은—매우 표현하기 어려운 것이지만 굳이 얘기한다면—일종의 '마음의 솜털' 또는 델리커시delicacy. 여림. 섬세함라고 해야 할 것을 한번 상실하게 되면 다시 살리기가 어렵다. 이것을 굳이 여기서 얘기할 필요가 있는 것은, 만성 분열병 상태에서 벗어나는 길이 아무래도 한 갈래만 있는 건 아닌 듯싶기 때문이다. 자연 치유력 그 자체가 새로운, 다소 병적인 전개를 낳는 원동력일 수 있다는 것은 자기면역병이나 외상성 쇼크를 비롯해서 신체 질환에서는 잘 알려져 있지만, 만성 분열병 상태에서 벗어나는 과정에서도 일견 성격신경증 또는 '되돌이 신경증'으로 보이는 이른바 정신병질적인 상태에 빠지는 경우가 적지 않다. 이런 것들은 말하자면 '마음의 솜털'을 잃

어버린 상태다. '마음의 솜털'을 상실하는 것 자체는 분열병과 아무런 관계가 없고, 그런 사람들은 사회생활을 하고 있는 사람들 중에도 결코 적지 않지만, '높은 감각성'을 둘도 없는 장점으로 지닌 분열병권 사람들에게 이 상실의 타격은 특히 크다.[20]

인류학적 유리함

이처럼 사회와의 '화합(타협)'■이 어려움에도 불구하고 S친화자가 인류의 상당 부분을 점하고 있는 것은 아마도 그것이 인류에게 필요하기 때문일 것이다. 가령 집착 성격자들로만 이뤄진 사회를 상정해보자. 그 사회가 숨이 막히는 사회인지 아닌지는 그것을 받아들이는 개인에 따라 다르겠지만, 큰 문제에 대한 인식 불능, 특히 기무라木村가 얘기하는 post festum(사후事後=행차 후 나팔)적인 태도 때문에 그들은 생각지도 못한 파국에 발을 들여놓고도 그것을 깨닫지 못한다. 그런 사람들은 자신들이 장기로 삼고 있는 작은 파국의 재건을 '칠전팔기'로 반복하는 것은 가능하겠지만 '큰 파국은 눈에 보이지 않는다'는 기묘한 맹점을 계속 안고 가야 하는 점에서는 변함이 없다. 거기서 적극적인 자일수록 맹목적인 근면 노력만 하다가 '레밍lemming적 비극'을 초래할 우려가 있다―이 작은 동물은 때때로 앞선 자의 꼬리를 맹목적으로 뒤따라 큰 무리를 지어 나아가다 바다에 한꺼번에 빠져 죽게 되더라도 그것을 깨닫지 못한다고 한다.

생물학적인 '보이지 않는 손'인지 아닌지는 모르겠으나, 기무라도 이미 지적한 바와 같이 ante festum(사전事前=선취)적인 태도는 연애에서 우위를 점한다. 희미한 징후에 대한 예감 능력이 없으면 애초에 연애는 성립되기 어려울 것이다. 이것을 장황하게 해설할 필요는 없을 것이다. 물론 불안이나 원망사고도 개입하기 때문에 여기에서도 t=0에서 완전히 미래의 경향을 알려고 하는 것은 상대의 초기 움직임(일거수일투족!)에 휘둘리는 결과가 되겠지만.

이와 관련해 이성異性의 S친화자를 동경하는 사람들을 상당수 찾아볼 수 있다. 이른바 '히스테리 애호자'(스위스의 정신과의 빌리Jürg Willi, 1934~가 추출한 인간 유형)에 필적할 것이다. "그 비명碑銘은 주위를 둘러보면 쉽게 찾을 수 있다"는 게 사실이라는 걸 알 수 있을 것이다.

유아들의 엄마 표정 인지는 징후성에 대한 최초의 반응이다. 특히 분열병에 걸리기 쉬운 사람은 인생 초기의 이 징후성에 압도당할 만큼 과민할지도 모른다. 그렇지 않으면 도대체 어찌 "전혀 말썽을 피우지 않는 착한 아이"일 수 있겠는가.(「'응석'의 단념」 참조) 이 과민성은 마비적으로 작용해 안전보장 감각을 결코 키워줄 수 없을 것이다.

예전의 줄리언 헉슬리Julian Sorell Huxley, 1887~1975. 영국 생물학자이자 작가. 유네스코의 초대 사무총장의 설문―왜 분열병이 이토록 많은가, 그의 말이 함의하는 대로 바꿔 말하자면, 왜 S친화자는 도태되지 않는 것일까[21], 라는 것에 대한 대답은 그에 대한 종래의 대답인 '고통과 결핍'에 대한 내성보다도 오히려 성적 파트너를 획득하는 데 유리하다는 점에 있고, 그것이 자손을 남길 가능성을 높여준다는 쪽을 나는 선택하고 싶다.■■ 그것은 일반적으로 고등동물의 도태 경로에 따른 것이다. 아이젠크Hans Jurgen Eysenck, 1916~1997. 독일 심리학자[22]가 '신경증 친근성'과 구별하면서 오히려 그것과 대립하는 것으로 추출해낸 심리적 차원의 '정신병 친근성'에서 '불굴의 정신tough mindness' 인자의 존재를 지적한다 해도, 그것이 기능을 발휘하는 것은 이쿠족과 같은 극한의 경우가 아니면 고독한 결단자·행동자일 경우라고 나는 생각한다.

성적 파트너 획득을 둘러싼 종種 내부의 경쟁이 반드시 종에게 유리한 형질을 남기는 건 아니라는 점은 절멸한 또는 절멸하고 있는, 긴 칼날 같은 이빨을 지닌 호랑이나 큰뿔사슴Megaloceros giganteus. 200만 년 전에서 1만 2000년 전 신생대 제3~4기에 유라시아 대륙 북부 지역에서 살았던 대형 사슴. 매머드, 털코뿔소와 더불어 빙하기의 대표적인 동물이 보여주고 있지만, 그러나 S 친화자의 미분(회로)적 인지가 반드시 그 범주에 속한다고 할 수는 없다. 오히려 그 반대인데, 분열병자인 대량의 실조자들은 인류와 그 좋은 점의 존속을 위해서도 사회가 받아들이지 않으면 안 될 세금과 같은 존재라고 해도 좋지 않을까. 그리고 미분(회로)적 인지성을 주목하면서 사회와의 '화합(타협)'점을 추구하는 것은 분명 어려운 일이긴 하지만 적어도 집착기질자로의 인간 개조만큼 터무니없는 사업은 아니라는 점을 나의 작은 체험을 통해서도 얘기할 수 있을 것 같다.

■ 사회 복귀라는 건 사회와 병자의 화합(타협)점의 발견이라고 할 수 있을 것이다. 사회가 다양하고 다원적 가치를 지니고 있으면 있을수록 화합점을 찾기가 쉽다. 다음과 같은 식물학에서 볼 수 있는 사태와의 유비가 가능할 것이다. 즉, "수종이 적은 북방의 삼림에 대해 열대 강우림은 (…) 놀라울 정도로 많은 수목 종들로 구성돼 있다. (…) 요인들이 대단히 많이 겹치면 결국은 우연만이 유효하게 작용한 것과 같은 결과가 되고, 생활력의 차이는 소각된 것처럼 없어진다는 설명을 할 수 있다".(나카오 사스케中尾佐助 1916~1993)[23]

반대로 집착기질자들로만 구성된 사회가 어떻게 될지를 상상해보면, 역시 그 책에서 살펴볼 수 있듯이—"인력으로 꼼꼼하게 약 2000년 간이나 제초 작업을 해온 결과 일본에서는 잡초가 거기에 적응해 진화했고, 그 결과 경작지의 잡초는 세계에서 가장 강력한 놈들로 변조돼버린 듯하다. (…) 부지런한 일본 농민들의 기나긴 제초 노력은 역설적이게도 세계에서 가장 강한 잡초를 만들어낸 것 같다"—부지런함이 목적 추구 과정에서 생기는 반작용을 무제한 강화하는 악순환을 만들어낼 수 있다는 것은 한번 생각해볼 만한 일이다.

■■ 이 문제 제기에 대해 이노우에 에이지가 말했듯이, 헉슬리의 '분열병'보다도 '분열병질' 쪽이 타당할 것이다. 다만 S친화자는 더 포괄적인 개념이며, 분열병질은 농경 사회 이후에 진행된 그 적응 형태—표현형의 하나—라고 생각한다. 따라서 징후 공간 우위성=미분(회로)적 인지가 비교적 항상적으로 지니고 있는 상대적 탁월성이 문제가 된다. 인간은 아마도 비례적 인지 및 적분적 인지 모두 가능하지만 3자 가운데 어느 것이 전면全景에 나오게 될지는 상황에 따라 달라진다. 또 그 '교대'의 유연성·합목적성의 정도가 어떠한지도 문제가 될 것이다. 필자는 가혹한 조건 및 단순한 사회—이것은 가끔 무리와 집단band 이상의 사회구조를 갖지 못한 수렵·채집민들에게서 볼 수 있는 현상이다—와 마찬가지로 또는 그 이상으로 성적 도태 과정에서 (분열병이) 어떤 유리한 점을 갖고 있다는 얘기를 하고 있는 것이다. 분열병자의 근친자들 중에서 종종 빼어나게 매력적인 인물을 발견하게 된다는 점을 지적하고 싶다. 또 유년 시절의 어머니 역할을 한 사람의 표정 인지와도 관련이 있는 듯하다. 그들이 어렸을 때 두드러지지 않고 말썽 피우지 않으며 반항하지 않

는 아이라는 것은 이 상모相貌^{상모=인상(人相)=관상(觀相)} 지각―미분적인

변화 지각―이 뛰어나기 때문일지도 모른다는 얘기다. 일시적 과적응

이 나중의 부적응의 원인이 되는 예가 적지 않다.(이런 종류의 인지성이

이른바 기본적 신뢰의 결핍 때문에 촉진될 가능성이 충분히 있다. 적어도

양자는 서로 모순되지 않는다.)

　또 일반적으로 '미분(회로)적'이라고 하기보다 '차분差分적'이라고 하

는 편이 더 정확할지도 모르겠다. 차분 미분방정식에는 지체時おくれ형과

전진時すすみ형이 있다. 차분 미분방정식은 (컴퓨터를 활용해서) '완력'

으로 풀 수 있는 게 많다. 수학자들에게는 재미없는 영역이라고 들었지

만, 물론 사람의 뇌는 충분한 '완력'을 갖고 있을 것이다.

집착기질의 역사적 배경

재건 윤리로서의 근면과 궁리

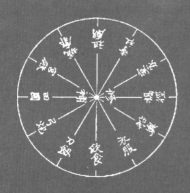

경작 도구(전기田器=농구農具=농기구農機具)**의 수리를 권하는 도해** "그 근본은 모두 농구다. 농구가 없다면 만기万器도 없다. 농구가 있기에 만기가 있다. 만기의 본을 밀고 나가면 농구로 돌아간다. 농구가 변해서 만기가 된다. 만기를 얻으면 부숴 없애지 못할 것이 없다. 고로 궁전이 있으면 이를 수리하고, 성곽이 있으면 이를 수리한다. 조상 묘가 있으면 이를 수리하고, 절이 있으면 이를 수리한다. 집이 있으면 이를 수리하고, 다리가 있으면 이를 수리한다. (…)" 니노미야 손토쿠二宮尊德의 『삼재보덕금모록三才報德金毛録』.(나라모토 다쓰야奈良本辰也 교주, 이와나미 『일본사상 대계』 제52권에서)

'응석'의 단념

　분명 독일의 정신과의 바이트브레히트Hans Jörg Weitbrecht, 1909~1975가 얘기한 것으로 기억하는데, 분열병은 분열병자의 수만큼 많지만 우울병자는 아무리 많아도 한 사람이라는 얘기가 나온 지 오래됐다. 이런 인상은 실제로 많은 임상 전문가들이 공통적으로 받고 있는 것이리라. 하지만 우울병자의 얼굴은 과연 하나일까. 그렇다면 왜 그럴까?

　최근 우울병을 포함한 광의의 순환성 정신병권圈의 질환은 그 출현 빈도도, 조증과 울증의 비율도, 현상형태도 문화권에 따라 차이가 있다는 지적이 갑자기 증가하고 있다. 이것은 비교정신의학에서는 꽤 오래전부터 시사돼온 것인데, 이게 사실이라면 우울병자의 얼굴은 문화권의 수만큼 있다고 수정해야 한다. 물론 이것은 공시적으로 봤을 때의 얘기고, 통시적—즉, 역사적—으로 보면 얘기는 더욱 복잡해진다.

　생각해보면 별로 이상한 일이 아니다. 그러나 '하나의 문화에 하나의 얼굴'이긴 하다. 유소년기부터 아버지나 아버지 같은 태도로 임하는 어머니 등으로부터 주입받은 사회적 윤리도덕을 자아 속에 양심으로 심어 넣고 가족적 전통에 책임감을 지닌 채 자아의 취약성을 조상의 기억이나 가족 신화로 보강하며 자란 사람들한테서 우울병이 발병하기 쉽다면, 우울병이나 우울병을 일으키기 쉬운 성격의 사회적 피규정성 곧 몰개성은 오히려 당연하다 할 것이다.

　분열병자의 유소년기는 다수가 '착한 아이'라는 얘기를 듣는데 이 말썽 피우지 않고, 도드라지지 않고, 반항하지 않는 '고분고분'한 '착한 아이'와는 다른 의미에서 우울병자의 유소년기도 다수는 '착한 아이'다. 다만 바지런하고, 눈치 빠르고, 기특한 '착한 아이'인 점이 다른 것 같다.

도이 다케오土居健郎 1920~2009[1]의 '응석' 이론에 비춰 보면 어느 쪽이나 '응석 부리지 않는' 아이인데, 분열병자의 유소년기가 '응석'을 모르거나 '응석'을 두려워하는 데 비해 우울병자의 유소년기는 '응석'을 좋지 않은 것으로 여기며 단념한다는 인상을 준다. 아니, 부모를 위로하고 '어리광 부리게 하는' 아이도 많다. 그리고 주지하다시피 일본의 부모는—도호쿠東北 지방 문화에 대해서는 유보할 필요가 있을지 모르겠으나—충분히 아이에게 '어리광을 부리는' 것이다.

우리는 우울병에 걸리기 쉬운 성격으로 시모다 미쓰조下田光造 1885~1978의 '집착기질immodithymia' 또는 텔렌바흐의 '멜랑콜리형'[2]을 임상적으로 대폭 승인하고 있지만 이들이 일본, 독일 두 나라의 정신의학권 바깥에서는 거의 승인받지 못하고 있는, 언뜻 생각하면 놀랄 만한 사실은 주로 이들의 현상형태의 사회적 피규정성 때문인 것으로 생각된다.

이와 관련해 우울병이 본래 기분에 좌우되는 병이라고들 하지만 그럼에도 '집착기질'이나 '멜랑콜리형'의 특징에 관한 기록을 훑어보고 놀라는 것은, 거의 대부분이 일을 추진하는 방식, 일에 관여하는 방식, 직장에서의 대인 관계와 그 연장에 관련된 일 때문에 모두 묻혀버린다는 사실 때문이다. 가족 관계도 직장과 같은 대인 관계, 즉 가정을 꾸려가는 가계를 유지하는 데로 중점이 이동하고 있는 경우가 많다. 오히려 기분이라는 것이 그 자연스러운 자리를 인정받지 못하는 생활 방식이 '집착기질'이나 '멜랑콜리형'인 듯하다. 실은 기분 변동이 없는 사람이 아니라 기분에 그 자연스러운 자리와 권리를 허용해주는 생활 방식을 꾸려가는 사람이 우울병 가능성이 낮은 건지도 모른다.

시모다는 사실 그 '집착기질자'들이 "타인으로부터 확실한 사람으로 신뢰받고 모범 청년, 모범 사원, 모범 군인 등으로 칭찬받는 종류의 사람이다"라고 단언한다. 시모다의 기록은 특히 윤리적·도덕적 용어(열심, 근면, 착실 등등)들을 구사하고 있기 때문에 우리는 그 기록의 총체를 대부분 하나의 사회규범에 비춰 봤을 때의 '모범'으로 삼아도 좋을 정도다. 그렇다면 거기서 드러나는 것은 적어도 어떤 광범위한 직능자들의 생활윤리, 직업 규범, 굳이 얘기하자면 하나의 통속 도덕이다. 시모다가 정신과의로서 활동한 쇼와 전기의 일본에서 그런 것들이 '청년' '군인' '사원' 등의 통속적 도덕규범으로 상당히 보편적인 것이었던 건 사실이리라―예컨대 "지성至誠에 어긋나지 않겠는가"를 비롯해서 "게으름에 빠지지 않겠는가" 등의 위엄을 부린 문맥 속에서는 다소 유머러스한 구석이 없지 않은 구절을 포함한 옛 해군병학교의 5성고세이 (五省). 옛 일본제국 해군사관학교인 해군병학교, 지금의 해상자위대 간부후보생학교에서 사용하던 다섯 가지 훈계을 생각해보라.

여기에서 주의해야 할 것은, 집착기질과 부합하는 이 직업윤리 또는 생활 도덕―이것을 앞으로 '집착(성)기질적 직업윤리'라고 부르겠다― 이 결코 초문화적인 것일 수 없다는 것이다.

물론 어떤 사회에도 집착기질자라 해도 좋을 사람들이 존재하지 않을까, 라는 의문에는 당장 답을 할 수 없다. 그러나 집착기질자를 윤리적으로 존중해주지 않는 사회—예컨대 '하사관 도덕'에 지나지 않는다고 하기 십상일 전통적인 영국인의 견해—나 그것을 옳지 않다고 보는 사회, 또는 집착기질자가 설 자리가 없거나 매우 생존하기 어려운 사회는 일일이 거론할 수 없을 만큼 많을 것이다. 그리고 집착기질자가 원래 "그 일 때문에 알려져 있는" 기질자인 한 적어도 외부로부터 인지되지 않는 경우가 있을 수 있다는 것은 쉽게 알 수 있는 이치다.(고대 그리스에서 노동은 천시당해야 할 일이었다는 사실은 너무나 유명하지 않은가.)

그러면 일본의 역사에서 집착기질적 직업윤리가 등장한 것은 언제쯤일까. 그것은 의외로 최근의 일이다. 구체적으로 얘기하면 지방에 따라 다르긴 하지만 대체로 에도 중기 이후, 즉 18세기 후반이라고 봐도 좋다.

근세 민중 도덕의 얼마 되지 않는 뛰어난 연구자들 중 한 사람인 야스마루 요시오安丸良夫[3]에 따르면, 이 윤리—그가 '통속 도덕'이라 부른 것—의 출현은 에도 중기의 농촌 모습을 일변시킬 만한 힘을 갖고 있었던 듯하다. 야스마루가 인용한 마에다 마사하루前田正治_{배우. 성우. 음향감독인 지바 시게루(千葉繁)의 본명}의 『일본 근세 촌법 연구』_{촌법(村法)은 일본 전통 촌락의 법. 규제를 뜻함}에 실려 있는 일본 촌법집에 비춰 보면, 음주나 도박 금지, 춤·연극·샤미센·나가우타長唄_{에도시대에 유행한 긴 속요} 등의 제한, 혼례·장례식·셋쿠節句_{일본 5대 명절의 하나} 등의 간소화, 밤놀이나 밤 이야기夜話 모임의 제한 또는 금지, 머리치장과 우산·게다_{왜나막신}·하오리羽織_{일본옷 위에 입는 짧은 겉옷} 등의 제한, 근로의 강조와 규정, 효도나 마을 내의 화합 등에 주요한 관심이 쏠려 있는 것은 도박 금지가 근세 초부터 시행된 것을 제외하면 거의 덴메이기天明期^{1781~1788} 이후의 일이다. 그리고 니노미야 손토쿠나 오오하라 유가쿠大原幽学^{1797~1858}가 날카롭게 문제 삼은 것도 이런 것들이다.

근대 이전의 농촌에 존재했던 "이 세상의 즐거움", 예컨대 마쓰리 행사, 춤, 연극, 마을 청년 모임이나 마을 미혼 여자 모임, 갖가지 강회, **요바이**夜這い예전 일본에서 남자가 밤에 몰래 연인의 침소에 잠입하는 일 등도 점차 금지됐다. 대신에 금욕, 근면, 검약, 효행, 인종忍従, 정직, 일찍 일어나기, 검소한 식사 등이, 실은 말 그대로 실행된 것은 아니지만, 미덕과 당위로 받아들여지게 된다.

우리가 반드시 이들 덕목의 충실한 실천자인 것은 아니지만 일본, 특히 벽지의 촌락들에 이들 덕목이 시행되기 전의 관습이 잔존해 있는 것은 이들을 대상으로 하는 '민속학'이 어느 정도 미화해서 기술하고 있는 바와 같다.

그러나 이들 덕목은 우리에게 여전히 거대한 통제력을 휘두르고 있다. 우리는 많은 신흥 종교들이 이런 덕목들을 거듭 다시 내어놓고 있는 것을 볼 수 있을 것이다. 엄밀히 말하면, 상당한 수의 신흥 종교들이 종종 이들 덕목의 중압에 대한 격렬한 반동을 그 출발점으로 삼고 있는데, 사회에 수용되는 과정에서 이들 덕목을 처음에는 안전 증명용으로 채용한 뒤 점차 이와 습합해간다.

서구화한 지식인들조차 예외가 아니다. 그들의 외국 비판이, 환원하면 이들 덕목에 비춰 본 비판에 지나지 않는다는 것은 일일이 예를 들 수 없을 정도로 많다. 가장 가치 자유(중립)적이어야 할 우리 정신과의들조차 이들 덕목이 의식적·무의식적으로 열린 태도로 병자를 보는 것을 방해하지 않는다고 할 수 없다. 사회적 합의를 통해 볼 때 소수자인 분열병자들을 치유하는 사람의 눈에 이들 덕목은 병자들을 제대로 보는 것을 방해하는 큰 들보가 될 수 있다. 우울병자에 대해서도 그들을 실조시킨 것에 대해 우리가 중립적인 태도를 취하기 어렵게 만들고, 기껏해야 꽉 막힌 통제를 '완화'해주도록 권유하는 정도에 그치기 쉽다. 우울병자는 문자 그대로 너무 쉽게 '사회 복귀'를 하고, 그러고는 다시 재발을 되풀이한다.

그러나 이 통속 도덕에는 그 나름의 유효성·안전보장력이 있다. 이들 덕목을 부정하는 사람에 대해 우리는 자유인으로서 경의를 표하면서도 부정의 단호한 실천자와 교우하고 가까이하는 것은 위험하다고 느끼기 십상이다. 따라서 우리도 이 통속 도덕을 일종의 통행증으로 제출함으로써 자신의 대인적 안전보장을 확보한다. 정치가들에 대한 저널리즘의 비판도 그 속을 파고들어가 보면 정치가로서의 능력보다도 이 덕목에 토대를 둔 것이 적지 않다. 예컨대 이케다 하야토池田勇人 1899~1965의 총리 취임 때, 그의 개인 취미에 지나지 않는 골프의 폐지가 신문에 대한 하나의 공약이 될 수 있었던 것도 그런 것이다.

재건의 방략가

―니노미야 손토쿠

에도시대 중기 이후의 집착기질적 직업윤리의 성립을 가능케 한 것과 필연적이게 만든 것, 이 양면을 살펴볼 필요가 있을 것 같다.

우선 그것을 가능하게 만든 조건들은 무엇이었나? 그것은 초기 에도시대 그 자체의 사회구조에서 찾아야 한다.

첫째로, 공평하게 봐서 에도시대에는 아무리 가혹했다손 치더라도 어쨌든 '법과 질서'의 지배가 존재했다. '도쇼공東照公에도시대를 연 도쿠카와 이에야스(德川家康) 이래의 조법祖法'은 지배자도 구속했다. 특히 바쿠후幕府의 직접 지배하에 있는 덴료天領에도시대 바쿠후의 직할 영지의 대관代官군주나 영주를 대신해서 임지의 사무를 관장하는 사람 또는 그 지위들은 거의 모두 무력을 행사하지 않고 자신의 행정 능력으로 통치하는 방식을 추구했다. 이것을 오닌應仁의 난오닌은 무로마치(室町) 바쿠후 시대 1467~68년 기간의 일본 연호. 오닌의 난은 1467년부터 1477년까지 약 10년간 이어진 내란 이후의 전국시대와 대비해보면 그때는 이미 축적한 쌀·보리를 하룻밤에 노부시野武士산야에 숨어서 패잔병이나 농민들의 무기나 곡식을 탈취하기도 했던 무사나 토민 무리에게 빼앗기거나 잡병으로 강제징집당하는 일은 원칙적으로 없어졌다. 연공해마다 바치는 공물을 미리 걷는 것과 같은 악습은 남아 있었지만, 일반적으로 앞선 혼란의 시대에 비하면 '태평한 세상'을 환영하는 합의consensus가 존재했다. 그것은 무엇보다도 전란의 시절에는 결여돼 있던 농업 생산의 '계산 가능성'을 가져다주었다. 에도시대에 세계적으로도 예외적으로 높았던 민중의 식자율, 계산

능력, 기록 능력은 이 '계산 가능성'의 덕을 크게 봤다. 19세기 초에 니노미야 손토쿠二宮尊德1787~1856. 에도시대 후기의 농정가요 사상가. 긴지로(金次郎)가 통칭. 손토쿠로도 읽는 '尊德'의 정확한 훈독은 다카노리. 도덕윤리 사상인 호토쿠(報德) 사상을 제창했으며, 호토쿠 시호(報德仕法)라는 농촌 부흥 정책을 지도했다가 궁핍한 촌락 재건을 의뢰받았을 때 그는 촌락의 과거 100년간에 걸친 각종 기록들을 신뢰할 수 있었다. 니노미야의 시호仕法방안 자체가 이 '계산 가능성'에 근거를 두고 있었다. 그는 면밀한 조사를 토대로 촌락 재건 방안을 만들었다. 그는 한 집 한 집 변소를 시찰하면서 촌락의 분뇨량을 산출했다고 한다. 니노미야가 때로는 장래 일백 수십 년간의 농업 생산과 수지를 예측할 수 있었던 것, 그리고 니노미야의 계산—난삽할 정도로 비약이나 생략을 배제한 계산이다—이 촌락의 중견 농민들, 농촌 관리들, 그리고 번藩에도시대 다이묘(大名)의 영지나 그 정치 형태 행정 당국, 번주藩主 자체에 대해 강한 설득력을 가질 수 있었던 것은 그 배후에 일반적 합의가 존재하지 않고서는 불가능했다. 특히 니노미야의 '시호'는 이를 승인하면 일정 기간 번주의 사생활조차 경제적 구속을 받게 되는 성질의 것이었으므로 더욱 합의가 필수적이었다.

그리고 두 번째로, 이 시대의 법이었던 '도쇼공 이래의 조법'은 변경할 수 없는 경직성을 갖고 있었다. 황무지 개간은 일정 기간 면세였고, 상행위는 과세 대상이 아니었다. 따라서 많은 지방에서 근면과 궁리를 통해 수익을 증대시킬 돌파구를 만들 수 있었다. 니노미야가 자기 집안 재흥을 위해 먼저 착수한 것은 버린 모를 버려진 용수로에 심고, 홍수가 휩쓴 황무지에 유채를 재배하는 일이었다.

이처럼 더 많이 일하면서 생활을 예전 수준으로 유지한다면 니노미야가 얘기한 '적소위대積小爲大작은 것을 쌓아 큰 것을 만든다'를 이룰 수 있다. 농민을 궁핍에서 구해내는 탈출로는 이와 같은 환금작물을 황무지에 재배하는 것이며, 나아가 돈벌이하러 나가는 것이다. 돈벌이를 위해 지방에서는 아마 노구치 히데요野口英世1876~1928. 세균학자의 조부나 니노미야 자신처럼 무가武家의 봉공인奉公人피고용인이 되는 경우가 많았을 것이다. 게이한京坂도쿄와 오사카, 에도의 근교에서는 예컨대 단바丹波지금의 교토 부 중부와 효고 현의 중동부 지방에 해당하는 옛 지방 이름의 농민 출신인 이시다 바이간石田梅岩1685~1744. 에도시대의 사상가, 윤리학자처럼 상가商家에 견습 점원으로 들어가는 게 지름길이었을 것이다.

그렇게 해서 번 적은 돈을 빌려주고 이자를 받았다. 에도시대에는 실로 수많은 친목계다노모시코(賴母子講), 줄여서 다노모시. 한국에서 유행한 계·겟돈의 원조 등의 이식利殖 장치가 존재했다. 마을 장로의 찌푸린 얼굴을 거역한 채[4] 농민들도 화폐 취득을 위해 마을을 떠났다.

세 번째로, 에도시대는 어떤 의미에서는 고도로 세속화한 시대였다. 단카檀家 제도단카는 특정 절에 시주를 하며 절의 재정을 돕는 집이나 사람. 단카 제도는 절이 단카의 시주를 독점적으로 집행하는 조건으로 결합된 절과 단카의 관계의 실시와 포교의 금지는 본질적으로는 종교의 뿌리 뽑기였다. 권력은 완전히 세속화했고, 종교에는 일반적 경의를 표하는 것 이상은 하지 않았다. 현대에도 많은 나라들에서 찾아볼 수 있는 민중의 축적을 종교가 남김없이 빨아먹는 사태는 벌어지지 않았다. 흰 벽이 아름다운 수도권의 집촌을 바라볼 때 사원들은 겨우 지붕 형태로 구분될 뿐 유럽의 교회처럼 높이 솟아오르지 않았다. 다소나마 유럽의 경우와 비슷한 경관은 정토진종淨土眞宗가마쿠라에 신란(親鸞, 1173~1262)이 창도한 일본 불교 주요 종파의 하나의 교세가 탁월한 지방에서 찾아볼 수 있으나 그 정도가 유럽에는 훨씬 못 미친다.

네 번째로, 히데요시임진왜란을 일으킨 도요토미 히데요시(豊臣秀吉)가 대가족 동거를 금지한 이래 정착된 일본 가계의 소규모성을 들 수 있다. 이것을 예전의 중국 대가족제와 대비하면 사정이 분명해질 것이다. 옛 중국의 200명이 넘는 대가족의 가계 안정성은 대단히 높았고, 이에 상응해 계급 상승도 완만했다. 예컨대 루쉰魯迅[1881~1936]을 배출한 가족인 주가周家는 진사進士 계급에 도달하는 데 여섯 세대나 걸렸다.

그러나 대가족의 가계가 한번 붕괴하기 시작하면 그 속도는 완만해도 일개인·일세대의 노력으로는 이를 저지할 방도를 찾기 어렵다. 주가의 장남으로서 루쉰은 베이징대학 교수 봉급으로 200명 이상을 부양해야 했다. 루쉰은 동생인 저우쭤런周作人[1885~1967]의 일본인 처의 본가에도 송금을 했다. 그것은 호의도 은혜도 아니었으며, 옛 중국 진사 계급의 장남으로 당연히 해야 할 일이었다. 이것이 루쉰의 유명한 출가 동기의 하나로 작용했다고 한다. 이것을 일본의 메이지, 다이쇼大正 시기에 대학교수가 되면 일단 일가를 일으켜 세울 수 있었다고 평가되는 사실과 대비해보기 바란다. 에도시대도 아마 오늘날처럼 한 사람, 한 가족, 한 마을이 '열심히 하면' 어쨌거나 그 사람, 그 집안, 그 마을이 한두 세대 안에 재건할 수 있었던 것은 야스마루가 말한 바대로다.

물론 쉽게 재건될 수 있었다는 것은 또 쉽게 무너질 수 있었다는 얘기도 된다. 이미 에도시대 초기의 호상豪商, 호농豪農 들은 "노력하지 않으면 3대로 망한다"는 위기감을 자각하고 이를 가훈으로 전했다. 망한 실제 사례들은 주변에 널려 있었을 것이다.

오늘날에도 볼 수 있는 바와 같이 1년 농사 흉작 때문에 자살하는 일본 농민들 모습은 다른 국민들로서는 도무지 이해할 수 없는 일일 것이다. 니노미야는 아버지가 파산으로 몰고 간 집안에서 스무 살 때 할아버지 대에 보유했던 2정보町歩 남짓의 자작농 겸 지주 지위를 회복하기 위한 첫걸음을 내딛는 데 성공한 재건의 천재라고나 해야 할 인물인데, 그의 일기 마지막 페이지는 "내 생애는 전전긍긍하며 심연 위의 살얼음을 걷는 것과 같은 생애였다"라는 의미의 한 구절로 마감했다.

집착기질적 직업윤리는 본질적으로 '건설의 윤리'가 아니라 '부흥의 윤리'다. 이 점을 지적해두고자 한다. 18세기 후반에 화폐경제의 침투와 집중적인 자연재해로 일본 농촌의 상당수가 크게 황폐화돼 종종 수확과 인구의 반감, 경작 포기, 유랑 사태가 일어날 때에도 굳이 농촌을 떠나지 않고 거기 남아서 난관을 해결하려 한 중농·소지주 계층에서 상당히 빠른 속도로 발생하고 확산된 이 윤리는 지금도 그 기원의 흔적이 남아 있다. 물론 이 농지의 변화는 크게 보면 화폐경제에 적응하기 위해 감행된 농촌 구조 개혁과 농업기술 혁신이 거의 한 세기에 걸쳐 수도권과 서남 지방을 출발점으로 해서 동북(도호쿠) 지방을 향해 일본 열도 북부로 파급돼간 사태로 파악할 수 있을 것이다. 그러나 파도에 휩쓸린 당사자들 의식 속에서는 그건 진보가 아니라 위기였고, 그 이후의 '재건'이 문제였다.

이런 종류의 직업윤리에서 최강의 이데올로그였던 니노미야로 대표되는 바와 같이 그들은 결코 옛날부터 빈농이 아니었고, 일가에게는 비교적 가까운 과거에 흥륭했던 영광의 역사, 예컨대 니노미야에겐 농경지를 착실히 사 모아서 소지주가 됐던 조부의 기억이 살아 있었다. 이미 얘기했다시피 니노미야가 자기 집안의 재건을 이룩했다고 스스로 인정한 것은 바로 조부 대에 갖고 있던 규모의 땅을 되찾은 시점이었다.

우울병의 심리 밑바닥에 '뉘우침'[5] '돌이킬 수 없다'[6]는 감정이 깔려 있다고 지적되는 게 사실이라면, 이 감정을 부인하고 '되돌려놓겠다'고 다짐하는 데에 집착기질적 노력의 원동력이 있다고 봐도 되지 않을까. 바로 그래서 '집착'이기도 하다.

니노미야 그 사람에게는 집착기질만으로 규정할 수 없는 강인함과 유연성이 있다. 그것은 그의 언동의 이모저모에서도 엿볼 수 있다. 예를 들면 어떤 농민은 자신의 논에서 잡초 한 포기라도 뽑아 없애려고 애만 쓰다가 우울병에 걸리고 말았지만, 니노미야에게 낙엽이 떨어지는 것은 천도天道천지자연의 법칙이며 이것을 쓸어서 길을 치우는 것은 인도人道지만, 낙엽은 하루 한 번 쓸어내면 되고 "나뭇잎 떨어질 때마다 길을 치우는 것은 나뭇잎의 머슴이 되는 것일지니"(『니노미야 옹 야화二宮翁夜話』)라고 분명히 얘기한다. 그러나 니노미야도 홍수로 눈앞의 논이 황무지로 변하는 것을 보고는, 실은 꽤 지적인 사람임에도 불구하고, '어수룩한 호인'인 아버지가 하는 일 없이 재산을 탕진하고 마침내 일가가 이리저리 흩어지는 지경에 이르는 타격의 연속(『보덕기報德記』)을 열 살도 되기 전에 호되게 경험했을 때 여러 번 격심한 상실감에 사로잡혔을 것이고, "어떻게든 되돌려보자"는 강렬한 감정을 계속 지니고 있었으리라는 것은 단편적으로 전해지는 그의 유소년기의 자취를 통해 알 수 있다. 그는 아마 유년기에 이미 '응석'을 단념하겠다는 결의를 했을 것이다. 그가 처음 손에 쥔 돈으로 한 행위는 심한 타격으로 기력을 잃은 아버지에게 술을 사준 일이다. 어머니도 어린 그에게 의지했다. 그는 아버지 역할을 맡아 부모를 '응석 부리게' 했던 것이다. 이는 사회의 풍파에 대해서 가족을 대표하고 가족을 지키는 자로서의 '아버지'다. 그의 노력은 그런 식으로 시작됐다. 일반적으로 **근면과 궁리의 윤리는 '응석'에 대한 금욕의 윤리이기도 하다.**

작은 것으로 시작해 큰 것에 이르는 니노미야의 재산 모으기 노력은 이미 열 살도 되지 않은 시기에 시작됐다.

이런 유형의 노력은 문제의 모순을 잉태한 측면을 첨예하게 의식하면서 그것을 조정, 지양 또는 포기하는 것이 아니라, 완전히라고 해도 좋을 정도로 그 측면을 부인하고 무거운 짐을 한 몸에 진 채 노력을 배가하면서 끝내 비약이 없는 연속적인 노력을 계속해가는 것이다.

니노미야를 성공으로 이끈 한 가지는, 많은 집착기질적 노력이 그 치유하기 어려운 부전감_{不全感}充分히 기능·활동하지 않는다는 느낌. 상태가 불완전하다는 생각 때문에 쉽게 주저앉고 최종적으로는 노력의 유효성을 눈에 띄게 떨어뜨리는 데서 오는 **초조와 애태움**을 드러내지 않은 점에 있다. 그는 실로 초조해하지 않는 남자였다. 집착기질자가 지니기 쉬운, 일의 목표에 대한 거리 재기를 잘 못하는 문제에 그는 결코 빠져들지 않았다. 이것을 실수가 없는 면밀한 계량—때로는 비약이나 어림짐작이 지나치게 없는 계량—과 자신의 계산을 자신과 타인 모두가 받아들이게 만드는 강인함이 떠받쳐주고 있었다. 나중에 또 언급하겠지만 그는 성공할 전망이 보이지 않는 사업에는 결코 손을 대지 않았다.

또 한 가지는 그의 '궁리' 능력이다. 아무리 안달하지 않고 거리 측정에 틀림이 없다고 하더라도 단순한 노력의 배가에는 한계가 있다. '근면'과 '궁리'가 짝을 이루는 덕목으로 나타난 데는 이유가 있다. '궁리'는 단순히 발명하는 재주가 아니다. 작고 눈에 띄지 않는 우회로나 지름길의 집적을 통해 난관, 특히 모순을 안고 있는 곤란한 문제를 피해서 그 너머로 빠져나가려는 노력이다. 이때 모순 그 자체는 해결되지 않아도 좋다. 즉, 궁리도 또한 모순의 부인을 지향한다. 또는 '궁리'의 힘만 탁월한 사람이 실조를 일으켜 '궁리'가 허사가 되는 경우에 조증적 행동으로 점차 빠져들게 되는 건지도 모르겠다.

그러나 아무리 초조·애태움이나 거리 측정 실패를 모면하고 근면과 궁리가 상호 보완을 해도, 그리고 이미 살펴봤듯이 시대가 이 직업윤리에 적합하다고 하더라도 위기는 여전히 존재한다. 그것은 집착기질자의 파탄 원인으로 너무 잘 알려져 있는 성공의 가을이다. 집착기질자든 아니든 '재건' 윤리로서의 집착기질적 직업윤리는 성공과 함께 그 소지자에 대한 규범으로서의 힘을 상실한다. 성공 이후를 가르쳐주지 않는 이 윤리는 그 소지자를 목적 상실 속에 내팽개친다. 게다가 본래 소규모에서 출발하는 게 거의 그 필요조건처럼 돼 있는 이 윤리를 따르는 자는 종종 너무 빨리 성공의 가을을 맞이하게 된다.

여기에서 집착기질적 직업윤리가 일반적 노동 윤리와 등치 될 수 없다는 점이 분명해질 것이다. 예컨대 아주 오랜 지층에서 나와 오늘날에도 여전히 살아 있는 '장인 근성'을 생각해보면 된다. 그 대상에 대한 만족할 줄 모르는 질문·조탁彫琢·세련 등등과 대비할 때 집착기질적 직업윤리는 훨씬 불안정해서 거의 일과성의 것이라고 해도 될 정도다. 그리고 항상 대인 관계를 둘러싼 노력, 사람과 사람 사이에 섞이는 노력이다. '장인 근성'은 어떤 진짜 아버지, 신神이라고 해도 좋을 완고하게 침묵하는 절대적인 존재 밑에서 노력하는 윤리이며, 집착기질적 직업윤리는 그런 신이 점차 사라져가는 과정의 윤리, 세속화된 양심의 윤리다.

집착기질을 지닌 사람이 "부탁받으면 뿌리칠 수 없다"라고 하는 이면에는 세속화된 사회로부터 자신이 소외당할지도 모른다는 공포가 있다. '장인 근성'을 지닌 사람은 오히려 안이한 부탁을 완고하게 거절한다. 집착기질을 지닌 사람은 자기 작품을 인정하는 기준을 설정할 때 궁극적으로는 주변 사람들한테 의존한다. '장인 근성'을 지닌 사람은 스스로 만족하지 않으면 자신이 고생해서 만든 산물을 망설임 없이 파기한다.

그런데 니노미야의 개인적 성공은 그가 거의 성년이 됐을 때인 이른 시기에 찾아왔다. 니노미야의 위대성은 이 '위기'를 하나의 방향으로 극복한 점에 있다. 한 번의 전기는 게이한(교토·오사카) 곤피라金比羅궁 여행을 계기로 찾아온다. 그의 애타적인 행위는 이미 어린 시절 홍수에 대비해 사카와가와酒匂川 시즈오카 현과 가나카와 현을 흘러가는 하천의 제방에 소나무 묘목 200그루를 심는, 촌사람으로서는 보기 드문 행위를 한 데서도 드러나지만, 성년이 된 이후 그는 우선 번藩의 가로家老 가로는 번의 다이묘(大名)·쇼묘(小名)의 집안일을 맡아보는 중신. 가신들의 우두머리의 가정, 그리고 지번支藩의 마을 '재건', 나아가 자신의 번을 벗어난 다른 지역의 '재건'을 이룩한 실천자로 등장했고, 마지막으로 '재건'의 '일반 이론'을 구성하려 한다.[7]

그 자신의 가정은 점차 종從의 지위에 놓아두다가 마침내 가산을 매각해 '재건'의 현장으로 이주한다. 그는 데라시네déraciné. 고향을 잃은 사람. 뿌리 뽑힌 사람로서 죽지만, 종생토록 목적 상실을 모면할 수 있었다. 긴키近畿 원래 교토의 궁성 근처. 수도권의 선진 지역 시찰은 후진적인 간토關東의 농촌 전체를 '되돌려놓겠다'는 초개인적인 의지를 니노미야에게 불러일으켰던 것일까.

그는 두 번째 아내를 맞았는데, 첫 아내는 그가 사업에 몰두해 거의 집을 돌아보지 않는 데 질려 2년을 채우지 못하고 이혼했다. 두 번째 아내는 사업 본위라는 관점에서 선택됐고 그런 아내로서 한평생을 보냈다. 보통 사람과는 다른 거구의 몸에다 논두렁에 드러눕자마자 깊은 잠에 빠져드는 강건함을 타고난 그는 만년 때까지 왕성한 생리적 수준의 성생활을 영위했다고 하지만 농밀한 가정적 분위기를 만들진 않았다. 유년기에 체험한 부모 역할에 대한 태도를 비롯해서 니노미야에게는 일관되게 '응석'에 대한 금욕이 작동했다. 시호(방안)가 뒤엉킨 대인관계 때문에 막다른 골목에 처했을 때 그가 취한 상투적인 수단이 단식이었다. 이것은 구순口脣적인 것프로이트 정신분석에서 설정한 성적·심리적 발달 단계의 첫 단계가 구순기다. 대체로 생후 18개월까지의 시기. 이 시기에는 어머니의 젖을 빨아 영양 욕구를 충족하는 데서 보듯 모든 사물을 입으로 빨아 확인하려는 심리가 있다에 대한 단호한 금욕을 과시한 것으로 봐도 좋을 것이다.

이미 얘기한 대로 어려서 아버지 역할을 떠맡았다고는 하나 그것은 외부에 대해 가정을 대표하고(어린 아이로 마을의 공동 작업에 집안 대표로 참가했다. 힘이 모자라는 것은 야간작업으로 엮은 짚신을 어른들에게 주는 것으로 벌충했다. 여기서도 '응석'을 거부하는 자세를 찾아볼 수 있다), 가정을 지키는 자로서의 아버지 역할일 뿐 가부장으로 가정의 중심에 서 있었던 것은 아니다. 오늘날의 집착기질적 직업윤리로 살아가는 샐러리맨(봉급쟁이)과 마찬가지로 가족의 주변에 존재했다고 해도 좋다.

마을의 '재건'에서도 그는 결코 마을의 지배자, 가부장으로 나서지 않았다. 그는 마을의 합의하에 '재건'을 지도하는 일종의 기술자—'시호'가'였다. 그는 실제로 지지자들이 40퍼센트 정도밖에 안 되면 시호를 시작하지 않았고, 60퍼센트쯤 돼야 그것을 떠맡았다. 그리고 그는 시호가, 즉 마을 치료자로서의 역할을 자각하고 있었다. 자신의 이름이 잊히고 촌민들이 자신들의 힘으로 마을을 재건했다고 느끼게 됐을 때 시호는 비로소 완수되는 것이라는 의미의 얘기를 그는 했다.(오늘날의 '치료자'들도 경청해야 할 것이다.) 이것이 그를 가부장제가 형해화하던 시대에 유효하게 작동한 실천윤리의 이데올로그로 자리매김할 수 있게 해주었다. 그 시대에 그가 지닐 수 있었던 상대적 독립 자유성은 대단한 것이었다. 명목적인 신분은 어떻든지 간에 그는 자신이 만든 '시호'의 실시를 번주, 번 당국, 마을 관리, 마을 사람들과의 상호 구속적인 일종의 계약covenant[8]으로 실행했으며, 자신의 이론이 실천적으로 관철되지 않을 것으로 예견한 경우에는 탄원이나 명령도 거부하는 자유를 항상 포기하지 않았다. 막번幕藩 체제하에서 이를 관철하려면 강직함과 교지巧智가 필요하다는 건 두말할 필요가 없다. 그의 '시호'가 대관이나 마을 관리들의 음험한 저항을 만나 좌절될 위기에 처했을 때 그는 사라져 나리타 산에서 산로参籠신사나 절에 일정한 기간 머물러 기도함 단식을 했고, 또 바쿠후가 인바누마印旛沼지바 현 북서부에 있는 호소의 간척 사업을 하라고 명령했을 때는 수백 년이 걸린다는 답신을 보내 단념하게 만들었다.

그러나 니노미야의 문제 해결이 이처럼 가족적 지평에서 사회적 지평으로 옮겨 갔을 때에도 늘 사태를 '재건' '재흥'으로 파악하고 있었던 것은 변함이 없다. 본질적으로 새로운 것을 건설한다는 발상은 아니다.

니노미야는 만년에 이를 때까지 하루의 작업을 마친 뒤 제자들에게 늘 자신의 철학을 설파했다. 거의 하루도 이를 빠뜨리지 않았는데, 그 중 하나가 약 1년간에 걸쳐 니노미야의 밤 이야기夜話 모임을 밤마다— 그의 제자답게 잠을 줄여가며—기록한 것이 세상에 나와 있다.(『니노미야 옹 야화』)

이 만년의 니노미야 철학을 한마디로 얘기하면, 인간이 만든 것은 방치해두면 반드시 붕괴하는 경향이 있다, 라는 것이다. 즉, 니노미야에 따르면 자연법칙인 '천도'는 진실의 길이지만 선악을 모르는 축생도畜生道와 같은 것이어서 인간의 사정에 대해서는 아랑곳하지 않는다. 그러나 깃털이 없고 초목을 먹을 수 없는 약한 인간은 있는 그대로의 '천도'를 감당할 수 없기 때문에 임시로 '인도'라는 걸 만들어서, 논을 일구면 선이라 하고 황무지로 방치하면 악이라 한다. 벼를 선이라 하고 잡초를 악이라 하며 전자를 위해 후자를 뽑아버린다.

그러나 이 구별 짓기를 하는 '인도'는 어디까지나 임시적(잠정적)인 길—이것이 자신의 사상에서 가장 이해받지 못한 점이라고 니노미야는 거듭 탄식했다—이기 때문에 '천도'는 끊임없이 '인도'의 성과를 무너뜨리려 한다. 도랑은 도로 메워지고, 다리는 낡아가며, 논밭은 못쓰게 된다. 아마도 '천도'적 관점에서 바라보면 황무지가 가장 자연스러울 것이다. "인도는 논을 일으키고 천도는 논을 폐한다."

하지만 "이래서는 인도가 설 수 없기" 때문에 임시로 '인도'를 세워 도랑을 치고 다리를 수리하며 논의 풀을 뽑는다. 이처럼 끊임없이 주의와 노력을 게을리하지 않도록 애쓰지 않으면 어느새 붕괴가 시작된다. "요란 시끌벅적하게 보살펴야 간신히 인도는 설 수 있을지니."

현대의 용어로 얘기하면 이렇게 되지 않을까. 세계는 방치해두면 엔트로피[열역학 제2법칙. 무질서의 정도를 나타내는 양. 자연은 늘 엔트로피가 증가하는 방향으로 나아가며, 이는 돌이킬 수 없다]가 증대해 무질서하게 되는 경향이 있다. 따라서 끊임없이 부負마이너스의 엔트로피를 주입해서 질서를 계속 재건하지 않으면 안 된다. 다만 그럴 경우 질서란 인간의 관점에서 볼 때 좋다는 것이므로 자연법칙과 혼동해서는 안 된다. 부의 엔트로피 주입은 물론 **질서를 세우고 정돈하고** '해결하는' 노력이다. 그렇게 하지 않으면 '마음이 편치 않은' 정도로 끝나지 않고 '인도'가 무너진다. "인간 세상에 살면서 집 지붕이 새는 걸 좌시하고 도로가 파손되는 걸 방관하며 다리가 낡아가는 걸 걱정하지 않는 자는 바로 인도의 죄인이 될지니."

중국 문화권에서 항상 '천도'는 도덕적인 것으로 간주돼왔다. 바로 그 때문에 "천도가 옳으냐 그르냐"는 극한의 외침일 수 있다. '천도'를 축생도와 마찬가지로 선악을 모르는 것으로 치부하는 니노미야의 철학은 오늘날에도 유교 문화권에서 자란 중국이나 조선의 지식인들에게 일종의 충격을 주는 듯하다. 니노미야의 중기 철학(『삼재보덕금모록三才報德金毛錄』)에 따르면 태초에 있었던 것은 선도 악도 아닌 '부덕不德'이다. 대체로 이 책의 집필은 위기의 정점에서 일종의 세계와의 지적 화해를 추구한 것으로 보인다. 융Carl Gustav Jung, 1875~1961이 위기에서 탈출할 때 만다라Mandala. 부처나 보살의 많은 상을 기하학적인 도형 양식으로 그린 화상를 그렸는데, 이것도 만다라적 사고다.

여기서 지적해두고 싶은 것은, 니노미야가 결코 '천도'를 맹목적·자의적 폭력과 위협으로 파악하지 않았다는 사실이며, '천도'는 단적으로 말해 자연법칙으로서 항상적이며 법칙적인 것이고, 이것—계산 가능성—을 이용해서 비로소 '인도'를 실현할 수 있다고 그가 생각했다는 것이다.

지금까지 한 얘기를 보면 니노미야의 철학이 완전히 비종교화된 윤리이고 또 철저하게 '재건 윤리'라는 사실을 알 수 있을 것이다.(그러나 매우 낡은 과거의 재현—'복고復古'는 아니다.) 유토피아적인 목표는 없다.

니노미야형의 위기감과 거기에 대응하는 재건의 노력, 그것을 떠받치는 실천윤리는 아마 예전에 번영한 적이 없거나 번영이 전설적인 과거에 지나지 않는 사회 또는 철저히 황폐화돼 거의 재건의 실마리가 남아 있지 않은 사회에서는 존재의 계기를 갖지 못할 것이다. 그것은 가까운 과거에, 그것도 특히 성장을 끝내고 무너진 기억이 지금까지도 선명한 사회·집단·개인에게 현재화하기 쉬울 것이다. 오오노 스스무大野 晋1919~2008. 일본의 국어학자[9]에 따르면, 일본어를 통해서 볼 때 '안'과 '밖'의 구별이 일본인의 가장 오래된 형태, 아마도 가장 기본적인 사고 틀이라는데, 이 틀을 원용해서 얘기하자면 (니노미야형의 위기감은) '안'의 기억을 여전히 간직한 채 '밖'으로 추방당한 인간이 지닌 위기감이고 노력이며 윤리인 셈이다. 동일한 개인도 '안'에 있을 때는 동조성同調性이, '밖'에 있을 때는 집착기질적 노력이 전면에 표출되는 것은, 예전에 저자들이 집착기질적 측면을 지니고 있었고 아마도 세 번의 우울 병상病相을 경험했을 덴마크의 원자물리학자 닐스 보어Niels Henrik David Bohr, 1885~1962. 원자구조의 이해와 양자역학의 성립에 크게 기여한 덴마크의 물리학자를 예로 들어 기술한 대로다.[10]

그런데 이 윤리, 니노미야에 따르면 "세세하게 보살펴주어야 비로소 인도는 서는 법"이라는 인식을 토대로 한 윤리는 그 이면에 '대변화 catastrophe, 재앙, 참사'를 두려워하고, 그것이 현실에서 일어났을 때는 그게 사회적 변화일지라도 마치 천재天災인 것처럼 받아들여 또다시 동일한 윤리로 삼고 싶어 하는 문제 해결 노력을 개시하는 것이다. 반복 강박과 같은 것이라고 얘기하는 사람도 있을 것이다. 이 윤리에 대응하는 세계관은 세속적이고 현세적인 것을 그 지평으로 삼고 있으며, 세계는 여러 가지 실제 사례들의 집합이다. 이 세계관은 '주변적marginal인 것에 대한 감각sense'이 몹시 결여돼 있다. 여기에 맹점이 있다. 주변적인 것에 대한 감각의 소유자만이 대변화를 예지하고 대처할 수 있다. 덧붙이자면, 이 감각 없이는 예술의 생산도 향유도 하기 힘들다고 나는 생각한다.

니노미야는 당시 떠들썩했던 해상 방위 문제에는 전혀 관여하지 않았다. 니노미야와는 다른 종류의 위기감—대변화에 대한 예감에 근거를 둔 위기감—으로 모든 번이 동요하고 있던 당시 미토 번의 한 번사藩士다이묘의 가신가 번 당국이 영내의 절에 있던 종들을 녹여 대포로 만들고 있는 사실을 니노미야에게 알렸을 때(『니노미야 옹 야화』), 니노미야는 "그런 포로 싸울 수 있는 상대라면 상대가 나타난 뒤라도 늦지 않고, 싸울 수 없는 상대라면 쓸데없이 인심을 불안하게 만들 뿐이다"라고 비판했다. 니노미야의 이 깨인 비판 그대로 현실은 진행됐다.

농민들은 에도시대에 부지런히 일구어낸 환금작물—면, 마, 유채 씨앗, 남藍 등이 개국이 현실화하면서 싼 외국 제품들 때문에 궤멸당했을 때 어떻게 했던가. 그들은 묵묵히 그때마다 새로운 환금작물 재배를 위한 노력을 그야말로 반복 재개했을 뿐이다. 세계대전 전의 부족한 외화는 이런 노력의 한 성과인 견사絹糸비단의 수출을 통해 확보하고 있었다. 그것도 일시적인 것이어서 그 사실조차 절반은 잊혔다. 그러나 전후의 자유화 시대를 맞아 어지러울 정도로 정신없이 변하는 농업정책에 대한 농민의 대응도 결국은 마찬가지다.

농민만이 아니다. 이 윤리를 따랐던 기술자들은 패전으로 다른 사람들과 같은 심각한 동일성identity 혼란을 일으키지 않았으며, 전쟁과 정치에 대한 반성도 하지 않았다. 그들은 예컨대 군함 대신에 유조선tanker을 만들었다. 세계대전 직후에는 냄비 솥도 만들었다—"어쨌든 우리는 잘 싸웠다" "과학의 힘 차이다".

'재건'의 실천윤리는 전후에도 기술의 배후에 있는 것(메타테크놀로지)으로서 여전히 유효하다. 일본은행원 핫토리 마사야服部正也1918~1999. 1965년 르완다 중앙은행 총재. 1980년 세계은행 부총재에 각각 취임했다[11]가 주도한 아프리카 소국 르완다의 대단한 '재건'은 완전히 니노미야적이며, 핫토리 씨는 뛰어난 시호가다.

재건과 세상 바로 세우기

여기서 에도시대 때 '재건' 노선과 크게 대립한 '세상 바로 세우기' 노선이 존재한 사실을 얘기하지 않을 수 없다. 역사가의 흥미는 오늘날 주로 '세상 바로 세우기'에 있다. 그러나 일본의 근대화를 준비한 에도시대를 이해하기 위해서는 '세상 바로 세우기'와 '재건' 두 가지 노선과 그 둘의 뒤엉킨 관계를 살펴볼 필요가 있을 것이다.

이미 에도시대에도 자주 상연된 매우 인기 높았던 이야기가 〈사쿠라 소고로佐倉惣五郎〉1605~1653. 에도시대 전기에 지금의 지바 현 나리타 시를 관장했던 나메시(名主). 나메시는 바쿠후 직할지 쵸·손(町村)의 장. 사쿠라 소고로가 당시 번주의 학정을 쇼군 도쿠가와 이에쓰나에게 직소해 학정은 바로잡혔으나 본인과 가족들은 처형을 당했다. 후대에 그를 의로운 사람으로 기렸다인데, 그 지방에서는 '사쿠라 소고로 대명신大明神일본 신도에서 받드는 신'으로 숭배를 받았다. 미륵보살이 배를 타고 맞아들인다는 '미륵의 배' 신앙이 있었고, 더 단적인 예로는 지진을 일으키는 메기 숭배가 있었다. 대변화에 대한 기대는 대변화에 대한 공포와 표리일체를 이루며 잠재해 있었다. 그것은 존황양이尊皇攘夷천황을 받들고 외적을 격퇴하자는 사상. 에도시대 말기의 도막운동이 내걸었던 구호를 기치로 내건 도막倒幕운동에도시대 후기 바쿠후 체제 말기에 일어난, 바쿠후 타도를 겨냥한 정치적 운동으로, 자유민권운동으로, 대륙 낭인大陸浪人메이지 시대 초기부터 제2차 세계대전 종결 때까지 중국 대륙, 유라시아 대륙, 시베리아, 동남아시아 등지에서 살거나 떠돌면서 정치 활동을 벌이던 일군의 일본인들을 가리킨다으로, 그리고 마르크스주의자로 이어지는 계보다.

이 '세상 바로 세우기' 대망은 재건=부흥을 지향하는 '재건'과 완전히 대조적이다. '재건'의 원리는 주변 가까운 것, 구체적인 것에서 출발한다. 예컨대 니노미야의 철학에서는 늘 구체적인 농경 노동이 모델이다. 그 윤리는 "논을 다스리듯 몸을 수양한다" "마음의 잡초를 뽑는다" 등등이다. 그리고 항상 모델을 낳은 장으로 되돌아가서 생각한다. 저자가 니노미야의 '재건' 시호를 실시한 마을들을 찾아봤을 때의 인상은 강렬했다. 그 마을들은 니노미야의 고향 마을과 매우 비슷했다. 그것은 하천이 산간 지역에서 흘러나오는 곳에 만든 부채꼴 땅에 있다. 부채꼴 땅은 홍수로 망가지지만 배수가 잘되고, 상류에서 갈라져 나온 물길을 수로로 만들어 수리水利를 할 수 있다. 천재로 인한 위기에 곧잘 빠지지만 부흥하기도 어렵지 않고, 그 방법은 모든 촌민이 이해할 수 있을 정도로 명쾌하다.(나카가와那珂川후쿠오카 현을 거쳐 하카다 만으로 흘러가는 강는 하안단구하천 중하류 유역에 발달하는 계단식 지형지만 수리 방식은 부채꼴과 다를 바 없었다.)

저수지를 이용한 나라 분지, 사누키 평야가가와 현의 세토나이카이에 면한 평야 지대, 세쓰 평야오사카 북동쪽의 평야 지대 등의 고대 농경지 개척과 대비해 중세 이후의 농지 확대는 일반적으로 부채꼴 땅에 적합한 방법론에 따라 추진됐다. 농업이 충적평야하천의 퇴적작용으로 형성된 평야와 하구의 소택지연못과 늪지대로 확대된 근세 이후에도 역시 이 전통은 계승됐다. 대규모 충적평야의 농업에서는 물 대기(양수)가 큰 문제가 되는데, 부채꼴 땅에서의 경험을 토대로 한 방법론들을 이것저것 긁어모아 세부적으로 '궁리'해서 이용하는 경우가 많다. 지쿠고 평야후쿠오카 현 구루메 시를 중심으로 해서 펼쳐진 평야에서는 전후의 중앙 지도에 의해 이 평야에 예외적으로 발달한 중국적인 크리크creek. 작은 시내나 샛강 등망이 점차 폐지됐다. 그 정도로 전통은 뿌리 깊었고, 그걸 토대로 진행된 도네가와利根川일본 간토 지방을 북에서 동으로 흘러 태평양으로 유입되는 강에 대한 300년에 걸친 고투의 역사는 제2차 세계대전 뒤까지 이어졌다. 니노미야가 계산 끝에 100년 이상이 걸린다고 한 인바누마의 간척은 바쿠후의 숙원 사업이었지만 그 기초적인 완성조차 100년 뒤인 세계대전 이후까지 기다려야 했다.

이처럼 큰 평야 지대 농업에서 수리 시설 갖추기가 처한 어려움에 비춰 볼 때 집착기질적 직업윤리는 인문지리적으로는 부채꼴 지형 농업과 연관돼 있다고 할 수 있을지 모르겠다. 메이지 시대 이후 니노미야의 방법과 윤리가 실천된 대표적인 예는 시즈오카 현의 차 재배이며, 차가 부채꼴 모양 땅에 최적의 작물이라는 건 두루 알려진 바와 같다.

이처럼 점차적인 적용 범위 확대에 따른 가까운 과거로의 범례(패러다임) 지향성은 '재건' 노선에서 현저하며, 이에 반해 '세상 바로 세우기' 노선은 범례에의 지향성이 완전히 결여돼 있다. 그렇기는커녕 눈앞의 구체적인 사물이 아니라 지극히 희미한 징후, 현실성이 지극히 희박한 가능성을 지극히 가깝게, 강렬한 현전감現前感으로 느끼고 두려워하면서 동경한다. 이것은 일반론이지만, 굳이 말하자면 일본의 '세상 바로 세우기' 노선은 '재건' 노선에 비해 더 가냘프고 더 환상적이다. 전통적으로도 '세상 바로 세우기' 노선은 니노미야와 같은 기개 있는 이데올로그 실천자를 갖지 못했다. '사쿠라 소고로 대명신'도 매우 환상적인 인물상인데, 미륵이나 메기 신앙(지진으로 대표되는 재앙catastrophe에 의한 세정일신世情—新에 대한 대망)으로 가면 완전히 아득해져 (주체적 결행도 없이) 일이 되어가는 대로 내맡기게 된다.

'2·26사건¹⁹³⁶년 2월 26일부터 29일까지 일본 육군의 황도파 영향을 받은 청년 장교들이 약 1500명의 병사를 이끌고 '쇼와 유신 단행, 존황토간(尊皇討奸)'의 구호를 내걸고 일으킨 쿠데타 미수 사건'의 장교들은 쿠데타 이후에 대한 계획이 전혀 없었고, 모두 '성은을 기다린다'며(그러나 현실의 천황은 결코 '세상 바로 세우기' 노선에 찬동하지 않았다) 아라키, 마사키 등 현실에서는 보신에 급급한 노인들에게 환상적인 기대를 걸었다.아라키 사다오(荒木貞夫, 1877~1966)는 문부대신을 지낸 황도파 일본 육군 대장이며, 마사키 진자부로(眞崎甚三郞, 1876~1956) 역시 황도파의 일본 육군 대장. 황도파(皇道派)는 일제 육군 내의 한 파벌로, 기타잇키(北一輝) 등의 영향을 받아 천황 친정 체제하의 국가 개조(쇼와 유신)를 꾀하며 대외적으로는 소련과의 대결을 지향했다.

더 대규모의 '궐기'가 1941년 국가적 차원에서 결행됐으나 대전 종결에 대한 전망은커녕 제1단계 작전 종료 뒤의 계획조차 갖고 있지 못했다. 아마도 중국과의 전쟁 늪에서 벗어나는 환상적인 해방을 갈구했을 것이라는 것, 그리고 히틀러 나치 독일의 전승戰勝에 대한 환상적 기대를 가졌을 것이라고 볼 수밖에 없는 사태였다.

이에 대해 '재건' 노선은 '세상 바로 세우기' 노선 사람들을 끊임없이 '재건' 노선 쪽으로 끌어들였고, 끌어들일 수 없는 자들을 극단적인 파멸적 환상 속으로 내몰 만큼의 강력함을 지니고 있었다. 메이지 시대의 민권운동에서 좌절한 사람들은 먼저 중국혁명을 위해 움직이는 '대륙 낭인'이 됐지만, 그 후계자들은 '만주국'의 '왕도낙토王道樂土유교적 이상 정치가 펼쳐지는 낙원의 땅이라는 의미를 지닌 일제 대륙침략자들의 괴뢰 만주국 건설 구호'를 건설하기 위해 땀을 흘리는 '흥아청년興亞靑年아시아를 부흥시키는 청년들이라는 의미의 일본 우파의 침략주의적 구호'이 됐다. 패전 때에도 책임을 추궁당한 쪽은 오히려 '세상 바로 세우기' 분자들이며, '재건' 노선 쪽 사람들은 완전히 면책됐고 자기동일성에 대한 혼란조차 겪지 않았다. 오늘날 혁명 정당이나 예외적으로 불관용적인 불교 신도 운동도 다수자의 지지를 얻기 위해 적어도 전술적으로는 '재건 노선'을 대폭 받아들이고 있는 것처럼 보인다.

일본 국민이 궁지에 몰렸을 때 흔히 얘기하는 "새로 씨 뿌리기"[12]도 근본적 개혁이라기보다는 일단 '칠판을 닦아서' '재건'의 노력을 기울일 수 있도록 한다는 의미가 현실에서는 강한 게 아닌가 하는 생각을 한다.

그러나 '재건' 노선이 언제 어디에서나 더 현실적인 것은 아니다. 예컨대 루쉰의 예에서 본 것처럼 중국에서는 베이징대학 교수 루쉰이 집을 나와 혁명가가 될 수밖에 없었듯이 아마 '세상 바로 세우기' 쪽이 더 현실적이었을 것이다. 한 사람, 한 집안, 한 마을이 "분투하면" 사태는 그 사람, 그 집안, 그 마을에 안정된 호전적 상황을 만들어줄 것이라고 기대하기는 어려웠을 것이다. 인문지리가는 일본 니노미야 사상의 지리적 기반이었던 협소한 부채꼴 땅에 대해 비트포겔Karl August Wittfogel, 1896~1988. 독일 출신의 미국 사회학자이자 역사학자. 프랑크푸르트학파의 일원으로 동양사, 특히 중국 연구에 주력해 '중심' '주변' '아주변' 등 문명의 삼중 구조 개념을 제시했다을 인용해, '백천 동주百川東注수많은 강들이 동쪽 황해로 쏟아져 들어가는 형상'하는 중국의 거대한 하천군의 치수治水를 위해서는 강대한 권력이 필요했다는 것을 어쩌면 교시받지 않았을까. 1930년대에 장제스가 전개한 '신생활운동'은 '재건' 노선의 중국판이라고 해야 할 것이었는데, 일부 지식 청년들의 애처롭기까지 한 노력에도 불구하고 결실을 맺지 못한 것은, "민중이 자신의 손으로 자신들의 현실에서 *끄집어낸 것*"이 아니라 위쪽의 지시에 따른 것이었는데도 그것이 중국에서는 강력한 '세상 바로 세우기' 노선에 비해 훨씬 공상적이었다는 걸 보여주는 것이다.(왕안석王安石[1021~1086. 북송의 승상을 지낸 개혁가요 사상가. 당송 8대가의 한 사람]이 좌절한 '신법'도 송대 중국의 '재건' 노선 시도였다고 나는 본다.) 1960년대 한국의 '새마을' 운동의 운명은 어떠했던가.

유럽의 16세기 농촌의 황폐화는 일본보다 훨씬 더 광범위하고 격심했던 것으로 추정된다. 이 시대만큼 미래가 어떤 것일지 치열하게 모색했던 시대는 없었다. 이에 대처하는 르네상스 궁정은 인문학자, 마술사, 연금술사 들을 불러 모았고, 그들은 세계 전체를 통합적·전체적으로 인식하고 거기에서 **조응照應의 원리**에 따라 구체적인 것의 운명을 연역하려 했던 것으로 보인다.[13] 이것은 장대하지만 환상적인 해법이었고, 완전히 실패로 끝났다. 이 실패의 책임 전가가 '마녀사냥'의 원인 중 일부가 됐다고 나는 생각한다.(「서구 정신의학 배경사」 참조)

이 완전히 막다른 골목에서 구원의 손길을 내밀 수 있는 것은 예정구원설에 토대를 둔 칼뱅주의의 "혼이 궁극적으로 구원받을 수 있을지 여부는 인간의 재량 범위를 넘은 것으로, 사람은 신으로부터 주어진 현세의 천직에 부지런히 힘써야 한다"는 사상일 것이다. 칼뱅주의가 16세기 네덜란드의 가열한 종교전쟁에서 최후의 승리자가 될 수 있었던 것은, 가톨릭 스페인과의 독립전쟁에서 이기고 그 뒤 근대국가의 행정을 능률적으로 유지하는 현실 능력을 지니고 직무에 충실한 집단을 소유하고 있던 유일한 종파였기 때문이라고 생각한다. 그들은 과거에서 범례를 구했다. 그것은 중세 자치도시에서 성공한 중상주의다.(트레버로퍼Hugh Redwald Trevor-Roper, 1914~2003. 영국의 역사가. 근세 영국과 나치 독일 연구자)

그리고 13세기 이래 끊임없는 바다의 침입으로부터 농지를 지키고 확대했던 네덜란드 농민들의 실천윤리가 그 기저에 있었던 것으로 보인다. 17세기 초 이래 한 세기에 걸쳐 네덜란드는 '인터내셔널 칼뱅주의'(오오키 히데오大木英夫1928~ . 라인홀트 니버의 영향을 받은 일본 신학자)의 근거지가 돼 사상과 함께 중상주의와 간척 기술과 근면 청결의 일상 윤리를 수출한다. 네덜란드인들의 처신이 다른 유럽인들에게 최종적으로 타당한 해결로 간주된 것은, 괴테의 『파우스트』가 마술적·네오플라토니즘적인 세계를 편력한 뒤 **수로와 댐을 만들어 농지를 개척하는 사람들**(이것은 완전히 네덜란드적이지 않은가)이 있는 곳으로 가서 그들에게 협력했을 때 "순간이여 멈춰라, 그대는 실로 아름답도다"라고 말할 수 있었던 것에서도 예증될 수 있을 것이다. 마찬가지로 볼테르의 『캉디드』는 30년 전쟁의 황폐와 황금이 풍부한 남미의 신천지를 돌아본 뒤 "먼저 내 땅을 경작해야겠다"라는 결론에 도달한다. 20세기에도 T. S. 엘리엇의 『황무지』의 현대 지옥 편력이 "결국 그나마 내 땅이라도 갈아볼까"라는 중얼거림에 이르는 것도 이 계보에 속할 것이다.

그러나 아마도 유럽의 근면의 윤리는 몇 가지 점에서 일본의 집착기질적 직업윤리와는 다르다. 막스 베버[14]가 얘기한 '직무 충실'은 좀 더 '장인 근성'에 가깝다. 베버가 즐겨 인용한 프랭클린도, 그가 자부한 것이 '좋은 인쇄인'이었던 것은 그 묘비명을 보면 알 수 있다. 그리고 일본 윤리가 '집안'의 부흥, '마을'의 부흥, 즉 어쨌든 '우리'적인 공동체의 재건을 지향하는 데 비해 유럽의 그것은 좀 더 개인적이고 더 단적으로 업적 원리적이다. 요컨대 재건의 윤리로서의 각인이 희박하다.

미국에서 '근면의 윤리'가 프랭클린과 같은 이데올로그의 존재에도 불구하고 더 단적인 '경쟁의 윤리'로 치환된 것은 아마 프런티어 확대 운동이 하나의 계기가 됐을 것이다. 근면의 윤리는 자신의 전통적인 거처에서 "분투한다"는 역사적 자기 구제의 성질을 갖고 있으며, 이주·점거를 통해 지리적 자기 구제를 향한 창이 크게 열릴 때 그 박력은 급격히 약화된다.

산업혁명은 영국에서 국교도에 의해 추진됐다고도 하고 유니테리언파에 의해 추진됐다고도 하는데, 이미 개인에 내재하는 양심에 토대를 둔 근면의 윤리를 필요로 하지 않으며, 결과적으로는 더 단적인 '지배의 윤리'를 전면에 내세운다. 근대적·집단적인 기계 생산에 적합한 변화일 것이다. 영국에서 인터내셔널 칼뱅주의를 열렬하게 수용한 것은 스코틀랜드이며, 거기에서는 비국교도nonconformist로서의 그들의 저항(민족적 동일성 유지이기도 하다)을 뒷받침하면서 '지배의 윤리'에 대해 상보적 역할을 한다는 이중성을 엿볼 수 있다. 예컨대 가장 극단적인 청교도인 퀘이커들이 산업혁명의 안티테제로서, 공업화가 정신에 끼치는 해독을 구제해야 한다며 가장 목가적인 땅에 유명한 '요크 휴양소'를 건설해서 정신병자들을 보살핀 것과 같은 것이다.

세속 윤리의 맹점

남은 문제는 집착기질적 직업윤리의 맹점과 운명이다.[15]

원래 하나의 성격이 하나의 지역·민족·국가에서 두드러지는 것이 무조건적이기는 어렵다. 아마도 사정은 이러할 것이다. 어느 문화가 어느 역사상의 시점에서 해결에 쫓기는 문제는 평등하게 모든 '기질'의 문제 설정이나 문제 해결의 지향성에 적합한 것은 아니라고 생각한다. 사회가 직면하고 있는 난관이 먼저 개인적 평면에서 해결이 요구될 때 그 문제 해결에 적합한 지향성을 지닌 기질자가 이른바 '역사에 선택돼' 전면에 등장하게 된다. 일반적으로 어느 개인일지라도 긴급한 사태, 곤란한 사태, 여의치 못한 시기, 돌발 사태, 궁지 등을 만났을 때는 그 기질이 지닌 지향성이 첨예화하고 드러나기 쉬운 것을 부언해두고자 할 것이다. 여기서 먼저 소수의 인간들이 개인적 평면에 투사된 문제 해결에 성공한다. 이 성공은 같은 기질자나 모방을 주된 문제 해결 지향성으로 삼는 자, 예컨대 히스테리 성격자와 유사한 행동을 유발할 것이다. 그리고 이런 성공자가 먼저 소집단의 문제 해결에 핵심적 역할을 할 가능성이 높아진다. 또 문제를 사회적 평면으로 옮겨 같은 형태의 해결을 지향하는 사람들이 출현하면서 '지도자'가 태어나고 밑으로부터의 '캠페인'이나 위로부터의 '개혁' 또는 여러 가지 중간 형태들이 등장한다. 여기에서 원래는 기질 성격에 고유한 문제 해결 지향성이었던 데 지나지 않는 것이 개인의 장점으로 의식되고 사회적으로 승인돼, 마침내 그것을 하나의 실천윤리로 조직하고 편성하는 '이데올로그'가 출현할 것이다. 그리하여 성격 특징이 실천윤리로 전화된다.

그러나 이 실천윤리는 외적 사정과 무관하게 일과성의 각인을 띠고 있다. 즉, 문제 해결의 진행 자체에 의해 핵심적 역할을 맡게 되는 것은, 점차 자신의 지향성에 적합한 문제를 소진하고 부적합한 문제에 직면할 비율이 높아지는 것이다. 또한 윤리도덕화에 따른 구속은 그 사람의 행동 선택의 자유를 빼앗고 다른 부차적 지향성에 기대는 것을 곤란하게 만든다. 서서히 단순 추종자들은 떠나고, 짊어지는 자가 적어진 짐을 부적절한 형태로 떠맡지 않으면 안 된다. 실조失調가 점차 눈에 띄게 일어날 것이다.

"미네르바의 부엉이는 황혼에 난다"라는 비유와도 유사하게, 실조자가 눈에 띄는 시기는 하나의 질병 호발 성격으로서 정신과의의 인식 대상으로 부각되는 시기일지도 모른다. 여기서 일찍이 도덕적 장점일 수 있었던 것이 잠재적으로 병적인 '증상'으로 전화한다.

그렇다면 1930년대 이후, 특히 전후의 '집착기질' 또는 '멜랑콜리형'의 인식은 그것 자체가 하나의 징후일 수 있다. 여기에서 새삼 집착기질적 직업윤리의 맹점과 운명을 거론할 필요는 없을지 모르겠다. 왜냐하면 그것은 집착기질자—그들은 이 윤리에 비교적 서툴고 또 자유도도 낮은, 심리적으로 구속된 실천자다—의 여러 특성으로 바로 눈앞에 존재하기 때문이다. 고도성장을 뒷받침한 요소들 중 상당 부분이 집착기질적 직업윤리라고 해도, 고도성장의 진행과 함께 집착기질자들은 심리적으로 좀 더 구속된 자들 순으로 뒤처졌다. 그들은 고도성장 말기에는 윤리 그 자체가 목적을 상실함에 따라 공동화됐다. 지은이는 그 무렵 그 뒤에 오는 것은 더욱 도취적·자기파괴적이고 음주벽에 투기적인 사람들이 아닐까 하는 걱정을 했는데[16] 그것은 한때 현실화한 듯하다.

니노미야의 시호仕法처럼 이윤을 배분하는 것이 아니라 그 향유 수준을 억제해서 설비투자에 재투하해 작은 것을 크게 키우는 기업 판은 구미 기업의 직업윤리상 결코 할 수 없는 일이지만, 결국 이윤을 토지 투기에 투입하기 시작했다. 그것은 목적 상실에 따른 행위일 뿐만 아니라 하나의 자기 파괴 행위일 수 있다고 생각한다. 왜냐하면 한편으로 집착기질적 직업윤리에 입각한 노력으로 기업을 살찌울 수 있는 다수자들이 꼭 같은 윤리에 입각한 저축을 통해 그 비싼 토지를 구입하지 않으면 그건 죽은 물건이 돼버리는 모순이 생기기 때문이다.■ 더 많은 귀결에 대해 얘기할 수 있지만 문제는 여전히 남는데, 이 윤리는 얼핏 '바깥'으로 나가 애를 쓰는 듯이 보이지만 진정한 '바깥'이 보이지 않으며, 개인적으로도 사회적으로도 오히려 심리적인 의미에서의 '내부'의 비대화를 야기한다. 한 사람, 한 가족, 한 마을이 분투하는 것은 소규모라면 순수하게 긍정할 수 있는 사태이지만, 커지면 타자에게 피해를 줄 수밖에 없다. 예컨대 대규모의 새 농경지 개척이 기존 농경지의 물 부족 사태를 초래하고, 또 새 농경지 면세 기간이 지나면 한 마을이 해마다 바쳐야 할 공물 부담이 가중되기도 한다.

에도시대에도 니노미야 같은 노력이 반드시 순수하게 환영받은 건 아니다. 그러나 에도시대는 절대적인 '바깥'이 없었던 시대로, '바깥'에 나가 애를 써봤자 그 '바깥'은 진짜 '바깥'이 아니라 '내부' 속의 '바깥'이었다. 현대의 '바깥'은 그렇지 않다. 중요한 것은 사태 자체보다도, 사태가 맹점에 들어가 포착되지 않는 것이다.

하나 더, "일의 유지가 재건보다 곤란한 윤리다"라는 결함이 있다. '되돌려보자'는 노력에는 무리는 있더라도 불안은 적을 것이다. 재건— 글자 그대로의 재건이 아니며, 유사 가부장적 공동체는 결국 되돌릴 수 없다—뒤의 유지는 "되돌릴 수 없다면 큰일"이라는 동인動因에 토대를 둔 노력이며, 불안을 동인으로 삼아 공포가 만들어진다.(현상적으로는 오히려 조증 상태와 같은 사태가 될지 모르겠으나.) 사회적으로 용인될 수 있는 집착기질적 직업윤리는 오늘날에도 살아 있다고 할 수 있지만, 이 윤리는 점차 더 곤란하고 불안을 동반하는 '유지' 문제에 직면할 수밖에 없게 돼간다. 태평양전쟁 전의 어전회의에서는 "되돌릴 수 없다면 큰일"이라는 불안이 팽배했다.

베버에 따르면, 유럽에서 현세적 쾌락에 대한 프로테스탄트적인 금욕에 토대를 둔 자본주의 정신이 성립한 것 자체가 "순수하게 종교적인 열광이 이미 정점을 지나고, 신의 나라를 추구하는 격정이 점차 냉정한 직업 도덕으로까지 해체되기 시작해, 종교적 기반이 서서히 생명을 잃고 공리적 현세주의가 그것을 대체하게 된 때"였다. 즉, 과도기적인 직업윤리, 양심의 원천으로서의 '아버지 하느님'이 사멸해가는 중간단계의 특유한 직업윤리라고 할 수 있다. 영국에서는 종교적인 열정이 17세기의 청교도주의에서 18세기에는 좀 더 금욕성이 줄어든 웨슬리언Wesleyan으로, 그리고 19세기에 들어가면 본질적으로 세속적인 빅토리아조의 도덕으로 바뀐다. 독일이나 일본에서는 근대에 들어서도 국가가 주도하는 자본주의라는 후발성이 근면의 직업윤리를 최근까지 온존시켰는지도 모르겠다. 독일인 베버가 모험적인 투자 상인이나 자본가가 아니라 오히려 경영자, 관리자는 물론 종업원까지를 자본주의 정신의 담당자에 포함시킨 것은 이와 무관하지 않을 것이다.

일본에서도 메이지 이후의 천황제는 무사의 윤리를 전면에 내세우는 것처럼 보이지만, 실은 많은 농민 윤리를 흡수하고 환골탈태해서 이를 다시 위에서 내려준 하사품으로서 국민에게 준 것이라는 사실은 야스마루가 지적한 것과 다름없을 것이다. 근대 천황제는 안심하고 근면하게 궁리하도록 만드는 보장과 같은 것을 국민에게 해주는 데 거의 성공한 듯하다.** '일본적 경영'이란 종업원까지 자본주의 정신의 담당자에 포함시키는 베버의 정의를 현실에서 추진하는 것이다.

그러나 재건 윤리로서의 집착기질적 직업윤리는 결코 공동체적인 또는 진짜 가부장적인 '내부' 세계를 현실에서는 재건하지 않는다. 집착기질적 직업윤리에 입각한 노력은 재건의 윤리로 심리적으로는 '합체'[17] 지향에 대응하는 것이겠지만, 환상의 지평에서는 어떨지 몰라도 현실에서는 노력 자체가 '내부' 세계의 재건과 거기로의 합체를 성취하는 것은 설사 가능하다 해도 드문 일이다. 현실에서 그들은 '회계 사회' (로제 카유아Roger Caillois, 1913~1978. 프랑스 문예비평가, 사회학자, 철학자)의 모터 역할을 계속한다. 이 윤리는 그 말기에 이르러 일 외에는 어떤 즐거움도 찾지 못한 채 취미도 없이 인격이 일에 '점령'당해버린 다수의 쓰라린 인생들을 만들어냈다. 일찍이 이 윤리는 하나의 '촌스러움'으로, '풍류'라는 지금의 세속 '윤리'와 대립하면서 보이지 않게 그 덕을 보고 있었다.[18] 오늘날에도 많은 '성공'한 회사원들은 고우타小唄에도시대 말기에 샤미센에 맞춰 부른 속곡(俗曲)의 총칭 등을 만년에야 배우기 시작하지만 즐거움보다는 일종의 "할 수 있어야 한다"라는 사회적 규제에 떠밀린 성격이 짙고,

또한 종종 '종가' 제도 등 그가 새로 조우하는 세속적 계층 질서 속으로 '두 번째는 희극카를 마르크스의 『루이 보나파르트의 브뤼메르 18일』에 나오는 "역사는 되풀이된다. 처음은 비극으로 두 번째는 희극으로"라는 구절에서 따온 말' 식의 가입을 하는 데 중점이 두어져 있다.

에도시대의 세속화가 이미 유럽의 세속화보다 철저했기 때문에 집착기질적 직업윤리는 그 첫걸음부터 세속 윤리였다. 게다가 일본에서 아버지의 위치는 에도시절에도 이미—아마도 늘 그랬겠지만—예컨대 중국의 그것에 비해 약했다. 나카네 지에中根千枝1926~ . 일본 사회인류학자 씨가 어떤 기회에 얘기한 걸로 기억하는데, 중국의 아버지는 존재하는 것만으로도 아버지이지만, 일본의 아버지는 끊임없이 자신이 아버지라는 것을 사회적 유능함을 앞세우며 가족에게 보여줘야 한다.(이런 사정은 도호쿠 지방에 대해서는 유보해야 할지도 모르겠다. 도호쿠 출신 정신과 의 동료들은 이구동성으로 가족 내 아버지의 위엄에 대해 얘기한다.) 그리고 일본의 가정은 예컨대 관헌 등의 외부 개입에 대한 불침투성이 다른 나라들의 그것에 비해 현저하게 낮다는 것은 여러 사람들이 지적하는 대로다. 아버지는 가족을 끝가지 지켜낼 수 없다. 집착기질적 직업윤리 자체가 이런 아버지상의 취약성을 그 속에 간직하고 있다고 해도 좋지만, 점점 "아버지 없는 사회"로 바뀌고 있는 현대에 집착기질자의 기본적 각인인 전통지향적·부친지향적·모델지향적 성질을 이 윤리가 계속 떠받쳐줄 수 있을지는 상당히 의심스러운 문제다.

그러나 어쨌든 이 윤리는 이 윤리 위에 선 자를 사회에서 초탈한 '고립자'와 접촉 공포를 완전히 잃어버린 도취적인 '군중'(엘리아스 카네티 Elias Canetti, 1905~1994) 그 어느 쪽에도 속하지 않는 자로 만들고, 그런 것을 '회계 사회'에 불가결한 골격으로 삼아왔다.(아무리 이 윤리를 멀리하는 자도 자신이 관계하는 은행이나 우편, 철도, 병원 등의 사람들은 이 윤리를 지키기를 바랄 것이다.) 이것이 풍화됐을 때 그것을 대체할 수 있는 것은 무엇일까.[19] 그것은 우울병이 어떻게 될까 하는 차원을 넘어선 큰 문제일 것이다.

■ 이 예상은 한때 현실화한 것처럼 보였다. 현재의 집착기질적 직업윤리는 신푸렌神風連'신푸렌의 난'은 1876년 규슈 구마모토 시에서 일어난, 메이지 정부의 사무라이 전통에 대한 개혁에 반대한 옛 사족들의 반란의 무사 윤리 또는 국학자 다마마쓰 미사오玉松操의 복고 윤리처럼 반쯤 형해화된 게 아닐까. 교육 면에서 '선진국'인 한국에 약간 뒤처져서 일어난 소용돌이(빨아들이는 구멍) 구조(헨더슨그레고리 헨더슨. 1948~50년, 1958~63년 두 차례에 걸쳐 7년 동안 주한 미국대사관 문정관을 지낸 미국 외교관. 『소용돌이의 한국정치』라는 책을 남겼다)가 모든 것을 빨아들이는 것처럼 보이지만, 아버지, 교사, 학생 3자 모두 한결같이 이 윤리의 유효 타당성에 대한 신뢰는 분명히 공동화空洞化하고 있다.(1976년 보완)

■■ 실제로 메이지 천황이나 지금 천황의 개인적 이미지는 소박, 근면, 금욕, 멸사滅私이며, 이는 주변의 시중드는 사람들에 대한 배려다. 이 점에서 우아함의 원천이었던 과거 궁정과의 사이에는 얼핏 단절이 있어 보인다. 지금 천황은 평생 고무장화를 신고 손수 모내기를 했는데, 그 이미지는 동생들 또는 다른 황족들의 이미지와는 매우 다르다.

덧붙임 | **자기 억제의 윤리**
— 무사 계급

니노미야 손토쿠에 대한 고찰을 통해 얻어낸 하나의 결론은, 에도시대의 윤리는 사농공상의 각 계층마다 일단 나눠서 생각해야 한다는 것이다.

장인 계급에 대해서는 아직 내가 결론을 내릴 수 있을 만큼 충분한 준비가 돼 있지 않다. 농민 계급에 대해서는 이미 니노미야 손토쿠를 통해 어느 정도 논할 수 있었다고 생각한다. 무거운 세금을 짊어지고 있긴 했으나 '법의 지배'는 앞선 전란의 시대에 비해 상대적으로 안정된 계산 가능성을 부여했다. 침투하는 화폐경제에 당시 세계적 차원에서 보더라도 뛰어난 식자識字·기록·계산능력으로 대항했으며, 때로는 한 마을, 한 지방 전체가 새로운 기업을 일궈냈다. 특히 농촌 주변부를 주목할 만하다. 예컨대 산골 사람이 에도시대 초기에 '제1차 정착'을 했고, 오늘날 대형 상사商社의 상당 부분이 그 자손들에 연원을 두고 있는 것처럼, 니조二上 산교토 인근 나라 현과 오사카 부 일대에 걸쳐 있는 산 산록의 절 다이마데라当麻寺 부근 벽촌이 근대 대형 제약 업체들 거의 대부분의 발상지가 된 것처럼, 노도能登 반도 사람들이 도쿄 공중목욕탕의 8~9할을 점유하고 있는 것처럼 모두 지금도 살아 있는 에도시대 중기 이후의 농민 윤리가 물려준 유산이다.

실제로, 대체로 겐로쿠元禄1688~1704년 에도시대 중기 초기를 경계로 무로마치室町 무로마치시대는 아시카가 다카우지(足利尊氏)가 1336년 겐무(建武) 시정방침을 정한 때로부터

15대 쇼군 요시아키(足利義昭)가 1573년 오다 노부나가에 의해 교토에서 추방당하기까지의 237년간을 가리킨다. 그러나 겐무 신정 이후 약 60년간을 남북조시대, 1467년 오닌(応仁)의 난 발발 또는 메이오(明応) 정변까지 약 75~100년간을 무로마치시대로 구분하기도 한다 · 아즈치모모야마 安土桃山

아즈치모모야마 시대는 오다 노부나가(織田信長)와 도요토미 히데요시가 중앙정권을 장악했던 시대. 두 사람의 이름을 따서 쇼쿠호 시대(織豊時代)라고도 한다. 일본 미술사에서는 1615년의 도요토미 몰락까지를 일반적으로 아즈치모모야마 시대라고 한다의 대상인들은 극적인 '오도야淀屋에 도시대 오사카에서 전성기를 구가한 대상의 궤멸'을 기다릴 것도 없이 차례차례 몰락하든지 폐업을 했다. 19세기 중엽 북빙양 포경선단의 대난파를 계기로 뉴잉글랜드 자본가들이 금리 생활자로 전락하고 미국 포경업이 쇠퇴했을 때만큼 파국적이진 않았지만, 17세기 타일랜드 만灣의 일본 상선대와 영국 해군의 접촉, 그 뒤 이에미쓰德川家光의 현명한 관료들의 일본 상선대 퇴거 명령으로부터 쇄국에 이르기까지의 사정은 서로 닮은 점이 있다. 에도시대 중기 이후의 도시 상인들은 '오우미야近江屋' '에치고야越後屋' 등의 옥호에서 보듯 농민 문화 변경인으로 전화했으며, 그들의 가훈이 보여주듯 농민적 근면의 윤리를 계승했다. 투기는 법적으로도 윤리적으로도 부정적 가치를 갖게 되었고 그것으로 성공했다 하더라도 비난을 받았다. 상징적인 것이 기타마에北前 무역(일본해＝동해 항로를 이용한 홋카이도-오사카 무역) 상선대의 행동이다. 악천후를 피해 피난항에 집결한 선대는 반드시 동시에 출항했다. 선장 판단으로 단독 출항을 해서 예상대로 되지 않을 경우 혹독한 처벌을 받았다. 일제히 동시 출항을 할 경우에는 이와 달리 모조리 난파하더라도 사람의 능력으로는 어쩔 수 없다 하여 면책을 받았다. 이것은 '이웃 백성'의 윤리이웃이 한다면 나도 한다는 식의 에도시대 농경문화의 윤리이며, 기노쿠니야 분자에몬

紀伊国屋文左衛門1669~1734. 에도시대 겐로쿠기의 상인. 지금의 와카야마 현 출신으로 귤과 소금, 생선 거래로 거부를 쌓아 올린 인물. 절반은 전설 또는 완전히 가공인물이라는 설도 있다이 얼마나 예외 취급을 당했는지를 보여주는 이면이기도 하다.

그러나 1450년부터 1650년까지 두 세기간의 동남아시아 무역의 과거 경험은 완전히 사라지진 않았다. 일본 상선대가 전 세계를 돌아다니진 못했다. 그러나 한 해에 한 번 서양의 고블랭 직물에 아름답게 새겨져 있는 '선대船隊'가 일찍이 "서울(교토)의 부富는 바다 위에 있다"라고 했던 교토 거리를 돌아다닌다. 이 다 꾸지 못한 꿈은 개국 뒤 일본의 서양 파견 사절이 당도한 곳에서 이미 그곳에 수출돼 있던 일본 상품을 발견하고 경탄한 사실에도 나타나 있다. 일본의 투기적인 상인들은 개국을 잠자코 기다리지 못할 정도로 야심을 억누르기 어려웠다. 즉, 1853년 흑선 내항의 해는, 이와나미판 『근대 일본 역사 연표』의 첫 페이지에 나와 있지만, 이 내항의 충격은 각 계층마다 크게 달랐던 사실에 주의해야 한다. 상인층은 개항과 동시에 생사, 칠기 등의 판로 확대를 열렬히 추구했는데, 그것은 메이지유신 이전 프랑스 파리에 '일본 취미japonaiserie'를 발족시켰을 정도다.

그들은 에도시대에 이따금 고요킨御用金에도시대 바쿠후(幕府)가 임시 비용을 충당하기 위해 호상(豪商)들한테서 가져다 쓴 차입금을 대주었다고는 하나 징세 대상에서 제외돼 있었고 특히 기나이畿内메이지 이전의 수도 교토 인근 지역의 쵸닌町人도시에 사는 상인·장인 계급 사람들은 역학자 아사다 고류麻田剛立1734~1799. 에도시대의 천문학자의 예에서 보듯 걸출한 학자 쵸닌을 낳았고, 또한 호상의 교양과 세련은 무사를 능가해 그들의 문고는 한문 서적(또는 네덜란드 서적)으로 가득 차 있었으며, 상업을 정당화하는 윤리의 건설이 거듭 시

도되고 있었다.(지금도 가이도쿠도懷德堂^{에도시대 후기에 오사카 상인들이 설립한 학}
문소는 존재하며, 거기에서 강의할 기회를 얻는 것을 간사이 지방 학자들
은 명예로 여긴다.)

농민은 개국에 따른 저가 농산물 유입으로, 화폐경제 침투에 대처
하기 위해 개국 이전에 부지런히 개척한 환금작물이 아무 소용 없게
돼버리는 상황을 거듭 경험했다. 면과 마, 남藍, 소금, 사탕, 유채씨가 차
차 일본에서 자취를 감추었다. 그것은 오늘날까지 이어지고 있다. 일본
산 레몬이 소멸하는 데는 불과 20년도 안 걸렸다. 그러나 '재건'의 윤리
에 바탕을 둔 농민은 이 에스컬레이터를 거꾸로 타고 가는 것과 같은
테스트를 이겨냈다. 메이지 이후 상당 기간 오히려 토지 수익세가 더
무겁게 부과됐음에도 불구하고.

그러면 무사 계급은 어떠했던가? 에도시대의 무사만큼 독특하고 기
묘한 존재는 없다.

그들은 지배계급인데, 약 80만으로 추정되는 그들은 지배의 근거를
그들이 독점하는 '무武'에 두고 있었다. 그러나 어떤 무였던가. 그들은
과거에 무로써 천하를 통일한 쪽에 가담한 무인의 자손들이었다. 그들
의 동일성(정체성)은 매일 게을리해서는 안 되는 무도武道의 수련에 있
었고, 또 거기에 어울리는 행동거지에 있었다. 그들은 자나 깨나 늘 끊
임없는 내적 긴장을 강요당했다. 길을 가다 비를 만나도 달려가서는 안
되며 처마 끝에서 비를 피하는 것도 허용되지 않았다. 항상 길 중앙을
활보하며 십자로에서는 중앙에서 직각으로 꺾어 돌아가야 했다.

그러나 이 수련과 긴장은 무엇을 위한 것이었던가. '일조유사一朝有事'

란 전혀 예상 밖의 사태를 가리킨다. 에도 시기 250년간 몇 세대에 걸친 무사의 대다수는 한 번도 무를 행사해본 적 없이 세상을 떠났다. 그들은 어떤 상황에서는 칼을 뽑아 자신 또는 자신의 집안 명예를 지켜야 했다. 하지만 칼부림 사건은 반드시 엄중한 문초를 받았다. 한마디로 그들은 칼을 뽑는 순간 자신과 가족, 가문의 운명이 바로 그 행위에 달렸다는 것을 의식하지 않을 수 없었다.

그들은 도요토미 히데요시 이래 성주가 사는 성을 중심으로 발달된 도읍에 모여 살면서 토지라는 예전의 존재 기반으로부터 떨어져 나갔다. 단카 제도(포교 금지)로 종교적 기반으로부터도 떨어져 나갔다. 상승 가능성은 낮았고 주군의 총애를 받아 승진한 자는 주군 사후에 비참한 운명을 각오해야 했다. 각 번의 정부는 원칙적으로는 무를 존중하고 장려했으나 사실상 무사, 특히 무예 외에 아무 능력도 없는 무사를 종종 줄이려고 했다.

요컨대 에도 시기를 통해 무사 계급은 늘 살얼음을 걷는 느낌이었고 거세 감정과 그에 대한 거부감이 존재했다고 봐도 좋을 것이다. 그 증거의 하나는, 흑선 내습 뒤의 존왕양이운동尊攘運動이다. 지옥의 가마솥 뚜껑이 열린 것과 같은 상호 살육전은 세이난 전쟁西南戦争(1878년)메이지 10년인 1877년 지금의 구마모토 현과 미야기 현, 오이타 현, 가고시마 현에서 사이고 다카모리(西郷隆盛)를 맹주로 해서 일어난 사족(士族)들의 무장 반란. 메이지 초기의 일련의 사족 반란 중 최대 규모로 일본 최후의 내전이었다까지 사반세기에 걸쳐 계속됐다. 그동안 살해당한 외국인은 얼마 되지 않았다. 거부당한 거세 감정의 반동으로 생겨난 기묘한 특징이었는데, 계급의 자기 파괴라고나 해야 할 정도로 주목표는 자기 계급 내부를 향하고 있었다.

에도 시기의 공인 한학인 주자학을 비롯한 송학宋學은 에도 시기 무사의 심리에 잘 맞았다. 송 대는 사대부 계급이 북방 기마민족에 압박당해 점차 강남 땅으로 왕조와 함께 이동해 감으로써 토지와 분리돼 오로지 조정에 기생하는 데라시네가 된 시대였다. 그것과 유교로서는 예외적인 충忠의 도덕 중시는 무관하지 않은 것으로 생각된다. 그리고 이 "뿌리 뽑힌 지배계급"의 윤리는 행동의 윤리보다는 자기 억제의 윤리, 나아가 '형型형식'의 윤리로 전화해갔다. 송 대 이상으로 일본 무사도가 그러했다. 바쿠후 말기 무사 계급의 자기 억제와 행동거지의 특이함은 접촉한 외국인들에게 놀라움을 안겨주었다. 그것은 빅토리아시대 사람들의 윤리 감각을 자극할 만한 볼거리였다. 그러나 적극적 행동의 윤리로서의 무사도는 형해화돼 있었다고 할 수밖에 없다. 유신 전쟁에서 우수하고 강한 무사단으로서의 전통적 구조로 싸워 이긴 것은 아이즈會津지금의 후쿠시마 현 서쪽 지역 번사藩士와 사쓰마薩摩지금의 가고시마 현 서반부 번사 들뿐이었다.

우리는 여기서 오오이시 요시오大石良雄를 예로 들어보자. 47사士(실은 46사)의 행동은 실제로 사건이 별로 없었던 에도시대를 통해 거듭 얘기되고 연극화돼 무사도의 귀감이 됐다.

하지만 통설들을 살펴보면 이 사건 및 그때의 오오이시 행동에는 몇 가지 이상한 점이 있다.

아코 로시赤穗浪士1703년 심야에 옛 주인 아사노 나가노리(浅野長矩) 번주의 원수인 권세가 기라 요시히사(吉良義央)의 저택에 침입해 그와 가신들을 살해한 전 아코 번사 오오이시 요시오 이하 47인의 무사 이야기에는 허구가 많이 들어 있는데 그걸 알아보기는 쉽지 않다. 그러나 아사노 다쿠미노가미內匠頭궁정 행사와 재산 관리를 맡은 장관급 관리인 기라 고즈케노스케吉良上野介＝吉良義央에 대한 저택 내 칼부림의 이유가 만일 진상물의 유무와 관련된 것이라면 다쿠미노가미를 막다른 곳으로 몰아넣은 사람은 고즈케노스케만이 아니었을 것이다.

이런 류의 일(진상물이든 일설에서 얘기하는 소금 제조에 관한 비밀이든)을 번주가 결정하는 것은 막번幕藩 체제에서는 있을 수 없다. 그것은 기껏해야 에도즈메江戶詰め일본 근세에 다이묘가 영지를 떠나 에도에 살면서 복무한 일. 또 다이묘의 가신이 에도에 있는 다이묘의 저택에 근무하던 일 가로家老다이묘 등의 가사 일을 총괄한 가신의 우두머리의 재량권에 속한 문제다. 만약 다쿠미노가미의 가신들이 그런 증여를 가치 없는 행위로 간주했다면 그것은 이 제염업이라는, 번이 경영하는 사업으로 공식적 미곡 수확량의 세 배의 이익을 얻고 있던 알부자인 이 번의 테크노크라트들기술 관료의 가치관 문제일 수밖에 없을 것이다. 아코의 제염업은 당연히 번의 경제 테크노크라트들에게 겐로쿠 시기의 교토·오사카의 쵸닌들과 접촉하게 만들었다. 우리는 오오이시 요시오가 기온祇園교토 시내 유흥가에서 여흥을 즐기는 게 어떤 사태를 전제로 해서 가능했는지를 좀 생각해보는 게 좋다. 기온에서 한바탕 떡 벌어지게 놀기 위한 충분조건은 결코 돈이 아니다. 행동거지 하나하나에 이르기까지 쵸닌 문화의 세련미를 몸에 익힌 '풍류' 있는 인간일 필요가 있으며, 오오이시가 그런 인간일 수 있었던 것은 아마도 번 경영 사업을 통해 교토·오사카의 쵸닌들과 동일한 문화, 동일한 가치관을 공유하고 있었기 때문일 것이다.

그것은 매우 합리주의적인 가치관이었을 것이다. 무사도 기준으로 말하자면 일이 성사되느냐의 여부는 나중 문제이고, 화려하고 아름답게 꾸민 갑옷으로 무장하고 기라의 저택에 쳐들어가는 것이 마땅히 그 가치관에서 도출되는 방식이어야 한다. 한데 오오이시는 민첩하게 움직이는 데 적합한 다이묘 소방수 복장을 한 것으로 돼 있다. 평상복 차림으로 참가했다는 얘기도 있는 모양이다. 그것이 많은 수의 무장한 사람들의 통행을 가능케 한 방책이라는 설도 합리주의적·방법적 관점을 강화해줄 뿐이다.(하지만 전설에 지나지 않는다는 설도 있다.) 그리고 유명한, 주도면밀한 사전 조사와 그것을 바탕으로 한 퍼펙트게임과 같은 침입. 이것을 한참 지난 170여 년 뒤 점을 쳐서 결행 일시를 정하고 갑옷으로 무장한 신푸렌의 구마모토 부대 습격과 대비할 때 오오이시 등의 합리주의적 가치관은 더욱 놀랄 만한 것이라고 할 수 있다. 오오이시는 결행 뒤 몸을 맡겼던 호소카와細川 가의 후한 대접에 대한 보답으로 결코 그의 칼도, 기타 무사를 상징하는 어떤 것도 아닌, "귀 번에는 황로黃櫨 나무의 식산이 적합하다"라는 조언을 바쳤다. 이 경제 테크노크라트에게 무엇이 가장 중요했던가 하는 그의 가치관을 여실히 보여주는 삽화라고 할 수 있을 것이다.

아마도 오오이시는 주군의 사건에 관한 이야기를 듣고는 번 경영 기업의 넘기 어려운 한계를 아플 정도로 깨닫게 됐음이 분명하다.(즉, 주군을 막다른 곳에 몰아넣은 것은 그들 자신이기도 했다. 다쿠미노가미는 에도 시기의 군주로서 어떤 진언에도 "좋도록 선처하게"라고 대답했을 것이다.) 그리고 아무리 교토·오사카의 대大쵸닌과 가치관이 공통되는 면이 있다고 해도 결정적인 국면에서는 무사로서 행동할 수밖에 없는 '경계인'으로서의 자신을 의식했을 것이다. 그것이 가문 재흥을 노린 것이든 기라 집안에 대한 처벌을 바란 것이든 번사의 취직 운동이든(어느 목적도 부분적으로 실현했지만), 그가 현실에서 행한 것이 합리적 견지에서 완벽한 군사적 쇼다운showdown. 가진 패를 다 보여주는 최후의 결전이었던 것만은 분명하다. 이 완벽성은 소규모이긴 하나 에도 시기는 물론 근대의 쿠데타에서도 찾아보기 어려운 드문 수준이다. 그리고 어쨌든 1702년의 한 사건이 자기 억제 원리로서의 무사도 윤리와 합리적 행동 원리로서의 에도 전기前期 쵸닌의 윤리와의 접점에서만 성립될 수 있었던 것이라고 해도 좋을 것이다. 그리고 행동의 적극적인 면을 담당한 것이 쵸닌의 윤리였다는 것은 주목해야 할 역설이다.

오오이시 요시오와 함께 우리는 에도 시기 무사의 윤리 생성기에 서 있다. 그리고 다른 계층과의 접점에서 생겨난 행동의 특이성을 봤다. 다음에 우리는 그 종말기, 메이지 시대의 가장 뛰어난 형태를 하나 살펴보기로 하자.

모리 오가이森鷗外1862~1922. 일본 소설가, 평론가, 의학자, 군의관. 제2차 세계대전 이전 작가로 나쓰메 소세키에 견줄 만한 일본의 문호는 무사 출신이 아니라 번의藩醫 집안 출신이다. 그가 속한 쓰와노津和野 번은 제2차 쵸슈長州 전쟁1864년. 1866년 두 번에 걸쳐 에도 바쿠후 정부가 쵸슈 번을 처분하기 위해 쵸슈 번령에 정벌 군대를 보낸 사건 때 가장 먼저 쵸슈에 항복했다. 이후 모리 오가이의 전기는 두루 알려진 바와 같으므로 생략한다.

그런데 오가이의 작품은 오가이 산맥이라고도 하는데, 그 대표작에 대해서는 온갖 견해들이 있다. 나는 그의 일생을 집약한 것으로 시「사라나무沙羅の木」를 꼽고자 한다.

갈색의 네부카와 돌根府川石가나가와 현 오다와라 시 일대에 있는 판상절리의 안산암에

하얀 꽃 뚝 떨어지네
있었구나 푸른 잎 그늘에
보이지 않는 사라나무 꽃

이 시는 오가이의 전체 시 중에서도 예외적으로 긴밀한 구성을 지니고 있다. 압운은 물론 "갈색의 네부카와 돌" "돌에 하얀 꽃 뚝" "지네 / 있었구나 푸른 잎 그늘에 / 보이지 않는"으로 대표되는 두운·중간운의 미는 교차하며 일본 시 중에서 매우 드물게 완전한 음악성을 갖고 있다. 그는 바로 그 때문에 시집 전체에 이 시 제목을 붙였을 것이다.

사라나무는 일본에서는 여름동백이라 하며 7월에 피는 숲 속 꽃이다. 아쿠타가와 류노스케芥川龍之介에게도 같은 꽃에 가탁한 시가 있다.

다시 돌아오는 음력 6월의
비탄을 누구에게 말할까.
사라나무 어린 가지에 꽃이 피면
사랑스런 이의 눈동자가 보인다.

이것은 명백히 비탄의 노래다. 한 살 전의 공통의 기억을 환기하는 사라나무 꽃은 돌아오지 않는 사랑에 대한 비탄을 되살린다. 그 반복되는 연체형 말미와 7·5조는 어떤 초조감을 전해준다. 이것은 오가이의 5·7조의 중량감과 대조적이다. 또 오가이의 시와는 달리 보들레르

의 이른바 음과 이미지와 의미의 조응은 여기에 없다. 사실 이것은 연작 중의 하나이며 다른 것으로는 끊기 어려운 미련이 더욱 잘 드러나 있다.

그렇다면 오가이의 사라나무는? 이것 역시 비탄의 시, 상실의 시라고 나는 생각한다. 그 이해는 한마디로 얘기하기 어려울지 모르겠다. 그러나 이것이 보들레르 시구의 교묘한 환골탈태라는 걸 알아차린 사람이 있다면 자연히 얘기는 달라진다. 훌륭한 일본어 정형시이고, 중국의 5언 절구를 방불케 하면서도 『악의 꽃』 「불운」의 마지막 절(필자 졸역)의 거의 정확한 의역이다.

이토록 무거운 짐 들려면
시지포스의 용기가 있어야
해야 할 일 마음에 품어도
예술은 길고 시간은 짧다.

이름난 사람의 무덤에서 멀리
외따로 떨어진 묘지를 향해 가는
탬버린처럼, 내 마음
두드릴까나, 죽음으로 가는 발걸음

—곡괭이도 탐침도 들어가지 않는
망각과 어둠에 묻혀
잠자는 보석, 너무 많구나.

마지못해, 비밀처럼

달콤한 향기를 깊은 고독에

날려보내는 꽃 너무 많구나.

고쿠라小倉예전 규슈 북부 후쿠오카 현 동부에 있던 도시. 지금의 기타규슈 시 고쿠라 북구와
남구에 해당 은퇴 시절에 오가이가 실의에 빠졌을 때 그는 보들레르와 불
경을 가까이했다. 이것은 하나의 열쇠다. 또 하나의 열쇠는 '사라나무'
에 있다고 나는 생각한다. 오가이의 집에는 사라나무가 한 그루 있었
고, 그는 그 꽃을 깊이 사랑했다고 한다. 일설에는 그가 죽은 해에 그
나무가 유난히 많은 꽃을 피웠다고 한다.

여기서 약간 문학적 일탈을 해보자. 왜냐하면 엘리엇도 지적하듯이
보들레르의 후반 6행 또한 토머스 그레이Thomas Gray, 1716~1771의 「무덤가
의 애가哀歌」의 한 구절을 환골탈태했기 때문이다.(동시대인들이 이미 알
고 있었던 듯하다.) 그 한 구절은 이렇다.

Full many a gem of purest ray serene

The dark unfathom'd caves of ocean bear:

Full many a flower is born to blush unseen,

And wastes its sweetness on the desert air.

이 시는 〈신체시초新體詩抄〉에 번역문이 실려 있으나 그 따분한 번역
이 오가이를 부추겼다고 보기는 어렵다. 거꾸로 보들레르의 제3절은
말라르메Stephane Mallarmé, 1842~1898의 「에로디아드Hérodiade」 속에서도 절

창이 된 부분의 본가本歌가 돼 있다.(필자 졸역)

그러나 우리는 뒤돌아볼 수 없는 그녀, 내가 피는 것은 그저, 그저 나
를 위해.
그대는 모르리, 정교한 동굴의 눈이 아뜩해지는 깊숙한 곳에
숨겨진 자수정의 동산을.
창세 그대로인 대지의 어두운 잠 아래
그대의 젊은 날의 빛을 단단히 지키는, 알 수 없는 황금을.
('그대'는 대화 상대 '유모')

모두, 파묻힌 보석 또는 사람들이 모르는 숲 속의 꽃에 가탁해서, 그
레이는 마침내 세상을 꽃으로 장식하며 파묻혀 썩은 천재를 애도하고,
보들레르는 자신의 재능을 인정받지 못하는 것을 애통해했으며, 말라
르메는 오히려 그것을 자랑한다.(나르시시즘의 절창이라고도 할 수 있을
것이다.)

그러면 오가이는? 아마도 오가이는 러일전쟁에서의 전사를 예감하
고 이 시를 쓴 게 아닐까? 분명히 자신에 대한 애도의 시라고 나는 생
각한다. 지금 네부카와의 돌은 묘비명으로 사용되는 돌이고, 갈색은
(당시 일본 육군의 제복은 검은색에서 카키색으로 바뀌고 있었다) 전장
의 색을 연상케 한다. 거기에 하얀 한 송이 꽃의 낙화. 이것은 자연스레
군인으로서의 죽음의 이미지를 환기시킨다. 하지만 군인으로서?

동백꽃은 에도시대 이래 머리가 떨어지는 것과 비슷한 낙화의 모습
을 꺼려 무사들이 심지 않는 꽃이었다.(거꾸로 그 겁내고 나약해지는 것

을 꺼려 동백꽃을 문양으로 삼아 곳곳을 동백꽃 디자인으로 장식한 무사도 있었다.) 사라나무는 여름동백이다. 동백으로서 무인의 죽음을 연상시킨다.("뚝 떨어지네") 그러나 오가이가 무인이 아니라 의관醫官인 것처럼 여름동백은 동백과 비슷하지만 동백은 아니다. 그것은 철 지난 꽃일 뿐이라는 얘기가 아니다. 동백꽃이 무리 지어 피고 무더기로 떨어지는 것과는 달리 여름동백은 숲 속에서 고독한 나무로 솟아올라, 꽃은 한 송이 피어서는 한 송이로 진다. 집단의 죽음이 아니라 고독한 죽음, 게다가 때아닌 죽음이다. 이 때아닌 죽음이라는 의미는 단지 전투자가 아닌 의관이라는 것만을 가리키는 것이 아니며, 유럽적 교양을 지니고 아마도 러시아군 속에서 오히려 함께 문학을 논할 무사를 발견할 수 있는 사람의 고독이며, 아직 자신의 일을 다 이루지 못한 사람의 때아닌 죽음일 것이다.

그리고 여름동백은 일본에서는 사라나무에 비정된다. 그것은 『헤이케모노가타리平家物語』를 곧바로 연상시키는 것처럼 두 개의 군사 집단 간 투쟁(겐지源氏와 헤이시平氏이자 눈앞의 일본과 러시아이기도 하다)의 덧없음의 상징이기도 하다. 하지만 또한 오가이는 불타 가르침 속의 사라나무가 단지 이런 류의 덧없음의 상징에 지나지 않는 건 아니라는 걸 알고 있었을 것이다.(보들레르와 불경을 연구했던 고쿠라 시절을 상기해보기 바란다.)

불타 전기는 이렇게 기술돼 있다. 불타는 자기 육체의 죽음을 예감했을 때 울창한 사라나무 아래에 몸을 뉘었다. 불타가 계신 곳 네 귀퉁이에는 각각 한 쌍의 커다란 사라나무가 있었다. 그들 중 한 그루는 번성했고 한 그루는 시들었다. 시든 한 그루는 샤카족을 나타내고 번성한 한 그루는 샤카족을 멸망시킨 코사라족을 나타낸다고 한다. 불타가 열반에 들었을 때 사라나무는 일제히 꽃을 피웠다. 그것은 때아닌 하얀 꽃을 일시에 드러낸 것이다. 다음에 네 쌍의 사라나무들이 가지를 합쳐 하나가 돼 누워 있는 불타 위를 완전히 뒤덮고는 순식간에 하얗게 변해 말랐다고 한다. 불타 전기에 따르면 이것은 샤카와 코사라, 흥하는 자와 망하는 자, 동과 서, 북과 남의 융화합일이라고 한다. 오가이는 동서의 합일을 가볍게 입에 올리는 사람이 아니었다. 자식들에게 서양 이름을 붙였지만. 하물며 샤카족과 코사라족을 쓰와노 번과 그 서쪽의 강대한 죠슈 번에 비정하는 것은 더욱. 그러나 이 지극히 대중적인(현대에는 『고지엔』 사전에도 실려 있다) 불타의 가르침을 오가이가 몰랐다고 생각하긴 어렵다.

하지만 어차피 여름동백은 사라나무가 아니다. 일본 여름의 상쾌함을 느끼게 하는 꽃이다. 이 꽃을 오가이가 몸 가까이 두고 몹시 사랑했다는 건 앞서 얘기했다. 그것은 그저 한 송이씩 피고 지는 고독한 꽃일 뿐이라고 할 순 없다. '숲' 깊숙한 곳에서 독립적인 나무로 자라 그 줄기와 가지와 잎만 봐서는 그 나무인지 알 수 없다. 낙화를 보고 사람들은 비로소 숲에 가려져 몰랐던("있었구나 푸른 잎 그늘에") 사라나무의 존재를 알게 되는 것이다. 5·7조와 정밀한 음의 모듈레이션modulation, 조정, 변조과 '종지형', 체언으로 끝맺는 것이 보여주는 이 묘비명적인 정밀靜謐. 그가 신린타로森林太郎,숲의 남자라는 자신의 또 다른 이름에 부합했는지, 데뷔 이래 세상 평판의 한복판에 있었던 것에 대해 울분을 느꼈는지 등은 이미 사족이다.

현실에서 그는 전사하지 않았고, 긴 침묵 뒤에 산문시 「잔盞」을 통해 글의 세계로 돌아온다. 거기에서는 서양인 또는 혼혈 소녀가 서양 복장을 하고 프랑스어로 일곱 명의 처녀(뮤즈의 수!)에게 "내 잔은 작아도 나는 내 잔으로 마시겠다"라는 결의를 거듭 얘기한다.

그의 글은 점차 **자기 억제를 강화해** 후세에 그런 의미에서 하나의 범례가 된다. '잔'은 **식은 용암**으로 만들어졌다. 그러나 그는 결국 흰 꽃을 이야기한 것일까. '여름동백꽃'을 유일한 열쇠로 삼아 '숲'■의 가장 깊숙한 비밀(그것은 언어를 초월한 것이겠지만)을 간직하고 세상을 떠난 것이 그의 최대의 자기 억제였을지도 모른다.

나는 에도시대 무사의 에토스를, 마찬가지로 경계인인 초기의 오오이시 요시오의 행동과 만년의 모리 오가이의, 아마도 그의 생애를 요약할 수 있는 시 한 수의 분석을 통해 보여주려 했다. 이 에토스가 그 순수 형태의 자기 규율의 윤리이긴 해도 행동의 윤리일 순 없다는 것을 적어도 역조사逆照射적으로 시사할 수 있었다면 내 목적은 달성된 것이다.

■ 이것은 엘자로 상징되는 서구의 '때 묻지 않은 소녀'의 신화의 독을 청년기에 접한 것과 관계가 있을 수 있다.(자녀에게 서양 이름을!) 이 신화가 마녀사냥의 잔영이라는 것, 마치 우리의 '근대적 자아' 신화가 무사의 거세 감정(그것은 흑선의 충격으로 졸지에 현재화했다)의 20세기판처럼 된다는 것은 「서구 정신의학 배경사」에서 얘기하겠다.

서구 정신의학 배경사

본고는 우리가 한 세기 이상 채용해온 서구적 정신의학의 역사적 배경을 재검토해보려는 자그마한 노력의 일단이다. 종교와의 관계를 중시한 것은 자연스러운 것이었으나 이 분야의 책이 없어서 집필은 필자에게 과대한 과제가 됐다. 이런 최초의 시도에 과오가 없을 수 없다. 독자 여러분의 질정을 바란다. 게다가 "(서구) 정신의학사란 과연 역사 서술의 타당한 범주인가"라는 의문은 필자를 끊임없이 괴롭혔고, 결국 배경사라는 형태로 완성했지만 역사가의 눈에도 정신과의의 눈에도 각각의 의미에서 몹시 불만족스러운 것이 되지 않았을지 걱정된다.(1972~78년)

부르하버가 건설한 세계 최초의 대학 부속병원 네덜란드 레이던 시에 폐옥으로 남았다. 지금은 부르하버 박물관으로 단장되었다. 야마나카 야스히로山中康裕 촬영, 1977년 가을.

들어가며

　정신의학은 협의의 맥락에서 보면 매우 새로운 것이다. 19세기에 다수의 의학 분과가 내과 및 외과에서 분화했을 때 그 끝판에 내과에서 갈라져 나온 것으로, 계통적인 그 역사는 기껏해야 18세기 후반 정도까지로 그보다 더 거슬러 올라가진 않는다. 그 이전의 계보까지 거슬러 올라가려는 시도는 고립적·이산적인 여러 사실들에 가공의 연관과 전통을 부여하는 결과가 될 것이다. 토머스 쿤[1]의 용어를 빌리자면 18세기 후반 이전은 '전前 패러다임기'다. 그러나 그 이후 오늘날까지도 예컨대 프로이트, 크레펠린Emil Kraepelin, 1856~1926. 독일 의학자. 정신과의 같은 위대한 패러다임 메이커들의 존재에도 불구하고 여전히 '패러다임 간의 투쟁기'를 벗어나지 못한 채 어떤 패러다임의 최종적 승리와 일반 과학으로의 이행 전망은 거의 보이지 않는다.

　정신의학사 전체를 반드시 과학사의 틀 안에 수용할 수 있을지, 수용해야 할지 그것부터 문제가 된다. 그리스에서도 유럽에서도 히스테리의 발견은 오래됐고, 강박증의 발견은 새로운 것이다. 간질의 발견은 빨랐고, 망상증의 발견은 훨씬 느렸다.(전자는 문헌적으로도 설형문자 문서에까지 거슬러 올라갈 수 있는 데 비해 후자는 근대의 발견이라 해도 좋을 정도다.) 이들이 단지 자연과학적 발견이고 그 늦고 빠름이 단지 자연과학적 난이도의 차이 때문에 생긴 것이라고 해도 될까. '치료 문화'[2]의 하위문화 중 하나로서의 정신장애 치료 문화의 특질에 좌우되는 부분이 더 크다는 의문이 곧바로 고개를 치켜든다.

그리스 이래의 서구 정신의학사라는 과제는, 내게 주어진 것이긴 하지만, 그리스·로마 문화, 이슬람문화, 서구 문화가 각기 별개의 독자적인 것인 이상 그 말에 모순이 있다. 필자의 시도는 3자의 '치료 문화'의 특질을 유비하고 대비하면서 계승·연접 관계를 드러내 보이려는 것이다.(여기에서 배경사란 공간적 배경뿐만 아니라 시간적 배경의 역사이기도 하다.) 주어진 한정된 지면에서 그것은 소묘의 소묘가 될 수밖에 없을 것이다. 개개의 인물과 그 학설에 대한 소개는 대폭 기존 서적들에 양보하기로 한다.

고대 그리스

우리는 그리스 이전 지중해 문명의 정신의학에 대해서는 거의 아무 것도 모른다. 내가 아는 한, 다만 K. 케레니^{Károly Kerényi, 1897~1973. 헝가리의 그리스신화 학자}가 저서 『디오니소스』에서 '양귀비 여신' 토우를 거론하면서 "아마도 아편의 은혜를 표현한 것이겠지만, 그런 약물의 사용 자체가 더 오래된 엑스터시의 타락적 형태일 것이다"라고 서술한 견해를 접했을 뿐이다.(「분열병과 인류」 도입부 그림 참조)

그리스는 두 개의 얼굴을 지니고 있다. 매우 독자적인 면과 고대오리엔트 세계의 2차적 파생물이라는 면이다.

몇 차례의 민족이동 파도로 그 다양성을 약속받은 반도에 차례차례 정착한 인도·유럽 민족은 먼저 전통적인 목축과 새로운(아마도 선주민으로부터 배운) 농경을 시작했으며, 역시 선주민으로부터 배운 항해술로 농한기에는 바다로 나갔다. 그것은 투기적 무역을 위한 경우도 있었고 식민지 획득을 위한 경우도, 그냥 전쟁을 하기 위한 경우도 있었다. 그 초기에 성립된 호메로스의 2대 서사시 『일리아드』와 『오디세이』는 후대까지 그리스인들에게 생의 규범을 제시했다. 우선 주로 그리스 역사가 E. R. 도즈^{Eric Robertson Dodds, 1893~1979}[3]를 통해 호메로스의 광기를 보기로 하겠는데, 이는 그리스의 독자적인 면을 보는 것이다.

호메로스적 세계에서는 고대오리엔트와는 아주 다르게 주술이나 마법에 대해 아는 것은 고사하고 혼이나 인격에 대한 명확한 관념조차 결여돼 있었다. 자기의 속성과 자타 모두 용인할 수 있는 것은 기능에 한정되지 않고 감성, 성격까지 "알고 있는 것"으로 간주됐다. "무례한 짓을 알고 있다"는 것은 곧 '난폭한 자'라는 것이다. 거꾸로 자기 처분이 가능한 범위 바깥에 있는 것, 예컨대 내장의 움직임, 착상着想, 망각, 상기想起, 돌발적인 용기, 사건, 광기 등은 초자연적 외부의 간섭으로 돌렸다.

그들에게 최대의 도덕적 강제는 수치aidōs, 아이도스(사회적 평판에 대한 고려)였다. 케레니[4]는 아이도스를 로마의 렐리기오religio(삼가다)와 연결되는 고대 그리스의 가장 중요한 종교적 감성으로 봤다. 이 아이도스에서 벗어나기 위해 아테ate(광기)가 동원됐다. 아테 때문에 입힌 손해에 대해서는 배상하면 되는 것이었다. 일반적으로 그들은 행위의 결과만을 논했지 내적 동기에까지 들어가진 않았다고 도즈는 말한다.

프시케psykhē(혼, 나비)는 호메로스에서는 실신·임종할 때에 "인간을 떠나는 것"이라고만 언급돼 있다. 일종의 정동력情動力인 티모스thymos(가슴샘) 쪽이 문제가 되는데, 이것은 자기의 일부가 아니라 외부의 존재로 소리, 때로는 두 개 이상의 소리로 말을 걸어오는 것이었다. 즉, 호메로스적 인간에서는 이성 대 비이성의 대립이 아니라 "알고 있는 것" 대 "모르는 것"의 대립이 된다. 자기 속성을 부인당한 후자는 신체의 자율적 운동에서부터 정동情動, 우발 사태까지 광범한데, 이들은 외부(신, 악령 그리고 티모스)의 간섭 탓으로 돌려지고 면책됐으며 그 결과 아이도스에서 구원받았다. 그리고 "시인들은 신들에게 개성을 주고, 그에 따라 그리스가 마술적인 형태의 종교로 추락할 가능성을 제거했다". 하지만 부인否認과 투사投射 기제가 사회적으로 합의되려면 대가 없이는 안 되는데, "호메로스인은 정신적 불안정을 앓고 있다"[5]라는 얘기를 듣게 된다.

호메로스(특히 『일리아드』)는 사실 차원에서는, 땅을 나누어 차지하고 굳게 지키면서 소규모 농·목축업을 경영하는 소영주를 중심으로 하는 전사 계급의 세계이며, 위에서 얘기한 것과 같은 심리적 습관은 전사 계급에 한해서 합목적적이라고 할 수 있을 것이다. 그러나 다른 한편으로 문학으로서의 호메로스가 그리스사를 관통하며 규범적 영향을 끼친 것을 염두에 둘 필요가 있다.

호메로스적 세계 뒤에는 혼란이 이어지는 아르카익Archaic 시대다. 도리아인의 침입이 그리스 세계에 비참과 빈궁을 가져다주었다. 성채 도시 폴리스가 성립되고, 좁고 비위생적인 폴리스는 이윽고 인구과잉이 돼, 그때도 이미 농한기에는 투기적인 무역 항해에 나섰던 그리스인들은 식민, 무역, 전쟁에서 그 해결책을 구하게 됐다. 이 기원전 7세기의 거대한 경제 위기 속에서 가부장제는 동요했고 계급제는 붕괴하기 시작해 사회의 유동성이 높아졌다. 기원전 6세기는 가족과 개인, 신흥계급과 전통적 귀족 간의 격렬한 정치투쟁이 벌어졌다. 솔론의 입법은 이런 대립들을 조정하려는 시도였다.

이 전환기에는 인간의 무능을 통감하게 된다. 이것이 외부에 투사되는 그리스적 습관에 따라 '신의 적의敵意'가 됐다. 신은 인간을 영원히 인간으로 못 박아두기 위해 그 압도적인 힘을 휘두른다. 과도한 성공은 신의 질투를 살 수밖에 없다.(신들은 질투가 심하고 간섭하기를 좋아한다.) 코로스^{koros}(성공이 낳은 자기만족)는 히브리스^{hybris}(사치, 교만)를 낳고 이것이 네메시스^{nemesis}(정의의 분노)를 부르고 아테(광기, 재앙)를 부른다. "신은 그 멸망시키려는 것을 먼저 광기에 빠뜨린다."

그리하여 아이스킬로스의 희극을 보듯 신의 분노를 산 당사자에게 세계는 보이지 않는 추적자 에리니스^{Erīnys. 그리스신화에 등장하는 복수의 여신들}로부터 도망칠 수 없는 마의 세계인데, 청중들은 극의 합창대가 부르는 대로 이것을 제우스의 정의가 관철된 것이라고 "알고 있다". 여기서 대립 관계는 '알고 있는 것' 대 '모르는 것'과 함께 '삼가는 것^{sōphrosynē}' 대 '오만'이 된다.

광기는 히브리스의 결과로서의 신의 징벌이지만, '한도를 넘어선 성공'이 곧바로 아테를 반드시 초래하는 것은 아니기 때문에 아테는 세습되고 유전되는 것이라는 관념이 형성된다. 일본의 개 귀신에 씐 사람처럼 그 가족은 부정을 타게 돼 저주(아버지에게 폭력을 휘두르는 것이 예찬받던 시대였기 때문에 특히 공격당한 아버지의 저주가 그러했지만)가 옮겨질까 두려워한 주변 사람들로부터 기피를 당했다. 부정을 없애기 위해 직업적 정화 담당자가 생겨나 복잡한 전례典禮 행사가 벌어지게 됐다. 호메로스의 광기는 충동적·일시적 상태였으나 아르카익 시대에 그것은 지속적 상태가 되고 마침내 개인을 넘어 가족적 차원으로 갔다. 때마침 민족·가족으로부터 개인이 독립하고 그 독립을 성문법으로 보장받게 된 시기였다.

플라톤은 "옛 사람들 중에서 명사名辭를 만든 사람들은 광기를 부끄러워해야 한다거나 비난받아야 한다고 생각하지 않았다"(『파이드로스』)고 하지만, 히포크라테스는 **간질** 환자가 느끼고 있던 치욕감에 대해 얘기하고 있다.(『신성한 병에 대하여』)

전성기의 아테네에서도 정신병은 기피되고 전염되는 것으로 간주돼 사람들은 정신병자들에게 돌팔매질을 하고 침을 뱉었다. 정신병, 그중에서도 특히 간질을 가리키며 이를 자연적 원인에 의한 것으로 본 것은 후대까지 히포크라테스, 엠페도클레스 등 일부 지식인에 지나지 않았다. 간질 환자 자신이 종종 "눈에 보이지 않는 존재로부터 곤봉으로 구타당했다"고 느끼고 있었다. 에피렙토스^epileptos(간질)란 무엇인가에 사로잡힌 사람의 행동 양태다. 따라서 한편으로는 두려움의 대상이 된 것도 사실이다. 이 양의적 태도는 현대 그리스까지 이어지고 있다.

아르카익 시기의 긴장 속에서 광기에 어떻게 대처할 것인가 하는 것이 큰 문제가 됐다. 플라톤은 광기를 "신의 작용에 의해, 습관이 된 사회의 관례를 일탈함으로써 생겨난 것"이라고 보고, 예언적 광기(아폴론), 밀의密儀적 광기(디오니소스), 시적 광기(무사), 에로스적 광기(아프로디테, 에로스) 등 네 가지로 구별했는데, 이들은 각각 광기이면서 동시에 그 치료이기도 했다.

아폴론의 예언자는 자신 속에 다이몬^daimōn. 고대 그리스 및 헬레니즘의 신화·종교·철학에 등장하는 '인간과 신들의 중간에 위치하는, 또는 선성(善性)이나 악성(惡性)인 초자연적 존재로, 하위의 신격(神格)이나 죽은 영웅의 영 등'을 가리킨다. 귀신, 신령, 정령의 소리로 간주되는 제2의 소리를 지니고 그 소리와 대화하고 미래를 예언했다. 그는 일견 혼돈스러운 것으로 보이는 세계의 배후에 지知와 목적이 있다는 걸 보증하고, 미래와 숨겨진 현재의 의미를 가르치면서 "인간으로서의 분수를 알고 아버지가 일러주는 대로 행동하면 그대는 내일 안전하게 살 수 있을 것"이라고 말했다. 그는 '바다의 광대함'을 알고 '해변의 모래알 총수'를 알고 있는 지적 탁월자로, 페렌치 샨도르[Ferenczi Sándor, 1873~1933. 헝가리 정신분석의]라면 '초자아 압입壓入'이라고 했을 것을 행했다. 보수적·권위적·개인적 치료이고 선택받은 소수자·남성 문화에 속해 있다고 할 수 있을 것이다.

그리스의 노예제 문화에서 주지하다시피 남성 문화와 여성 문화가 전혀 별개에 가까운 것이었다는 점도 강조해둬야겠다. 버트런드 러셀[6]은 그리스인이 기습이나 일정 한도 이상의 사태를 만나면 쉽게 패닉 상태에 빠지는 것은 어린 시절 여성 문화 속에서 자라다가 소년 시대가 되면 갑자기 남성 문화로 옮겨지는 데 따른 것이라고 그 이유를 설명했다. 디오니소스적 치료는 차별받은 자와 여성에게 집단으로 함께 울부짖으며 혼이 나간 상태에서 피리와 큰북에 맞춰 춤을 추게 했다. 이것을 오르기아[orgia]라고 한다. 오르기아는 전염성이 있었다. 도즈는 말했다. "디오니소스는 자유를 내밀었다. (…) 차별을 잊어달라. 그러면 당신은 합일을 발견하게 될 것이다. 신도 집단과 함께해달라. 그러면 당신은 오늘 행복하게 될 것이다."

즉, 전자가 미래 예측에 토대를 둔 지적 설득이라면 후자는 지금의 자유와 행복 체험 속에서 생명적 갱신을 체험하는 것이다. 아폴론의 예언이 형식화하면서 후대까지 위정자가 아무리 생각해도 좋은 수가 떠오르지 않을 때 떠받드는 것인 데 비해, 디오니소스적 치료는 후술하는 많은 밀의적 치료의 선구가 된다.

제3의 시적 광기는 예외자를 위한 것이다. 무사이[Mousai](뮤즈)는 원래 산의 님프[그리스신화 등에 등장하는 하급 여신(정령)]였다. 시인이 될 운명을 타고난 자는 그 출발기에 거칠고 텅 빈 산 속이나 바람 부는 고개 위에서 무사이(뮤즈)를 만난 뒤 산을 내려와 무사이의 해석자=시인이 된다. 그러나 한편으로 무사이를 만나는 것은 위험이 뒤따르는 것이라는 인식이 있었다. 「신통기」 「일과 나날들」의 시인 헤시오도스도, 그리스에서 가장 난해하고 어려운 장시 『퓨티아 축승가祝勝歌』의 시인 핀다로스도 그런 체험을 했다. 이것은 정신의학사가 엘랑베르제[Henri Frédéric Ellenberger, 1905~1993. 캐나다 정신과의, 범죄학자, 의학사가, 정신의학사가. 『무의식의 발견』을 썼다][7]가 '창조의 병'이라고 부른 것에 가까울지 모르겠다. 황홀 상태에서 시를 짓는 열광적 시인이라는 관념은 기원전 5세기 이후의 것인 듯한데 아마도 디오니소스 운동의 부산물일 것이다. 철학자 데모크리토스는 광기 없이 위대한 시인이 될 수 없다고 했고, 플라톤은 "우리의 최대 축복은 광기에 의해 태어난다. 만일 그것이 신의 증여에 의한 광기라면"(『파이드로스』)이라고 말했다.

그리스 치료 문화의 변모

이 시대에 증대된 그리스의 대외 접촉은 두 방면에서 주목할 만하다. 하나는 기원전 7세기에 시작된 흑해 무역(그리스의 올리브와 우크라이나의 밀 교역)을 통해 맺어진, 스키타이Scythai. 기원전 8세기~기원전 3세기에 우크라이나를 중심으로 활동한 유목 기마민족 및 유목국가인을 매개로 한 시베리아 샤먼 치료 문화와의 접촉이다. 또 하나는 소아시아와의 교섭 증대로 오리엔트의 유행병과 동방의 치료 문화에 대해 그리스가 문을 연 것이다.

아르카익 시기 말기에 등장하는 '이아트로만티스iatromantis'는 예언자, 주술적 치료자, 종교적 교사를 겸하면서 시베리아 샤먼의 특징들, 즉 종교적 은거, 조수鳥獸에 대한 힘의 행사, 단식, 시작詩作, 유혼遊魂, 망실된 혼을 다시 불러들이기 위한 명계冥界 여행, 장기간의 수면, 특징적인 정화 의식을 하고, 전승에서도 북방과 연결돼 있었다. 즉, 스키타이인 아바리스가 '북풍의 저쪽 아폴론'의 예배를 가르쳤다는 전승이다. 이것은 디오니소스의 집단적 황홀로는 다 채울 수 없는 틈새에 개인 치료로서 들어왔다. 그리스의 대大샤먼으로 오르페우스, 에피메니데스, 피타고라스, 엠페도클레스를 들 수 있다. 이들 대샤먼은 마술사, 자연철학자, 시인, 의사, 전도자, 카운슬러를 한 몸에 구현한 카리스마적 존재로, 그리스에서 처음으로 영육의 대립('육체는 혼의 감옥')과 윤회전생輪廻轉生을 설파했다. 엠페도클레스는 육식을, 오르페우스는 육욕과 살생을 부정했다. 인간은 디오니소스를 살해해서 먹은 사악한 타이탄의 자손이라는 원죄의식이 생겨났다.

북방 샤머니즘의 직접적 영향이 몇 사람인가의 '소크라테스 이전' 철학자를 낸 뒤 그리스 피지배계급의 오르페우스교^{고대 그리스 세계의 밀교}로 지하화했다면, 오리엔트의 유행병과 함께 지하에서 등장한 것이 의사 아스클레피오스^{그리스신화에 나오는 의학과 치료의 신}다.

아스클레피오스는 내력을 알 수 없는 신으로, 그 출신에 대해서는 여러 설이 있다. 아스클레피오스의 표징인 지팡이, 개, 뱀은 바빌로니아 의사의 표장^{mark}이며, 페니키아의 의신醫神 에슈문^{Eshmun}과의 유사성 여부가 문제가 되는 등 동방 기원 의혹이 있다. 그리스 세계에서 처음 등장한 것은 변경인 테살리아^{그리스 중북부 지역} 트리카의 지하 소굴에 사는 신으로서다. 그러나 불가사의한 힘으로 아픈 사람을 치료해 사람들을 놀라게 하고 갈채를 받으면서 때로는 '또 하나의 제우스' '음부陰府의 나라 제우스'로 불리며 마을들을 돌아다니며 한 손으로 지팡이를 짚고 환자를 찾아서 걸어가는 모습은 죽은 이의 영혼 또는 땅의 영靈과 같았다. 어원적으로 '모구라'라는 설도 있다. 기원전 5세기에 펠로폰네소스의 에피다우로스^{그리스 펠로폰네소스반도 동부에 있는 고대 그리스 항만도시. 그리스신화에 나오는 명의 아스클레피오스 관련 성지}로 옮겨 가 아테네의 유행병 진압에 위력을 발휘하며 아크로폴리스에 들어간 것이 기원전 420년이다. 이후에도 유행병이 돌 때마다 신격이 올라가 신앙자들이 증가했다.(로마에서는 기원전 293년에 그를 맞아들인다.) 아스클레피오스가 올림포스의 의신 자리를 차지하게 된 것은 유행병의 공포를 누그러뜨린 것 외에 매우 개인적인 접촉을 기조로 한 신이었던 점도 작용했다는 지적이 있다. 올림포스의 신들은 형해화하기 시작했다. 이에 비해 "아스클레피오스

신전은 병자를 위한 가장 안전하고 견고한 항구였다",(아리스테이데스, 『오라티오』) 1883년, 에피다우로스의 발굴과 비문 해독으로 그 치료 방식이 밝혀졌는데, 신전에서 잠을 잘 때 꿈속에서 병의 초자연적 치유가 이뤄지는 것이다. 신체적 병과 함께 불면증이나 간질 치유 사실이 봉납 비문에 기록돼 있다. 꿈의 지시에는 자기 처벌적인 것이 많다.(예컨대 구토, 겨울철 수영, 맨발 달리기, 의도적 배 난파.) 또 최면 상태에서 외과 수술을 했다는 추정도 할 수 있다. 처음에는 지하실에 자게 했으나 점차 신전의 본진 주변, 특히 벽을 따라 병자가 누워 있는 형태를 취하게 된다. 이것은 병원의 시작이라고 해야 하며, 이 패턴은 로마 시대, 기독교 시대를 거쳐 프랑스대혁명 조금 전까지 병원에서 답습하게 된다.

아스클레피오스는 세속화되면서 두 가지를 낳았다. 하나는 그 방법의 세속화인데, 꿈 판단이라는, 꿈을 보는 기술이 인기를 얻어 해몽 대조표가 나오기에 이르렀다. 또 하나는 그 유행병과의 관계라는 각인을 남기면서 신전 부속 의사단에서 떨어져 나가 세속화된 직업윤리를 지닌 의사단 히포크라테스 학단이다. 히포크라테스 전집은 이오니아 방언으로 된 세계 최초의 과학 전용 언어로 기록된 과학적·임상적 의학 문서다. 이는 후세에 큰 영향을 끼쳤는데, 히스테리(정확한 임상 기록!), 간질, 멜랑콜리를 제외하면 압도적으로 증후성 정신병을 많이 다루고 있다. 유행병과 관련해서 등장한 것들 때문일 것이다. 4체액설도 유행병에 대한 신체 반응의 차이(출혈, 위액, 담즙, 점액의 배출)라는 안경을 통해 바라본 기질로 생각할 수 있을 것이다.

그러나 꿈 판단보다, 히포크라테스 학단보다 더 장수를 누린 것은 아스클레피오스였다. 아테네에 도입된 것은 펠로폰네소스전쟁의 전시

히스테리 분위기 속에서였고, 소피스트 사냥, 전통 종교 부흥 움직임이 한창이던 때였다. 아스클레피오스의 출신이 어딘지는 잊히고 그는 제1급 신이 됐으며, 이어지는 헬레니즘·로마 제국에서 에피다우로스는 루르드^{프랑스 남서부, 오트피레네(Hautes-Pyrénées) 주의 도시. 1858년 성녀 베르나데트가 암굴에서 성모마리아의 발현을 목격한 후 이름난 성지가 됐다}처럼 순례지로 변해 각지에 아스클레페이온^{아스클레피오스 신전}이 만들어졌다. 로마에서는 병든 노예의 '나게코미 데라^{연고가 없는 행려 사망자나 인수인이 없는 창녀 등의 시체를 묻은 절}'가 됐다. 그 숨통을 끊은 것은 기독교였다. 에피다우로스의 아스클레페이온은 철저히 파괴돼 1883년까지 망각 속에 묻혔다.

아스클레피오스의 아테네 초청은 고전 시대의 종언과 맞닿아 있다. 그에 앞선 시기에 광기의 비종교적 해석이 출현한 사실을 언급하지 않을 수 없다. 이미 기원전 6세기 이오니아에서 크세노폰은 예언의 타당성을 부정하고 종교적 관념의 상대성을 주창했다. 헤라클레이토스는 정화 의식을 "진흙을 뒤집어쓰고 때를 벗겨내려 하는 것"에 비유하면서 화상畵像 숭배를 "집주인 대신에 건물에 말을 걸려는 것"이라며 "성격이 바로 운명이다"라고 단언했다. 그들은 그리스 본토에서 떨어져 고립돼 있던 계몽가였으나 본토의 아테네에서도 이윽고 소피스트 운동이 일어났다. 소피스트의 특징은 노모스^{nomos}(법, 습관, 관례)와 피시스^{physis}(자연)의 대립이다. 페르시아전쟁에서부터 페리클레스 시대에 걸쳐 살았던 철학자 프로타고라스는 낙관론자로, "인간은 만물의 척도다" "전통을 비판하고 노모스를 시대에 맞게 바꾼다면 (…) 인간 생활은 이제까지 꿈꿀 수 없었던 새로운 수준까지 향상될 수 있다" "진보는 필연"이라고 말했다. 극작가 소포클레스는 '뇌의 복수 신'이라는 구절에서 복수 신은 자신의 머릿속에 있다는 얘기를 하려 했다. 마찬가지로 에우리피데스에서는 다이몬에 대한 두려움이 약해지고 "존재하는 건 파토스를 지닌 인간뿐"이게 됐다. 때마침 당시에 '피시스의 무리'가 배출됐다. "자연 그대로 행동하라, 제멋대로 뛰어 돌아다녀라"라고 외치며 굳이 운수 사나운 날(액일厄日)에 모여 식사를 하는 '악운 클럽'이라고나 해야 할 '세련된sophisticated' 집단까지 생겨났다.

이들은 기원전 432년 무렵의 반계몽운동에 의해 일소됐다. 프로타고라스는 아테네에서 도망쳤으나 소크라테스는 사형당했다. 초자연적인 것을 믿지 않는 것, 천문학을 가르치는 것은 죄가 된다. 마녀로 몰린 몇 명인가 사형을 당했다. 그러나 계몽운동이 광기의 치료에 공헌하지 못한 것도 얘기하지 않으면 안 된다. 치료는 디오니소스의 뒤를 잇는 전통적인 코리반테스Korybantes적 치료, 헤카테그리스신화의 여신. 태양신 아폴론의 별명인 헤카토스의 여성형적 치료(모두 음악에 따라 격렬하게 춤을 추는 카타르시스 효과에 의한 공포 또는 불안 치료)도 있는데, 소크라테스도 이 치료를 경험했다고 한다. 플라톤, 아리스토텔레스도 공중위생의 견지에서 이를 승인했다.

이들의 전통적 치료나 새로 일어난 아스클레피오스 등 각종 신들의 제의祭儀를 점차 수행하면서 환자가 반응을 보인 제의의 신에게서 광기가 유래하는 것으로 보게 됐다. 제의는 진단의 수단이자 치료의 수단이었다. 펠로폰네소스전쟁 때부터 차차 외래 신이나 외래의 격렬한 춤(오르기아) 제의가 수입됐다. 기원전 4세기의 아테네에 고전 세계 최초의 주술이 출현한다. 헬레니즘 또는 로마 세계는 바로 경합하는 치료 신들의 세계였다. 고대 그리스·로마 세계의 정신 치료 계보를 〈그림 1〉

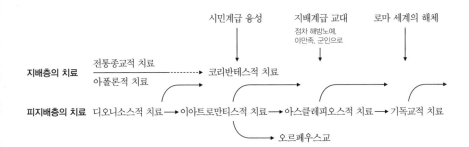

〈그림 1〉 그리스의 계급과 치료 관계의 시대적 변화

로 정리했다. 피지배계급의 치료가 점차 지배계급의 치료가 돼가는 것
을 알 수 있을 것이다. 마지막에 그리스도와 그 사도들이 로마 세계 최
하층민의 악마 퇴치자·치료자로 출현해 경합하는 치료신과의 투쟁에
서 승리한 뒤 마침내 로마제국의 국교가 된다. 동시에 지상적 수단에
의한 모든 치료를 일단 부정하게 된다.

헬레니즘을 향해

그리스·로마의 의료는 일반적으로 계급에 따라 크게 차이가 나는 듯하다. 그리스 도시국가에서 노예 계급에 대한 의료는 존재했다고 하더라도 한정된 것이었고, 장인 계급이나 외국인은 즉물적인 '전단 뿌리기' 의료를, 부유한 시민계급은 철학 치료나 음악 치료를 받은 것으로 봐야겠다. 그 이후 시기에 대해서는 사회의 유동화와 동방 종교들의 점성술, 연금술 유입, 특히 기원전 2세기 이후의 잇따른 유입으로 사태는 점차 정식화하기 어려워지는 쪽으로 진행된다.

플라톤은 많은 점에서 당시 이미 수천 년의 전통을 지니고 있던 고대오리엔트 세계 최후의 철학자라고 할 수 있을 것이다.(그리스인은 항상 이집트를 비롯한 오리엔트의 현자들에게 외경의 염을 지니고 있었다. 고대 이집트어는 헬레니즘 시대부터 로마제국을 거쳐 서기 4세기까지 사용됐다.) 플라톤은 시인으로 출발해서 신화와 상징을 활용해 이야기한다. 사변적·포괄적·초월적인 구상력 그리고 이념형 '아이온aiön, aeon. 어느 기간의 시간을 가리키는 고대 그리스어. 시대나 세기, 사람의 생애 등의 의미를 지닌다. 서기 2~5세기 로마제국이나 변경 지역에서 번성한 그노시스주의의 고차원 영 또는 초월적인 세계를 가리키는 의미로 사용됐다'에 의한 인식 방식이며, 매우 'syntagmatism(통합주의)'적이다. 참주 디온과의 관계도 오리엔트 현자의 그것과 같다. 이에 대해 아리스토텔레스는 직시直示언어론에서 의미가 문맥에 따라 정해지는 말 또는 언어 표현을 가리킨다. 즉, 같은 표현이라도 시점을 어디에 두느냐에 따라 구체적인 의미가 달라지게 된다적 언어를 사용하고, 논리적 엄밀성, 언어 비판, 세계 내의 실제 사례 들기, 분류에 의한 인식(paradigmatism[범례주의])방식을 구사했다고 할 수 있을 것이다. 알렉산더대왕의 가정교사였는데, 지식은 제공했지만 플라톤이 시라쿠사의 참주 디온에 대해 한 것과 같은 측근 조언자 역할은 전혀 하지 않았고, '황금의 평범'을 사랑했다. 이 두 사제의 간극은 소포클레스와 메난드로스의 연극 세계 사이의 차이에 상당할 것이다. '세계의 가탁을 받은 사람'과 '직업 철학자'의 차이라고 해도 좋겠다.[8] 플라톤은 통상적인 의사는 정신의 병을 다루는 데 적합하지 않다고 생각했다.(근대에 다시 정신병은 철학자가 맡아야 할 범위인가 의사의 담당 범위인가를 놓고 사상투쟁이 재연됐다.)

플라톤이 우리의 문제 범위에서는 회교권 철학자(현자 정치가이자 의사)의 범례로 계속 존재했으며("플라톤 같은 현자는 다시없고, 알렉산더대왕과 같은 용자 또한 다시는 없다"—『천일야화』에 자주 나온다) 근대 유럽의 플라토니즘 계보를 통해 계승된 데 비해, 아리스토텔레스는 일단 헬레니즘 시대의 직업적 과학자의 범례가 된다. 이 범례는 방법론을 갖춘 학문 체계를 지향하는 경험의 점진적 증대, 축적, 실천적 교육에 적합한 것으로 그 수학, 천문학, 동식물학, 지리학, 언어(문법)학, 문학, 인간학(성격 연구) 등으로 정신 시야를 현저하게 확대했다.

실제로 헬레니즘 시대는 매우 근대적[modern]이라고 할 수 있다. 세속화는 기원전 300년의 에우헤메로스[Euhemeros. 그리스의 신화 작가]의 주장—신은 영웅을 신격화한 것이며 제우스는 옛날의 왕—으로 거의 완성됐으며 종교적 관용이 널리 퍼졌다. 출신이나 조상을 묻지 않았고 이동은 자유로워졌으며 과거의 유산을 자유롭게 선택해서 학문의 실마리로 삼았다. 의사들은, 모두가 신전을 떠난 것은 아니지만 그 핵심 인력들은 신전이 아니라 알렉산드리아의 의학교·도서관에 모여들었다. 권력이 로마로 옮겨 가도 이 나일 삼각주의 도시는 계속 의학의 중심이었다. 로마 세계의 지적 노동자가 계속 그리스인이었던 현실의 일환으로, 의사들 중 다수가 그리스인 또는 그리스 문화를 익힌 사람들로 헬레니즘 의학은 회교도의 알렉산드리아 점령과 파괴(서기 642년) 때까지 이어졌다.

많은 현대 의학 용어와 그 기본 틀이 그 시기에 만들어졌다. 후세는 코스파^{히포크라테스를 낳은 에게 해 남동부 코스 섬의 의사 집단}(히포크라테스 학단)나 갈레노스^{?129~?200. 로마제국 시대의 그리스인 의학자. 임상의로서의 경험과 많은 해부를 통해 체계적인 의학을 확립하고 고대 의학을 집대성했다. 그의 학설은 르네상스까지 1500년 이상 유럽 의학 및 이슬람 의학에서 지배적 위치를 차지했다}와 같은 일원적 신체관을 지닌 사람을 사상적으로 중요하게 기억했지만, 당시 실천적으로는 부분적이고 개별적인 의료·병학 장비를 갖고 있던 크니도스^{Cnidus, Knidos. 아나톨리아 반도에 있던 고대 그리스의 도시. 도리아인이 건설한 여섯 개 도시 연합 핵사폴리스(hexapolis)의 하나}파 또는 로마의 메토디스테스('방법파')의 힘이 더 컸을지도 모른다.(어떤 의미에서는 진단학 대 치료학, 개별론 대 전체론의 대립과 관련된 의학의 영원한 문제다.)

한편 이것도 '근대적'인 것이겠지만, 지성의 신격화와 반지성주의가 동시에 눈에 띄게 대두했다. 행동이나 정념은 오류의 원천으로 간주되고 관상^{觀想}^{사물을 마음속에 떠올려 관찰하는 것}이나 무감동, (통속적) 초월론을 주창한 철학 유파(그것은 단순한 교설이 아니라 신봉자들의 일상적 생활 방식까지 규정하는 것이다)가 심리요법 역할을 했다. "여러분, 철학자의

학교는 병원인 것이다."(에픽테토스, 『어록』)

근대에 창궐한 근면의 윤리는 노예제 사회에서는 존재하지 않았으며, 그런 점에서 자유민 정신병자들 다수의 불인식(결과적으로는 관용)을 야기한 듯하다. 자신을 제우스라고 믿은 의사, 세계를 떠받치는 아틀라스라고 믿은 남자, 가운뎃손가락을 구부리면 세계가 붕괴할 것이라며 두려워하던 남자 등의 수상록적 기록은 있으나, 망상은 근대와 같이 큰 문제가 되지는 않았다. 자폐, 대인 기피도 산발적으로 기록돼 있지만, '인간은 폴리스적(정치적) 동물'이라는 관점을 갖고 있던 그리스인에게는 "폴리스를 피하는 남자가 있다"는 건 매우 놀랄 만한 일이었고, 그들은 생각도 할 수 없을 정도로 일탈한 존재였다. 멜랑콜리아(우울)는 뛰어난 인간을 덮친다는 인식이 히포크라테스에게 있었으며, 그것이 반드시 부정적인 가치 개념은 아니었다. 화려하고 과도하다고 해야 할 대상에게 갈채를 보낸 로마 세계에서도 그 때문에 또한 일종의 광기에 대한 인식이 부재했다. 예컨대 로마 황제의 과반수가 매우 일탈한 인간들이었다.

로마 세계와 그 멸망

그런데 기원 2세기부터 로마 의학에는 명백히 쇠퇴의 징후가 나타난다. 제1급의 종합가이고 또한 논쟁가였던 갈레노스를 마지막으로 의사의 존재 방식에 커다란 변화가 나타난다. 아마도 이것은 세베루스 황제 Lucius Septimius Severus, 146~211. 로마제국 황제. 재위 193~211부터 콘스탄티누스 황제에 이르는 이 시기의 경제적 위기를 타개하기 위한 직업 세습화의 일부로 의사의 **세습화**가 거의 제도화된 사실과 관련된 사태일 수 있다. 더 넓은 문맥에서 보면 로마제국 사회제도들의 정체와 붕괴가 시작된 데서 온 현상일 수 있다. 어쨌든 로마의 의학은 '콤펜디움Compendio del Catechismo della Chiesa Cattolica. 교황 요한 바오로 2세가 공포한 로마 가톨릭교회와 21개 동방 전례 가톨릭교회의 교리 공식 설명인 가톨릭교회 카테키즘의 요약. 여기서는 반드시 가져야 할 요약본이란 의미로 전용', 즉 과거의 뛰어난 의사들의 학설이나 어록 또는 처방의 요약본을 편찬하는 일에만 매달렸다. 이런 류의 '콤펜디움'은 예컨대 플리니우스 부자대플리니우스(Gaius Plinius Secundus, 23~79)와 소플리니우스(Gaius Plinius Caecilius Secundus, 61~112). 대플리니우스는 고대 로마의 장군·박물학자로 고대 과학 지식의 집대성인『박물지』의 저자. 베수비오 화산 폭발 때 현장 조사 중에 조난사. 소플리니우스는 대플리니우스의 조카이자 양자. 트라야누스 황제 때 집정관·총독을 역임한 정치가이자 문인.『서간집』이 남아 있다로 대표되는 로마 문화 또는 폭넓게 그것까지 포함한 헬레니즘 문화의 일종의 백과사전적 전통과 엮여서 매우 광범위하게 유포돼 그 나름으로 로마 세계의 의학과 의사의 표준화, 나아가 의료 보급에 유용한 역할을 했다.(로마인은 인쇄술을 몰랐으나 노예를 동원한 사본 발행 부수는 종종 1만 부를 넘겼다.)

실제로 로마 세계는 그리스 세계로부터 계승한, 신전에서 유래된 병원과 함께 그들이 자랑했던 건축·도시 설계 능력을 살려 제국 각지에 산재하는 많은 성채 도시에 병영 부속병원을 지어 발전시켰다. 거기에서 광대한 영지에 분산 주둔하던 로마 군단의 군의들이 맡았던 의료가 상당히 광범위하게 이뤄졌다. 공공 의사도 배치됐다.

이른바 서로마제국은 5세기에 멸망했다. 그러나 벨기에 중세사가 앙리 피렌Henri Pirenne, 1862~1935[9]이 얘기했듯이 서로마 최후의 황제 로물루스 아우구스툴루스Romulus Augustulus, 460~511. 서로마제국 마지막 황제, 재위 475~476의 게르만 용병대장 오도아케르에 의한 폐위는 로마 세계에는 하나의 작은 에피소드에 지나지 않았다고 하는 것도 일리가 있다. 로마의 곡창이 계속 북아프리카였듯이 의학의 중심지는 변함없이 알렉산드리아였고 예전처럼 의사의 재생산은 주로 그곳에서 이뤄졌다.

그리고 4세기에 로마 세계의 변경frontier 개척이 정지되면서 생겨난 하나의 명확한 경계를 지닌 '로마 세계', 즉 '로마니아'라는 의식은 전혀 손상되지 않고 존속했으며, 계속해서 라틴어, 그리스어가 사용됐다. 물론 민족대이동, 기독교의 보급이라는 변화는 있었다. 4세기에는 로마의 의사 '갈레노스'가 티베트로 가 정주했다. 이것은 의사의 역외 유출 현상의 한 예일 것이다.(의사 수요 감소와 기독교의 의학 거부.) 그러나 만족蠻族변경 야만족들은 이미 아리우스파알렉산드리아의 사제 아리우스(Arius, 250~336)의 교설을 신봉하는 고대 기독교 일파 기독교의 신앙을 그들 나름으로 수용해 항상 로마 시민을 동경하고 늘 로마 문화를 흡수하려고 애를 썼다. 그들은 로마 세계의 주민들에게는 소수자였고, 로마 세계에 대항하는 문화를 갖고 있지 못했다.

널리 알려져 있듯이 그 시기의 교회는 로마제국의 제도를 완전히 모방했으며 점차 제국을 대체해갔다. 실제로 많은 주교들은 로마 귀족 출신이었다. 그러나 또 한편으로 게르만 민족 침입 때의 민중의 혼란이나 공황 상태에 대해 많은 가톨릭 성직자들은 몸을 바쳐 호민관 역할을 했다. 아무런 무기도 지니지 않은 채 늘 피난민의 맨 뒤에 서서 능욕당한 소녀를 위로하고, 약탈 중지 교섭을 벌이고, 붙잡혀 간 사람들을 돈을 주고 찾아오는 노력을 게을리하지 않았다. 그 과정에서 많은 이들이 비명에 쓰러졌다. 당시의 문학에 남아 있는 그들의 영웅적인 모습은 어느 시대보다 그들이 말하는 '목양자牧羊者' 이미지에 더 가까웠다. 가톨릭교회의 흔들림 없는 지위는 콘스탄티누스의 국교화라는 한 조각의 포고령보다도 이 호민 활동 덕이 더 컸을 것이다. 또 초기의 수도원은 로마 말기의 대토지 소유자의 저택을 계승한 것인데, 거기에 다수의 의학서를 포함한 그리스·로마 세계의 문서들이 온존됐다. 특히 베네딕트파 수도원에서 그러했는데, 거기에는 만족을 섬긴 로마 귀족 카시오도루스와 같은 의학적 조언자도 빠지지 않았다.

로마 세계는 여전히 동방을 향해 개방돼 있었다. 예컨대 많은 시리아인들이 성계·속계에 걸쳐 지금의 프랑스 지역에 해당하는 갈리아 지방에서 활약했다. 마르세유는 여전히 그리스인의 항구였다. 지중해를 매개로 한 상업 활동은 크게 번창했다. 실제로 5세기의 로마 세계는 다만 브리타니아에서 철수했을 뿐이다.

중세 유럽의 성립과 전개

이런 시기를 9세기부터 10세기에 걸친 유럽 세계의 황폐와 대비해보면 매우 큰 낙차가 있다. 메로빙거왕조게르만족인 프랑크족의 일파인 살리족이 건설한 프랑크왕국 최초의 왕조는, 피렌의 의견에 따르면 로마 문화를 계승했는데, 실제로 그 지도자층은 고전 문화에 대한 충분한 지식을 갖고 있었다. 이에 반해 9세기의 카롤링거왕조프랑크왕국 두 번째 왕조는 주로 영국에서 초빙된 한 줌의 학자들을 빼고는 황제, 귀족까지도 문맹이나 다름없었고, 그 지배 영역에서도 상업은 정체되고 화폐경제는 쇠퇴했으며 중세의 폐쇄적인 농촌 사회가 확실히 그 모습을 드러내고 있었다. 이런 변화는 피렌이 얘기했듯이 회교 세계가 성립함으로써 서구가 지중해 세계에서 단절된 데 따른 결과로 봐도 좋을 것이다.

근대 유럽의 아라비아 문화에 대한 과소평가에는 때때로 부당한 점이 있다. 확실히 7세기 중엽의 알렉산드리아 함락은 고대 의학의 종언을 고하는 사건이었다. 의학 지식의 집적소, 의사 재생산의 중심을 상실한 중대한 사건이다. 그러나 많은 시리아인·그리스인 의사들은 회교세계에 받아들여져 먼저 문화 번역자가 되고 이어서 그들의 의학을 발전시켰다. 실제로 8세기에 시작되는 그들의 전성기에는 바그다드를 비롯한 주요 도시들에 완벽한 정신병원이 세워져 휴식과 음악, 목욕, 체조 등 고대 세계 정신 의료의 전통을 계승하고 그것을 발전시킨 치료가 이뤄졌다. 우리는 그 실상을 알 만한 위치에 있지 않지만 그 정신병원은 그 문화에 대응해서 오아시스를 모델로 삼아 정신적 오아시스를 지향한 것은 아니었을까 하는 생각도 든다. 유럽 세계는 아라비아의 정신병원을 모델로 해서 먼저 스페인에 같은 모양의 시설을 건설했는데, 오아시스적 휴식의 의미는 근면을 가치로 삼은 유럽 문화에 계승되지 못했다.

한편 9세기부터 10세기에 걸친 유럽 세계의 황폐는 우리의 상상을 뛰어넘는다. 유럽의 많은 지역이 삼림(2차림—다수는 떡갈나무)으로 뒤덮이고 촌락을 중심으로 한 보잘것없는 경작지 주변에도 늑대가 출몰했다. 여행은 완전히 생사를 건 모험이 됐다. 이베리아반도부터 시작된 회교도의 유럽 세계에 대한 대규모 육상 침공은 8세기 중엽 투르-푸아티에 전투732년에 프랑스 서부의 투르와 푸아티에 사이에서 프랑크 왕조와 우마이야 왕조 간에 벌어진 싸움에서 극적인 좌절을 맛보았다고는 하나 지중해는 완연히 회교도 함대의 제해권 아래에 놓이게 됐고 회교군 유격대는 프랑스·이탈리아 연안을 끊임없이 공격해서 그 약탈단은 종종 라인 강 하구까지 출격해 수도원을 습격하고 여행자들을 위협했다.

동방 세계와의 연결 문은 노르만인들의 러시아·흑해를 경유한 동방 루트 쪽으로만 열려 있었다. 이 시기의 유럽 정신 의료에 대해서는 거의 볼 만한 자료가 없다. 7세기의 브리타니아(지금의 영국) 의료는 이미 의미를 알 수 없게 된 그리스어 주문과 약간의 약초에 의존하고 있었고, 정신 질환뿐만 아니라 일반적으로 질환은 마법의 화살에 찔려 생겼다는 식으로 이해되고 있었다. 다만 주의해야 할 점은 그 시기에는 중세처럼 악마가 인체로 옮아가는 것이 아니라 악마가 화살과 같은 것을 설치해 거기에 맞은 사람이 발병한다고 봤고, 그런 점에서 어느 정도 호메로스 시대의 그리스에 가까운 것이었다. 하지만 브리타니아는 유럽 지방에서는 상당히 특수하게 로마 문화의 침입이 매우 단기간에 끝났고, 그 뒤 오히려 북방 교역권을 매개로 동방 세계 쪽으로 열려 있던 시기가 오래 이어졌다. 역설적이게도 이 때문에 브리타니아는 로마 세계의 라틴 문화 퇴락(정확하게는 토속화)의 영향을 받지 않았고, 그 수도원에서는 갈리아(지금의 프랑스를 중심으로 한 지역)의 수도원과는 달리 순정한 라틴어 고전 문화가 전승돼, 9세기 프랑크왕국의 이른바 카롤링거 르네상스는 영국 학자들을 초빙한 뒤에야 성립될 수 있었다. 그러나 갈리아든 브리타니아든 또는 이탈리아든, 수도원 고전 문화 잔재의 일부로서의 고대 의학은 치료와 연결된다기보다는 고대 고전 문화 교양의 일부로서 배움의 대상이 됐을 뿐 실천으로 이어지진 않았다고 하는 게 실상에 부합할 것 같다.

다만 베네딕트파 수도원만은 좀 달랐다. "기도하라, 그리고 일하라"를 모토로 내건 이 종파는 로마 세계 최후의 학자라고 해야 할 카시오도루스Flavius Magnus Aurelius Cassiodorus Senator, 485~585. 로마의 정치가, 저술가로부터 의학 문헌을 계승했을 뿐만 아니라 간호·치료를 수도원에서 실천했다. 노동의 의의에 대한 명확한 인식은 여기서 시작됐으리라. 이 불씨가 있었기에 비로소 이슬람 세계에서 온 방문자(추방자?) 콘스탄티누스 아프리카누스Constantinus Africanus, 1020~1087가 데시데리우스Desiderius 주교 지도하의 베네딕트파 수도원 몬테카시노에 들어가서 유럽 임상의학의 원점이 될 수 있었다.

대체로 기원 1000년을 경계로 유럽 세계는 그 고유의 발전을 보여주기 시작한다. 이미 10세기 말에는 아라비아에 유학했다는 낮은 계급 출신의 야심만만한 청년 실베스테르Silvester II, 950~1003. 프랑스인 최초의 교황. 재위 기간 999~1003. 1000년기를 맞이했던 시기의 교황. 수학자, 천문학자이기도 한 걸출한 인물가 법왕의 자리에 오른다. 그는 의학을 배웠고, 일설에는 안과 전문(아라비아는 오늘날에도 눈 질환이 많은 지역이다)이었다는데, 주변에 비해 매우 눈에 띄는 뛰어난 존재였다. 중세인들 중에 탁월한 재주를 지닌 존재들이 일반적으로 그러했듯이 그도 마법을 다룰 줄 아는 사람으로 간주된 듯하다. 그는 도이치 황제와 비잔틴 왕녀의 결혼을 통해 로마 세계를 재통합하려는 시도까지 했다. 그건 너무 조급한 것이어서 실패로 끝났으나, 그 뒤의 3세기 동안 유럽 세계는 거의 계속 발전을 했다고 봐도 된다. 유럽의 기후는 따뜻하고 좋은 날씨가 이어졌다. 노르만인들은 북유럽 연안을 공략하는 대신 거기에 정주권을 얻는 쪽으로 방향을 바꾸기 시작했다. 12세기는 유럽 농업혁명의 시대였다. 묵직한 쟁기로 땅을 깊게 갈고, 목축과 농경을 통합한 3포식 농업을 보급했다. 숲은 급속히 벌채되고 축소되기 시작했다. 스페인 또는 시칠리아의 아라비아인들이 유럽에 문화적 영향을 끼쳤다. 때마침 그 무렵 동방의 강력한 남북 연결로가 타타르인들에 의해 폐쇄당한 것도 작용해, 중세 모직물 공업지대 플랑드르를 중심으로 한 북방 산업 교역권과 지중해 세계의 새로운 연결 통로인 라인 강 계곡에 물길로 연결되는 대형 교역로가 열렸다. 라인 강 계곡에는 이미 10세기 또는 11세기에 수도원들이 점점이 세워져 '수도원 계곡'이라는 이름으로 불리고 있었다. 거기에 유대인 학자들을 불러들여 성서와 아라비아 철학·과학·의학 연구가 재개됐다. 그들은 아라비아 세계와 유럽 세계를 잇는 유능한 다리 역할을 했다.

봉건 농촌 속에서 자치권을 얻은 도시가 차차 성장했다. 그리고 도시에는 수도원이 뒤따라 세워졌다. 수도원은 점차 농촌형에서 도시형으로 변화해갔다. 수도원은 오늘날에도 그 모습 그대로이듯 하나의 폐쇄적·경제적인 전체성과 공·농·경제 시험소 같은 실험·시행試行의 선진성을 지니고 있었다. 많은 장인들과 함께 속인이 된 의사가 더부살이를 했으며, 사실상 4베드 이상 설치하는 게 의무화돼 있었다. 오늘날에도 가톨릭권에서는 간호사의 상당수가 수녀들인 것처럼 수도원에서 고대 세계가 사실상 전혀 몰랐던 것, 즉 병자의 간호라는 의학적 실천이 신에 대한 봉사라는 이름으로 이뤄지기 시작했다. 악마에 씌었다고 믿은 많은 사람들이 그것을 고해한 뒤 수도원으로 보내져 퇴마술(엑소시즘)을 받았는데, 거기에는 오늘날의 정신요법에 가까운 요소가 포함돼 있었다. 병자로 간호를 받고, 어떤 이는 평생 수도원에 머물며 거기에서 회화, 공예, 농경 등 자신이 선택한 것을 하면서 일생을 마칠 수도 있었다. 당시의 수도원 수도승들은 인간 내면에서 일어나는 사상事象에 대해 오늘날의 정신과의보다 나으면 나았지 못하지 않은 매우 예민한 감각을 연마하면서 극도의 정신 집중력과 일종의 공감력을 갖춰 활용할 수 있는 이가 적지 않았다는 것은 마르크스주의 역사학자 마르크 블로크Marc Léopold Benjamin Bloch, 1886~1944. 프랑스 역사학자. 아날학파의 초기 중요한 대표자 중 한 사람. 스트라스부르대학 교수. 제2차 세계대전이 일어나자 당시 쉰세 살의 블로크는 출정했고, 프랑스가 나치 독일에 항복한 뒤에도 레지스탕스 운동을 계속하다 체포돼 총살형을 당했다도 인정했다.

하지만 중세 수도원의 의료를 이상화하는 것은 옳지 못할 것이다. 무엇보다 이런 의료를 받을 수 있는 사람은 아마도 비교적 상류 계층에

속한 소수에 지나지 않았을 것이다. 많은 농노 계급 사람들은 이런 의료를 받을 수 있는 기회가 별로 없었다. 많이 낳고 많이 죽는 게 일반적이었고, 많은 유아들이 숲에 버려졌다. 그중에 어떤 이는 야생으로 자라 이른바 '늑대 인간'으로 공포의 대상이 됐다. 17세기에도 아기를 낳다 죽는 산욕사産褥死로 남자 한 명은 평균 세 명의 여자를 아내로 맞아야 했다. 다만 중세 봉건시대에는 오늘날 정신장애자로 불리는 사람들이 오늘날보다 폐쇄적인 그 사회에서 일정한 역할을 하고 있었던 것으로 보이는 기미가 있다. '성배 전설'의 등장인물 등에서 그 흔적을 찾아볼 수 있듯이 '바보'나 '미치광이'는 가장 극단적으로 진리를 고지하는 역할을 수행한 자로, 일종의 외경의 염조차 자아내고 있었다. 중세에는 지금의 '정상 대 이상'의 대립 관념이 존재하지 않았다는 점에 주의할 필요가 있다. 일반적으로 어느 쪽이 더 신에게 가까운가가 문제였으며, 지적 오만은 종교 당국에 의해 오히려 경계의 대상이 됐다.

비교적 온화한 기후가 이어진 3세기 동안 유럽의 숲은 거의 경작지로 변했다. 중세 유럽 농민은 근면의 미덕을 얘기하는 근대인들보다 훨씬 더 근면했다. 그러나 기후가 한랭화하기 시작해 12세기 후반에 첫 불황이 찾아왔고 인구 증대가 점차 문제가 됐다. 십자군에 이어 동방 침략 운동이 14세기에 현재화했다. 중부 유럽의 많은 마을들이 같은 이름의 분촌들을 동유럽에 건설했다.

마녀사냥이라는 현상

마녀사냥이 중세의 사건이라는 통념은 완전히 잘못된 것이다. 마녀
사냥은 대체로 1490년, 즉 바로 콜럼버스가 아메리카를 발견하고 바스
쿠 다가마가 인도에 도달한 것과 거의 같은 시기에 시작돼 17세기, 부
분적으로는 18세기까지 계속됐다. 3세기에 걸친 현상으로 르네상스에
서 근세로의 전환기에 거의 유럽 전체 규모의 정신병자 사냥을 아우르
는 것이다. 다만 의도한 것은 정신병자 사냥이 아니었으며 뒤로 갈수록
일반화됐는데, 거의 모든 계층 모든 부류의 사람들이 마녀사냥의 대상
이 되는 위험에 노출돼 있었다. 그러나 마녀사냥 현상을 시대적으로 중
세적 사건이라고 볼 수는 없다고 해도 그 뿌리는 유럽 중세에 깊이 뻗
어 있고, 또 대단히 복잡한 요인들이 얽혀 비로소 성립된 현상이라고
할 수 있다. 여기서 먼저 마녀사냥을 하나의 정점으로 하는 일련의 현
상을 해석해보기로 하자.

마녀사냥은 마술에 대한 탄압과 동일시할 수 없다. 고대 로마 세계
이래 마술은 늘 존재했다. 마녀사냥이 한창일 때도 많은 마술사들은
절대 안전했다. 분명 마녀사냥의 대상이 된 사람도 있었으나 여성에 대
한 남성 희생자의 비율은 100 대 1 또는 그 이하였다는 것이 정설이다.
필자는 여기서 많은 서술과 입장을 뒤바꾸어 먼저 마녀사냥을 행한
쪽부터 얘기해보겠다.

알다시피 13세기에는 이탈리아, 남프랑스, 라인 강 계곡, 파리에 차

례차례 대학들이 등장한다. 이 대학군의 성립에는 많은 준비 조건이 필요했다는 건 새삼 얘기할 필요가 없을 것이다. 예컨대 이탈리아에서 대학군의 성립에 공헌한 것은 베니스를 서쪽 창구로 한 비잔틴문화에 보존돼 있던 고전 문화 또는 남이탈리아의 아랍·노르만 문화의 살레르노·나폴리 대학이나 의학교다. 남프랑스 지방의 대학군은 아랍·유대 문화복합, 아랍·스페인 문화복합을 기초로 한 것이다. 라인 강 계곡과 파리의 대학군의 경우에는 유대인 번역자들에게 많은 빚을 지고 있다.

이들 대학의 학생들은 중세의 자유민들이 사는 자치도시군의 자유민 출신자들이 많았던 듯하다. 이들 대학에서 아랍·유대 문화와 유럽 세계에 잔존하고 있던 수도원 문화, 영국에 남아 있던 고전 문화 또는 아일랜드의 '극서極西 기독교 문화' 등이 종합돼 '13세기의 지적 혁신'이 일어났다. 이 13세기의 지적 혁명으로 확립된 아리스토텔레스 철학을 모델로 하는 스콜라철학에서는 신에 가까울수록 모든 게 명확해지고 자연계, 즉 신으로부터 멀어질수록 모든 것은 불확실해져 마술의 존재를 허용하게 되는 구조를 갖고 있었다.

하지만 이와 함께 더 중요한 것은 더 현실적인 문제, 즉 그 세기의 학생 수가 늘어난 것이다. 이것은 그 세기의 순례, 십자군 또는 행상인 등의 출현과 나란히 유럽의 인구가 점차 유동화해온 사실의 반영으로 볼 수 있을 것이다.(14세기에는 집시가 유럽에 출현해 박해의 대상이 되면서 정주화하지 못한 채 오늘에 이르고 있다.) 이 대학이 배출한 많은 학생들을 흡수하는 사회적 기반은 아직 존재하지 않았다. 현재까지 이들 학생의 행방은 명확하지 않지만, 매우 장기간에 걸쳐 지금 얘기하는 유급(낙제)을 되풀이한 자도 있고, 학생의 집단 부랑화 현상도 있었던 것 같다. 요구에 따라 지식을 이리저리 팔아먹는 부랑 학생 부류들이 중세 말기 유럽에 급증한 사실을 보여주는 증거들이 많다.

학생들 다수는 결코 학문 탐구 그 자체를 목적으로 삼지 않았고, 계층성이 엄격한 사회에서 소수의 계급 상승 기회를 노려 대학에 유입된 듯하다. 확실히, 재발견된 로마법과 스콜라철학 교수(수업)가 대학의 원칙이긴 했다. 하지만 대학의 분위기는 점차 점성술, 연금술, 마술 등 현세적이면서 민중에겐 접근하기 어려운 특권적·비의적 학문으로 비중이 옮겨 갔다.

르네상스는 일면으로 아라비아나 유대를 매개로 한 고대 문화에 직접 접속하려는 문예부흥 시도였지만, 또 한편으로는 마술적·점성술적·연금술적인 것과 결합된 비교秘敎적 네오플라토니즘신플라톤주의. 3세기에 알렉산드리아에서 일어난 철학 체계. 기독교와 르네상스에 영향을 주었다의 부흥이기도 했다. 네오플라토니즘을 한마디로 얘기하면 세계를 통합적syntagmatic인 하나의 전체로 파악하려는 시도이며, 또한 실제 사례의 수집이나 논리적 분석이 아니라 직관과 유비類比와 조응을 실마리로 삼아 소우주에서 대우주를, 대우주에서 소우주를 알려고 하는 시도다. 예컨대 인체는 대우주의 조응물로서의 소우주이며, 인체를 앎으로써 우주를 알 수 있다고 한다. 거꾸로 별의 운행을 통해 소우주, 즉 인간의 운명이 예지 가능한 것이 된다. 오늘날 거의 잊혔지만 르네상스 시기에 이집트의 전설적 점성술사 헤르메스 트리스메기스투스Hermes Trismegistus는 플라톤에 버금가는 권위를 누렸다. 저 로렌초 데 메디치가 어용학자 피치노에게 명해 고대 고전을 번역케 했을 때 이 점성술사의 이름과 관련된 서적들을 플라톤보다 우선하게 했다.

시민의 르네상스로 시작된 것이 점차 궁정 르네상스로 변질됨에 따라 이런 대학 졸업자들은 마술사, 관료, 궁정인으로 르네상스 궁정에 무제한 유입됐다. 실제로 처음에는 아라비아식 대학으로 출발한 서구의 대학은 정신廷臣·관료 양성을 위한 칼리지로 변질되기 시작한다. 법왕청, 신성로마 황제의 궁정을 비롯해 많은 르네상스 궁정들은 이런 사람들을 다수 끌어안았다. 그래도 밀려난 사람들, 실업 대학생, 실업 마술사의 수는 계속 늘어만 갔다.

아마도 이런 르네상스 궁정 구조는 현자를 주위에 불러 모은 아랍 또는 터키 궁정을 모델로 삼았을 것이다. 그러나 이 르네상스 궁정의 네오플라토니즘적인 관료정치가들이 직면해야 했던 문제는 매우 심각했다. 화폐경제의 침윤은 끊임없이 농촌의 안정성을 무너뜨렸다. 16세기를 정점으로 하는 기후의 한랭화가 거기에 박차를 가했다. 동방으로의 독일 이민은 결코 국가정책에 의한 것이 아니었으며, 궁핍에 따른 기민棄民에 가까운 것이었다. 백인 노예를 회교권에 팔아먹는 일조차 벌어졌다. 확대된 동방 무역은 14세기 중반부터 일종의 반대급부로 페스트를 가져다주었고, 유럽의 많은 지역에서 3분의 1이나 되는 인구 감소로 이어졌다. 대항해시대의 결과는 당장은 팽대한 금은金銀의 유입에 따른 인플레이션과 매독의 유행이었다. 게다가 싸구려 노예노동력으로 만들어낸 신세계의 금은은 중세 말기에 번영한 독일 작센의 은광산을 경영 불능 상태에 빠뜨렸다. 이에 대해 르네상스 궁정은 유효한 경제정책을 펼 수 없었다. 루터가 16세기 초에 가톨릭교회를 이반한 데서 시작된 종교전쟁이 이 농촌의 황폐를 한층 더 심화시켰다. 이 종교전쟁의 발단도 원래는 르네상스 궁정의 하나였던 법왕청이 그 자금

조달을 위해 팔아먹은 면죄부에 대한 비판에서 출발했던 것이다. 역설적이게도 면죄부 판매 대금의 대부분은 법왕청에 돈을 빌려준 푸거 Fugger. 15~16세기에 거부를 쌓아올린 남독일 아우구스부르크 상인 집안. 동방 무역, 광산 경영으로 돈을 벌었다. 거액을 교황과 황제에게 융자해주고 그들을 움직일 정도로 권세를 누렸으며, 면죄부 판매에도 관여했다 집안 등의 금융자본가들 수중에 들어갔다.

르네상스의 궁정인들은 그들 나름의 노력을 했다. 코페르니쿠스는 생전에 '천구 회전론'으로 알려진 사람이 결코 아니었다. 그는 『화폐론』을 저술한 사제僧職 정치가로 알려져 있었다. 그러나 일반적으로 이들 문제를 현실의 평면에서 해결하는 데 그들 르네상스 궁정인은 결정적으로 실패했다. 그들 중 다수는 환상 수준의 해결을 점성술과 결합한 네오플라토니즘을 매개로 시도하려 했다. 실제로 그 시대만큼 미래의 예지가 긴급한 과제였던 적이 없었다. 급격한 현실 변화로 사람들은 극도의 불안에 빠졌다. 이미 13세기부터 14세기에 걸쳐 유럽에 집단 히스테리 현상, 예컨대 세인트 비투스 댄스St.Vitus's Dance. 춤병. 뇌의 수의운동을 관장하는 부분이 이상을 일으켜 특히 어깨나 엉덩이 근육이 춤추듯 경련하며 불수의운동을 하는 병. 중세에 이 병으로 고통받던 사람들이 댄서의 수호성인으로 알려진 성 비투스의 성당에 참배한 데서 유래한 이름가 종종 나타났다. 남이탈리아에서는 "'독거미 타란툴라'에 물려 광란"에 빠지는 타란툴라리즘이 발생했다.

르네상스사가 시오노 나나미 씨는 거듭 "르네상스 시대는 색다른 능력이 없는 보통 사람이 살아가기 힘든 시대였다"라고 말한다. 그렇다면 르네상스기 '보통' 사람들의 고단한 삶은 색다른 능력에 대한 관료의 신뢰를 상실했을 때 균형을 잃고 그 좌절감frustration을 분출한 것으로 생각된다. 그때 르네상스 관료, 특히 후기의 바로크 쪽으로 점점 경도돼가던 사람들은 투영 기제를 통해 민중에게 '보통 사람'이 아닌 '마녀'를 가리 켰고, 그것은 쉽게 사람들에게 받아들여졌을 것이라고 봐도 되지 않을 까. 덧붙이자면, 르네상스 관료는 근대 관료와 달리 자신의 역할 동일성 을 추구하는 사람들이 아니었다. 오히려 그들은 역할 동일성을 경시하 고 신기루 같은 만능인으로 지배자도 대중도 대하는 자들이었다.

르네상스 궁정이 얼마나 환상적인 분위기에 휩싸여 있었는지는 예 컨대 보헤미아의 루돌프 2세 궁정에서 살펴볼 수 있을 것이다.[11]

결국 어떤 일이 벌어졌던가? 르네상스를 담당했던 사람들 중 어떤 사람은 마키아벨리, 알베르티Leon Battista Alberti, 1404~1472. 초기 르네상스 인문주 의자, 건축이론가, 건축가. 르네상스 초기 '만능인'의 전형처럼 전원의 지적인 은자가 됐 다. 어떤 사람은 세계 도시로의 역행을 갈망했는데, 거기서 몇 가지 유 토피아 유형이 성립된다. 유토피아는 고대부터 근대에 이르기까지 일 관되게 매우 유형적인 것인데, 미래를 그리는 것이 아니라 오히려 고대 세계 도시로의 복귀 환상이다.

제3의 그룹은 아마도 자신의 현실적 문제 해결 실패를 타자에 전가 했다. 정신과의라면 쉽게 이해할 수 있듯이, 네오플라토니즘에 친화성 이 있는 성격 유형의 일부는 파라노이아paranoia, 편집증, 망상증적인 성격과 겹친다. 그리고 그들만큼 타자에게 책임을 전가·투영하는 데 솜씨를 발휘하는 경우를 달리 찾아보기 어렵다. 이른바 마녀의 집회(사바트)에 참가한 것 때문에 마녀로 간주되고 사바트에 참가했다는 고백이 화형 에 처하는 필요충분한 이유가 됐는데, 1486년에 두 사람의 도미니크회 수도승이 유명한『마녀의 망치』를 쓴 이후 마녀의 사바트, 즉 거기서 행해진 의례, 여성과 사탄의 관계 방식 등이 세부에 이르기까지 완전히 유형화되고 18세기까지 변함없이 그대로 갔다.

실제로 사바트가 열리고 있었다는 증거는 희박하다. 적어도 그것은 사냥하는 입장에 선 자가 생각한 것보다는 훨씬 적었을 것이다. 그리고 오늘날 신뢰할 수 있는 기록을 통해 사바트를 바라보면, 그것은 분열병도 히스테리도 아니며 오히려 강박증에 가까운 것으로 생각된다.

제4의 그룹은 바로크적으로 바뀌어 환상 속에서 무한을 향해 비상하려고 했으나 금세 자기 붕괴를 초래했다. 루돌프 2세 주변에는 특히 이런 사람들이 모여들었는데, 그 결과는 보헤미아 왕국 자체의 멸망이었으며, 그 사람들은 글자 그대로 망국민 보헤미안으로 유럽의 기억에 오래 남아 있을 뿐이다.

일반적으로 르네상스의 정신廷臣들은 화폐경제의 침투하에서도 급여를 충분히 받지 못했으며 실직 기회는 많았다. 마녀사냥은 법관직의 수요를 증대시켜 그 지위를 확실하게 만들어주었다. 마녀의 재산은 몰수당해 재판관의 재산을 불려줌으로써 적어도 중반부터는 마녀사냥 재판관에게 큰 매력을 안겨주었다. 몰수가 금지되면 반드시 마녀사냥이 쇠퇴한다. 그러나 그것뿐만이 아니다. 민중이 마녀사냥에 환호하며 맞아들인 예가 종종 있고, 또 그런 지지가 없으면 마녀사냥은 불가능했을 것이다.

그러면 왜 민중은 마녀사냥을 지지했을까? 그것은 마녀가 무슨 죄를 뒤집어썼느냐를 보고 추측하는 것이 가장 타당하다. 마녀가 덮어쓴 죄는 대부분 수확이 예정대로 되지 않았다든가 암소가 젖을 내지 않앉다든가 폭풍이 수확을 망쳤다든가 밭에 달팽이 떼가 나타나 양배추 밭을 망가뜨렸다는 등의 생산력 감퇴에 관한 것이었다는 점을 강조하고자 한다. 기사층의 몰락, 자치도시의 몰락, 농촌의 황폐, 페스트, 한랭화—이들을 배경으로 한 생산력 감퇴야말로 바로 중세 말기의 민중이 고민하면서도 그 원인을 알 수 없었던 것이다. 다만 근대적 의미에서의 생산력 감퇴가 아니라, 신랑의 발기부전도 마녀 탓으로 돌리는 것처럼,『황금가지』에서 얘기하는 것과 같은 시대의 쇠퇴("때는 늦었다"), 풍요성의 상실, 불모다.

마녀는 종종 기근 뒤 어쩌다가 찾아온 풍작을 축하하는 카니발에서 군중의 환호 속에 불태워졌다. 다만『황금가지』와는 달리 왕은 살해당하지 않았고, 책임은 여성에게 전가됐다. 여기서 르네상스 궁정 관료와 민중의 무의식적 공모를 보게 된다. 이 민중은 15세기를 정점으로 한 농민전쟁의 좌절을 경험한 농민, 자치권을 점차 박탈당하고 인플레이션과 파산 위기에 떨고 있는 상인 등 요컨대 자기의 생존을 위협받고 게다가 자력갱생의 방도를 찾아낼 수 없는 민중이었다.

물론 농촌의 황폐라고 해도 그것은 9, 10세기로 되돌아가는 것과 같은 황폐는 아니다. 그러나 상대적인 황폐라 하더라도 광범위한 화폐경제에 편입돼 상품생산에 적합한 농업을 위해 변화하고 있던 농촌 주민의 의식에 그것은 종말적 세계관을 환기시키기에 충분했을 것이다. 이런 민중은 이미 '소박'한 중세 농민이 아니며, 또 충분히 계몽돼 있지 않은 가운데 너무 일찍 좌절을 경험하고 쉽게 '접촉 공포'를 잃어버린 군중으로 바뀔 수 있다. 구텐베르크의 인쇄술 발명과 식자율 증대가 마녀사냥 보급에 박차를 가했다. 불충분하고 애매한 정보가 공황 상태를 부르는 것은 이미 잘 알고 있는 대로다.

르네상스 관료의 무력감과 민중의 불안은 지배자의 무력감과 불안에 서로 호응한다. 가장 의식적으로, 가장 무제한으로 마녀사냥을 적극 실행에 옮긴 지배자가 그 존재 기반이 가장 취약했던 지배자라는 건 어렵지 않게 지적할 수 있을 것이다. 예컨대 라인란트에서 빚 때문에 고민하면서 인접 프로테스탄트 지역으로부터 유형무형의 위협과 압력을 받고 있던 가톨릭 성직을 지닌 소군주들, 소국 로렌의 태공, 그리고 치세의 전반前半에 가장 뒤늦게 마녀사냥에 참가해 가장 열렬한 창도자가 된 영국 왕 제임스 1세.

마녀사냥을 허용한 제3의 요소는 지식인의 침묵 또는 가담이다. 적극적 지지도 있었다. 그들에 대해서는 나중에 다시 언급하겠다. 여기서는 우선 유럽의 중세에서 다음과 같은 마녀사냥에 앞장서고 그것과 연속적인 현상이 있다는 것을 지적할 필요가 있을 것이다.

즉, 12세기부터 약 4세기 동안 유럽은 유럽을 성립시킨 그 문화적 은인들을 차례차례 소멸시켰다. 첫째로 유대인들이다. 로마 세계 말기부터 10세기에 걸쳐 회교 문화를 유럽에 가져다준 건 유대인들이다. 당시 유럽의 지적 수준으로 볼 때 아라비아어를 라틴어로 정확하게 번역하는 것은 유럽인들의 능력을 넘어서는 것으로 유대인 번역자의 존재가 불가결했다. 유대인들은 번역가일 뿐만 아니라 뛰어난 지적 교사이기도 했다. 아마도 그 시대에 문맹률이 극히 낮고 매우 세련된 언어적·학문적 훈련을 받은 민족은 『탈무드』『카발라』qabbālāh. 중세부터 근세에 걸쳐 퍼진 유대교의 신비 사상 또는 그 가르침을 기록한 책의 변증법에 밝았던 유대인뿐이었을 것이다. 그 유대인이 바로 그 사명을 다 끝냈을 때 유대인 학살이 전 유럽적으로 시작됐다.

다음은 아라비아인들이다. 아라비아인의 문화는 종종 단순한 번역자 또는 전달자라는 평가밖에 못 받는다. 하지만 이것은 사실과 반대다. 아리스토텔레스의 철학 또는 갈레노스의 의학이 아비센나나 아베로에스를 통해 계승·발전됐다는 사실만 있는 게 아니다. 유럽 중세의 의학 텍스트는 삽화에 이르기까지 아라비아 의학서의 표절에 가까운 것이다. 한편 계시의 진리와 현세의 진리 간의 대립과 긴장 관계는 아라비아의 철학자들에 의해 비로소 예민하게 의식된 것이며, 이 문제 설정은 스콜라철학에 영향을 끼쳤을 뿐 아니라 유럽 근대화에 하나의 큰 사상적 계기가 됐다. 이 아라비아인들이 그 문화적 역할을 다한 뒤 십자군과 이단 심문의 대상이 됐다. 이와 같은 이른바 '키워준 부모 살해'의 연속선상에 있는 것으로 마녀사냥을 이해할 수 있다.

중세의 여성 문화도 하나의 '키워준 부모'와 같은 존재다. 이 여성 문화는 매우 깊은 원천을 갖고 있다. 멀리 고대오리엔트의 지모신地母神 숭배에서 시작되고 이집트의 오시리스 숭배, 그리스·로마의 아프로디테·비너스 숭배를 거쳐 한편으로는 마리아 신앙, 성녀 숭배가 되고 켈트족의 문화에 들어가 성배 전설로 계승된다. 또 한편으로는 고대 동방의 여성 숭배는 아라비아 문화의 '연애 찬미'로 개화되는데, 루주몽 Denis de Rougemont, 1906~1985. 스위스계 프랑스 비평가, 작가. 서유럽의 연애 정념을 논한 『사랑과 서유럽』으로 유명. 유럽 정신에 투철한 평론가[12]의 주장에 따르면 유럽의 '사랑' 개념은 주로 아라비아에 기원을 두고 있다.

그리고 유럽에도 토속적인 여성 문화가 있었다. 특히 가톨릭교회가 농촌 지대에 적응해 유럽 세계 구석구석으로 퍼져간 데 비해 산지민은 가톨릭 사상과 친숙해지지 못한 채 그들의 오랜 신앙을 간직했다. 마녀 사냥이 피레네 산록과 티롤 산지에서 시작된 것은 우연이 아니다. 특히 피레네 산록의 기독교는 아라비아로부터의 영향과 피레네 산록의 토속신앙이 융합돼 카타리파12~13세기에 남프랑스와 북이탈리아에 보급된 기독교 이단의 한 종파의 이단 문화로 개화했다. 당시 프랑스의 선진 지역인 남프랑스 랑그도크 지역에서는 프로방스 문화가 돼 여성을 찬미하는 트루바두르 troubadour, 중세 남부 프랑스를 음유하던 시인과 음악가 들. 대개가 기사 계급 출신으로 무사도적 사랑을 노래했다 문학이 생겨났으며, 귀부인이 카운슬러가 되는 '연애 평가'가 이뤄졌다.

수많은 유럽 농촌의 변두리에는 이른바 '약초로 치료하는 노파'가 있었다. 이 약초로 치료하는 노파 문화는 예컨대 12세기의 성 힐데가르트Hildegard von Bingen, 1098~1179, 중세 독일의 베네딕트회 여자 수도원장. 작곡가, 작가, 시인, 카운슬러, 운동가, 언어학자, 철학자, 과학자, 예언자 등 '만물박사'로 알려졌으며 의학과 약초학에 밝았던 독일 약초학의 비조의 식물학적인 저작이라는 결정체로 나타났다.(이 라인 강 계곡의 여성 수도원장은 본격적인 네오플라토니즘보다 앞선 2세기에 이미 통합적syntagmatic인 신비적 체계를 만들었다.) 비근한 예로는 디기탈리스여름에 홍자색으로 종 모양의 꽃이 피는 여러해살이 풀. 잎은 말려서 심장병 등의 약재로 쓰지만 독성이 강하다가 이 약초로 치료하는 노파 문화의 직접적인 산물이다.

여기서 치료하는 노파 문화old wive's culture에 대해 조금 언급해보고자 한다.

18세기에 들어서도 루소가 썼듯이 "숲에 스무 발자국 들어가면 사람은 (성, 속 쌍방의 권력으로부터) 완전히 자유"가 됐다. 이처럼 서구의 권력은 숲에 익숙하지 못했다고 할 수 있다. 그러나 숲은 결코 공허

하지 않았다. 『그림 동화집』에서 그 잔영을 볼 수 있듯이 숲 속에는 노파가 사는 집이 있었다. 약초나 버섯에 대해 잘 알고 몰래 찾아오는 사람들에게 약을 나눠 주거나 점을 치고 격려해주었다. 카운슬러라고도 할 수 있다.

숲의 문화는 전설을 통해 지켜졌다. 두려운 '요정과의 만남fairy encounter'은 오늘날에도 여전히 반드시 숲과 평야의 경계에서 일어난다. 요정은 자신이 사는 나무를 베려는 벌목꾼, 언덕을 파헤치려는 농민이나 광부 그리고 꽃을 꺾어 가려는 소녀에게 '경고'를 발하고, 경고가 무시되면 복수한다.

그러나 요정들은 몇 번이나 패배를 거듭해야 했다. 중세의 농업기술 혁신에 따른 대大개간은 숲길을 열고 숲의 빈터Clearing, Lichtung(밝은 곳, 채광지)를 만들었으며, 그것은 넓어져 마침내 그 한복판에는 교회를 중심으로 하는 마을이 들어섰다. 기독교의 '이교異敎' 제패다.

그런데 숲의 사람에게 숲은 단순히 혜택을 주고 비호해주는 모태와 같은 것이지만 농민과 대지의 관계는 훨씬 복잡하다. 그래서 지모신, 곡물신에 대한 복잡한 달래주기 의식이 필요하다. 이 농민과 대지의 긴장 관계는 농경 기술의 혁신이 진행되는 것과 병행해서 기상 조건이 점차 악화돼간 중세라는 시대를 통해 점차 증대된 게 아닐까. 마녀사냥에서는 종종 노파 문화에 속하는 숲과 평야의 경계 지대에 사는 주민들이 그 발단이 된다. 또 하나 주목해야 할 것은 사탄이 주최하는 마녀의 향연이 밤에 숲의 빈터에서 열리는 것으로 돼 있는 점이다. 그곳은 낮과 밤에 주인이 바뀌는 숲과 평야 두 문화의 접점이다. 실제로 사바트(집회)가 열렸다는 증거는 실로 빈약하지만, 그렇게 관념화된 사실을 주목해보라.

더욱 현실적인 여성의 힘도 있다. 화폐경제의 농촌 침투와 함께 장원의 농노가 탈출해 자유민으로 전화해가는 과정에서 가계를 유지하고 그것을 화폐경제에 맞도록 바꿔가는 데 주부의 역할은 컸다. 몇몇 여성들은 상인의 아내로서의 능력을 넘어서서 경제적 조언자로서의 지위를 획득해갔다. 여성의 매력은 이 마력과 합류했다. "두 자리 나눗셈은 이탈리아 대학에서만 배울 수 있었다"는 시대였다. 재산 증식이 마녀의 도움 없이 가능했을까. 그리하여 여성은 두려움의 대상이 됐다. 아리스토텔레스 철학이 전성기를 누렸던 13세기에 "아리스토텔레스가 미녀를 사랑해서 미녀가 하라는 대로 말이 된다"는 '아리스토텔레스 말 타기 전설'이 민중 속에 유포되고 시가詩歌로 불려졌다. 오늘날까지 몇 개의 교회 조각들이 보여주는 대로다. 이 이야기 이면에는 지식인이 중세 여성 문화에 공감하지 못했다는 사실이 있다. '신사상'을 익힌 지식인은 '치료하는 노파 문화'를 '과거를 대표하는, 어쩐지 좀 더럽고 수상쩍은 것'으로 보고 있었을 것으로 나는 생각한다.

중세 후기에는 여성 문화가 부정의 대상이 되기 시작했다. 예컨대 여성에게 헌신하는 기사도 문화에 대한 공격은 프랑스 왕권이 템플기사단을 격멸하는 사태로 나타났고, 여성이 중요한 역할을 했던 프로방스 문화는 알비주아 십자군Croisade des Albigeois, 1209~1229. 1209년 남프랑스에 번성했던 이단 알비파(카타리파와 같음. 남프랑스의 도시 알비에서 그 이름이 유래)를 정벌하기 위해 로마 교황 인노켄티우스 3세가 모집한 십자군에 의해 철저히 파괴돼 두 번 다시 재건되지 못했다. 남프랑스의 알비주아 십자군에 대응한 것이 도미니크회의 왈도파Waldesians 공격이다. 『마녀의 망치』는 바로 왈도파 공격의 수단이었다.

　이상과 같이 마녀사냥에는 실로 여러 요인들이 작용했지만 기본적으로는 생산력의 감퇴와 관련된 것이고, 그와 관련한 그 땅의 정치가와 관료들의 책임 전가였다는 것을 뒷받침하는 증거는 무엇보다 마녀사냥이 늘 '그 지역의 문제'였다는 점이다. 그 시대에 독일은 종교전쟁의 전란이 한창 벌어지고 있었으나 침입해 온 외국 군대, 예컨대 스웨덴군은 독일에서는 결코 마녀사냥을 하지 않았고 오히려 그것을 금지했으며, 그 때문에 독일 민중은 종종 외국군을 환영하고 그 비호를 받으려 했다. 그러나 스웨덴인들도 자국에서는 마녀사냥을 했다.

　마녀사냥이 종교전쟁으로 격화된 면은 있지만 그것은 2차적인 것이었다. 이 문제에 관해서만큼은 가톨릭과 프로테스탄트가 각자의 입장을 초월해서 서로 협력하는 현상을 찾아볼 수 있기 때문이다. 서로 상대방의 문헌이나 기록을 인용하면서 마녀사냥의 근거로 삼기도 했다. 나아가 교회인들이 세속인들과 함께 협력했다. 즉, 마녀사냥은 매우 광범한 '합의' '공동전선'을 통해 수행됐다. 그리고 조직적인 경찰 등의 치안 유지 기구가 없어서 신지식의 로마법적 절차로 무장한 대학 졸업 법관들은 민중이 지명하는 대로 판결을 내렸다. 시민법의 로마법화, 예컨대 뉘른베르크법의 성립과 마녀사냥의 개시는 같은 시기에 이뤄졌다.

　법관은, 사탄이 계약을 통해 그 군세軍勢인 마녀들을 점점 늘려서 전 인류를 위한 그리스도의 희생을 무의미한 것으로 만들려고 한다는 관념을 갖고 있었다. 많은 이들의 위기감은 진실한 것이었고, "태워도 태워도 마녀는 늘어나기만 한다"는 탄식이 들려왔다. 독재자가 피해망상을 앓는 것은 드물지 않지만, 지배계급의 상당 부분이 그렇게 강렬한 집단 피해망상에 사로잡힌 경우는 드물다. 그다음은 『마녀의 망치』 대신에 400년 뒤에 『나의 투쟁』을 텍스트로 삼은 사람들이 나타날 때까지 기다려야 했다. 법의 정의를 추구한 장 보댕Jean Bodin, 1530~1596. 프랑스 종교전쟁기의 법학자, 사상가. 고등법원 소속 변호사로서 리옹의 로마법 교수. 경제사상사적으로도 중요한 인물. 프랑스 절대왕정의 이론적 기초에 결정적 기여를 한 정치학자로 칼뱅파 위그노에 속했다 과 같은 전투적 계몽주의자가 동시에 가열한 마녀사냥을 추구했다는 걸 어떻게 이해해야 할까. 아마도 공통점은 거의 의식적·강박적이기까지 한 '청정성cleanness'의 추구에 있을 것이다. 세계는 부정不正 그리고 그와 마찬가지로 마녀와 같은 수상쩍고 불결한 것으로부터 벗어난 청정한 것이어야 했다. 사형 집행비가 유족에게 청구됐는데, 그 서류 형식까지 400년 뒤의 나치스의 그것과 별다를 게 없었다는 것은 민중이 추구한 축제적·풍요의례적인 면과는 전혀 별개의 시니컬하기까지 한 강박적인 면을 보여준다. 또 과학과 유사한 면도 없지는 않았다. 모든 마녀들을 화형시킨 잔혹성에는 페스트에 대처할 때 동원했던 것과 같은 가혹한 수단, 즉 환자를 방치하고 환자를 도시로 들이거나 간호하는 자를 사형으로 금지한 방법이 유효했다는 사실이 영향을 끼쳤을 것이다.

　마녀사냥의 개별적 내용에 대해서는 많은 책들이 나와 있으므로 그쪽에 양보하고 여기서는 자세히 쓰지 않겠다.

　물론 모든 정신병자가 마녀사냥의 대상이 된 것은 아니다. 그들 중 다수는 한센병 환자 대신 시설에 수용됐다. 실제로 그 시기에는 나환자 요양원이 급속히 수용자 수를 줄였다. 원래 한센병은 고대 말기부터 동방, 예컨대 예루살렘 순례를 매개로 해서 유럽에 유입된 것으로 보인다. 그러나 13세기 이후 나환자 요양원에 의한 격리가 진행됐고, 또 마지막으로 페스트가 요양원에서 집단생활을 하던 허약한 그들을 감염시킴으로써 대부분 절멸시킨 듯하다. 지금 논하고 있는 시기에는 종종 광대한 요양원이 불과 몇 사람의 수용자들만 남기고 있었다. 그 대신 정신병자들을 수용하는 움직임이 시작됐다. 따라서 초기의 수용 원칙이 한센병에 적용해서 성공한, 평생 동안의 격리와 이 세상의 것들에 대한 단념이었다고 해도 이상할 게 없을 것이다. 그리고 중세도 후기에 접어듦에 따라 순례길이 개척되고 순례자들이 점차 늘어나는데, 다른 병과 나란히 정신병자를 순례시키는 장소도 만들어졌다. 중세 유럽의 교통은 많은 경우 수로 운반이었는데, 자연 하천이나 운하를 통한 선운船運에 종사하는 선원들에게 부탁해서 정신병자들을 도시에서 도시로 순회시키는 이른바 '바보배'가 출현했다. 때로는 벨기에의 한적한 마을 겔Geel처럼 정신병자들을 집단적으로 받아들이는 곳도 나타났다. 미셸 푸코[13]가 강조한 면이다.

그런데 현대의 정치적 소란, 최근에는 인도네시아의 공산당(빨갱이) 사냥 때 스스로 "나는 공산당원이다"라는 망상적 확신으로 자백하는 현상이 보고됐는데, 그와 마찬가지로 정신병자가 자신이 마녀라고 밝히고 나서는 현상도 종종 발견된다. 또 그들의 고백으로 "사바트에 참가했다"는 사람들이 모두 마녀 취급을 당했다. 결국 정신병이든 아니든 상관없이 적어도 10만 명, 많게는 100만 명의 사람이 마녀사냥 때문에 화형대에 올랐던 것으로 추정된다.(당시 유럽 인구는 기껏해야 수

천만 정도였을 것이다.)

괴테의 『파우스트』가 오늘날까지 유럽 지식인들에게 계속 읽히는 것은, 말하자면 이 책이 괴테 자신의 정신 편력임과 동시에 근대로의 전환기 유럽 지식인들의 집단적 자서전이라고나 해야 할 함의를 갖고 있기 때문이 아닐까.(「재건과 세상 바로 세우기」 참조)

아마도 근대 유럽은 그 탄생의 시기를 맞아 시련에 대해 미래의 예지에 의한 지적·전체적 해결이라는 syntagmatism(통합주의)에 토대를 둔 환상적 응답을 했다가 실패했을 것이다. 따라서 그걸 취소하고 현실원칙에 입각한 근면의 윤리에 토대를 둔 응답으로 바꾸기 위해서는 지식인 자신을 대신해서 때 묻지 않은 소녀가 속죄의 산양으로 불태워져야 했을 것이다. 사실 유럽의 지도적 지식인들 속에는 지금도 '때 묻지 않은 소녀 신화'라고나 해야 할 것들이 남아 있다. 특히 독일에서는 그런 관념의 전통이 있다. 유럽 청년들은 종종 이 신화 때문에 성숙한 성년에 도달하지 못하거나 통과의례처럼 소녀를 발판으로 삼아 성년에 도달한 뒤 죄책감을 갖게 된다. 마녀사냥 잔영들의 하나가 아닐까.

때때로 일본에서는 왜 마녀사냥이 없었던가 하는 문제가 제기되는데, 그 일부는 필시 네오플라토니즘적인 환상적 문제 해결의 중심이었을지도 모를 히에이比叡 산시가 현 오오즈 시 서부와 교토 시 동북부에 걸쳐 있는 산을 오다 노부나가가 모조리 불태우고 승려들을 모두 죽인 데서 시작돼 잇코잇키一向一揆무로마치시대 말기에 잇코슈(一向宗)의 승려와 신자들이 지배계급에 반항한 폭동 진압, 기리시탄무로마치시대 후기에 일본에 들어온 가톨릭교의 일파. 에도 바쿠후는 이의 신앙과 전교를 엄금 탄압을 거쳐 17세기 중엽의 단카 제도 확립(모든 종교의 포교 금지 포함), 또는 의료로부터 신관과 승려를 추방하는 철저한 세속화 때문일 것이다.

일본 중세를 통해 천태종의 총본산이었던 히에이 산은 항상 가난한 지적 청년에 대한 강한 흡인력을 지니고 있었다. 거기에서는 매우 세련된 지적 상호작용과 더불어 천태본각론天台本覺論헤이안(平安) 후기에 시작돼 중세에 서행한 일본 천태종의 현실 및 욕망을 긍정적으로 보는 이론처럼 광대한 관념론적인 우주 체계가 생산되고 있었다. 실제로 니치렌日蓮1222~1282. 일본의 불교 종파인 니치렌종의 창시자에 이르기까지 일본적 불교의 개척자들은 히에이 산에서 배운 사람들이며 니치렌조차 자신을 천태종의 진정한 개혁자로 규정한 적이 있다.

그러나 16세기 후반부터 17세기에 걸쳐 일본에서는 이런 원천이 완전히 뿌리째 뽑히게 된다. 그 때문에 도쿠가와 시기 이후의 일본은 체계적인 사고·사상의 결여 또는 종교적 감각 부족 등에 시달리게 된다. 또 티코 브라헤Tycho Brahe. 1546~1601. 덴마크의 천문학자. 1572년, 카시오페이아자리에서 신성을 발견하여 맨눈으로 관찰할 수 없을 때까지 14개월간 관측을 계속하여 기록을 남겼다. 제자이며 공동 연구자였던 케플러가 그의 기록을 분석하여 케플러법칙을 발견해내면서 지동설을 지지하는 결정적인 증거가 되었다로부터 케플러Johannes Kepler. 1571~1630. 독일의 수학자, 천문학자. 점성술사이자 17세기 천문학 혁명의 핵심 인물. 행성 운동 법칙으로 유명. 그의 저작들은 아이작 뉴턴이 만유인력의 법칙을 확립하는 데 기초를 제공하였다를 거쳐 갈릴레오에 이르는 계보를 보면, 점성술사의 방대한 관측 결과가 이른바 뒤엉킨 책의 제본을 바로잡듯 과학 체계 속에 재편성돼가는 과정을 볼 수 있다. 일본에서는 과학적 체계가 끝내 자생하지 못해 체계적 사고의 모든 것을 다시 수입해야 했다. 다만 유럽보다 쉽게, 네오플라토니즘과 마녀사냥이라는 진통기를 거치지 않고, 현실원칙에 입각한 근면의 윤리가 3도都

교토·도쿄·오사카 세 도시에서는 17세기 중엽, 간토 평야에서는 19세기 초에 이르는 시대에 비교적 저항 없이 확립될 수 있었다. 이상과 같은 고찰도 가능할 것이다.

숲의 문화를 뿌리째 뽑은 것은 정토진종淨土真宗으로, 그 지배 지역에는 민화, 민요, 전설, 괴기담이 없어 오늘날에도 다른 지역과 확연히 구별된다. 세속화의 길을 완만하게 걸은 프로테스탄티즘에 유비될 만한 현상이리라. 유럽이나 일본에서 보이는 방향 전환과는 반대로 종교 정치의 방향으로 철저하게 개혁한 것이 티베트의 총카파Tsong-kha-pa, 1357~1419가 주도한 황모파黃帽派 개혁일 것이다.(티베트 불교는 일본 밀교와 마찬가지로 탄트라교Tantrism. 힌두교와 불교를 불문하고 탄트라로 불리는 경전을 신봉하는 인도 신비주의적 교단의 총칭의 계보를 이어받았다.)

마녀사냥의 종식과 근대 의학의 성립
―네덜란드라는 현상

그런데 여기서 필자는 근대 정신의학의 탄생에 대한 얘기를 어떻게 마녀사냥을 종식시켰는지를 살펴보는 것으로 시작하고자 한다. 물론 마녀사냥의 시대에 이에 대한 반대도 여러 사람, 여러 나라에서 터져 나왔다. 그들 중 어떤 이는 마술사이고 어떤 이는 계몽사상가였다. 어떤 이는 예수회, 어떤 이는 프로테스탄트였다. 그러나 질보그Gregory Zilboorg, 1890~1959. 러시아 태생의 미국 정신분석학자[14]가 얘기한 제1차 정신의학 혁명을 구성하는 이 사람들의 이른바 '광야에서 외치는 소리'가 직접 마녀사냥의 종식을 가져다준 것은 아니다. 물론 네오플라토니즘적인 철학은 그 힘을 점차 상실했다. 종합과 직관과 조응을 실마리로 한 세계 구성은 좀 더 행동적인 분석·관찰·기술, 때로는 야유나 조소의 세계관으로 전화한다. 이들은 보편적인 것을 지향하지만 비체계적인 데 머문다. 우리는 그 속에 속한 사람들로 셰익스피어, 몽테뉴, 레오나르도, 세르반테스 그리고 에라스뮈스 등 뛰어난 르네상스 지식인들을 헤아릴 수 있다. 요하네스 와이어(빌스)Johannes Wier, Johann Weyer, 1515~1588. 네덜란드 출신의 독일 프로테스탄트 의사. 마녀재판에 반대한 초기의 인물를 비롯한 많은 마녀사냥 반대자들은 그들의 계보에 연결된다.

그러나 필자는 마녀사냥의 종언을 고찰하는 데 몹시 눈에 띄는 하나의 현상을 주목하고자 한다. 그것은 네덜란드에서 다른 지역보다 한 세기 이상 빨리 마녀사냥이 대체로 종식됐다는 사실이다. 그뿐만이 아니다. 네덜란드는 마녀사냥이 가장 빨리 끝난 지역임과 동시에 대학에서 임상의학, 즉 환자를 진찰하려는 시도가 최초로, 그리고 본격적으로 이뤄진 나라다. 이것은 프랑스보다 약 두 세기나 앞섰다. 그리고 마지막으로 정신병자를—기타 부랑자나 매춘부, 범죄자와 함께—네덜란드에서 번성했던 모직물 공업의 집단 노동으로 치료하려고 한, 오늘날의 작업 요법을 처음 시행한 나라이기도 하다.[15]

'네덜란드라는 현상'은 우리의 고찰에 아마도 가장 중요한 열쇠를 제공할 것이다. 원래 저지대 국가들은 중세 내내 선진 지역이었다. 간척에 의한 북부의 농업, 영국의 양모를 사용한 남부의 모직물 공업이 착실히 발전했다. 특히 노르만스칸디나비아와 발트 해 연안에 살던 북방계 게르만인. 초기에는 바이킹이라는 개념과 거의 일치한다의 약탈이 끝난 뒤에는 가장 밀집한 자치도시군의 소재지가 됐다. 저지대 국가들에서는 중세에 이미 다른 어느 곳보다 빨리 상품경제에 적합한 집약적인 노동이 이뤄졌고, 거기에 근면과 연구에 바탕을 둔 근대적인 직업윤리가 가장 수용되기 쉬운 여지가 생겨났다. 라인, 마스Maas. 프랑스 북동부에 수원을 두고 벨기에를 거쳐 네덜란드에서 북해로 흘러가는 강 두 하천 하구는 북방 교역의 집적지인 동시에 수로 운반을 통한 지중해 통상로의 종착점이었다. 그리고 합스부르크 왕가와의 관계 때문에 스페인의 지배하에 들어가 선진 스페인 문화의 영향을 받았다. 동시에 중세에 이미 스페인의 이단 심문을 피해 도망간 유대인의 피난처이기도 했다. 이런 점들은 저지대 국가들을 상품뿐만 아니라 정보의 집적지로 만들었다. 수공업의 전통과 결합된 인쇄·출판업이 번영했다. 이른바 북방 르네상스 문화는 이들 기반 위에서 개화했던 것이고, 여러 지역들의 르네상스 문화 중에서 가장 비교祕敎적인 요소가 적은 것으로 볼 수 있다.

그 바탕 위에서 저지대 국가들은 가장 완전하게 르네상스형 군주제, 즉 부르군드 왕국의 궁정으로부터의 자기해방에 성공하고 이어서 스페인과의 전쟁을 거쳐 북부 지방들은 독립을 달성했다. 영국의 청교도(퓨리턴)혁명에 앞서 네덜란드에서는 칼뱅파 신앙이 스페인으로부터의 독립과 시민혁명의 원동력이 됐다. 물론 17세기의 네덜란드는 단순히 칼뱅파의 지배하에 있었던 것은 아니다. 엄격한 칼뱅파는 끊임없이 에라스뮈스를 조상으로 하는 이른바 관용파, 자유파, 아르미니우스파^{네덜란} _{드 개혁파 출신의 야코부스 아르미니우스(Jacobus Arminius, 1560~1609)가 칼뱅주의의 예정설에 의} _{문을 제기하면서 탄생한 수정주의 칼뱅파. 칼뱅주의 분파}, 즉 르네상스 사상으로 물타기를 한 칼뱅주의와 길항 관계를 유지한다. 칼뱅파는 시민·중농의 지지를 받고 아르미니우스파는 '레헨트^{regent. 네덜란드의 도시귀족. 17, 18세기의 네덜란드} _{는 연방제였고, 강력한 중앙정부나 관료제 없이 한정된 도시귀족 문벌에서 선출된 시의회·주의회·연} _{방의회 의원들이 실질적으로 정치를 독점했다. 따라서 레헨트는 공화국 시대의 네덜란드 정치의 대상} _{인(大商人) 지배를 가장 잘 나타내는 말'}층으로 대표되는 도시귀족들에 유포됐다. 사상의 역사상 근대사상의 담당자로서는 에라스뮈스적 또는 아르미니우스적 관용파를 중시하는 입장과 칼뱅주의를 중시하는 입장이 있다.

확실히 아르미니우스파의 사상은 그로티우스를 비롯한 위대한 사상가들을 낳았다. 또 빌스를 비롯한 많은 마녀사냥 반대자들은 이 입장을 취했다. 그런데 칼뱅주의자들도 분명히 사탄의 존재를 깊이 믿는 사람들이지만, 그들의 예정구원설에 따르면 사탄과의 투쟁은 현세의 근로를 통해 수행돼야 하며, 또 신이 미리 정해준 것에 대해 사탄은 무력하다.

분명 칼뱅은 인문주의자 세르베투스Michael Servetus, 1511~1553, 스페인의 의학자이자 신학자, 천문학, 신학, 약학 등에도 관심이 있었으며, 약학과 신학의 역사에서 잘 알려져 있다. 가톨릭 강제 개종을 거부한 유대인 12만 명을 추방하고, 이슬람교도(무어인) 수천 명을 화형시키는 등의 종교적 분열상을 보인 당시 스페인 당국과 교황과 교직자들의 도덕적 타락상을 관찰하고, 그리스도교가 기원 첫 3세기 동안에 부패한 사실을 지적하면서 콘스탄티누스와 후계자들이 성서에 없는 삼위일체를 공식 교리로 채택했다는 『삼위일체론의 오류』를 출간했다를 화형에 처했다. 네덜란드의 칼뱅주의자들은 그로티우스를 투옥했다. 하지만 아르미니우스파의 이탈리아판이라고 해야 할 소치니파는 칼뱅주의가 지배적인 스위스에 있는 한 안전했다. 그로티우스 박해는 완전히 정치적 항쟁상의 문제다. 칼뱅 자신이 제네바에서 펼친 신정神政정치는 피렌체의 사보나롤라의 그것보다 훨씬 더 현실적으로 기능하며 영속했다. 루터가 수도승 출신인 데 비해 칼뱅이 인문주의자 출신이라는 점도 주목해야 할 것이다. 17, 18세기를 통해 네덜란드와 스위스라는 두 개의 칼뱅주의 국가만큼 자유사상가가 안전한 지역은 달리 존재하지 않았다. 칼뱅주의와 자유사상은 현실에서 공존할 수 있었다. 이 양자가 어울려 우선 네덜란드에서 사상적 관용, 세속화, 계약에 토대를 둔 인간관계, 현세 내의 금욕, 근면과 연구(궁리)에 의한 문제 해결─즉, 전체적 종합에서 도출되는 해결이 아니라 현실세계 속에서 행동하고, 실례를 찾아 살펴보고, 현실 수준의 근로와 궁리를 통해 곤란을 극복하려는, syntagmatism(통합주의)에서 paradigmatism(범례주의)으로의 커다란 사상 전환이 이뤄졌다고 할 수 있다.

네덜란드는 그 뒤에 이어진 한 세기 동안 근대를 빠르게 앞질러 달려갔다고 할 수 있다. 예컨대 근대적인 식물원의 성립은 네덜란드에서 시작됐다.(식물학은 정신의학의 성립과 관계가 깊은 학문이다.) 스페인과 포르투갈 사람들은 신대륙에서 금은을 가져왔으나 네덜란드인들은 그것보다 신대륙의 식물에 뭔가 유용한 것이 없는지를 탐구했다. 그 때문에 네덜란드의 산업혁명은 늦어졌고 네덜란드는 그 독립성을 잃은 뒤에 영국을 모델로 해서 일어나게 되지만, 유럽에서 산업혁명에 앞서 식물학적인 생산 혁명이 존재했다고 볼 수도 있다. 근대 식물학의 비조인 린네가 네덜란드에서 공부한 사실을 주목하자.

네덜란드는 기술 수출을 통한 후진국 원조를 실행한 최초의 국가이기도 하다. 잉글랜드 동부의 앵글리아 지방, 덴마크의 뉴트란드 지방, 스웨덴 남부, 러시아 등은 네덜란드 기술자에 의한 간척으로 비로소 농경지가 됐다. 그리고 네덜란드는 고소득에 대한 중과세를 토대로 일종의 복지국가의 맹아적 형태를 건설하려고도 했다. 구빈 시설이나 양로원을 공공 비용으로 운영하는 등 교회에 의존하지 않는 복지시설의 건설도 네덜란드에서 시작됐다.

또한 네덜란드는 17세기부터 18세기, 특히 프랑스에 대해서는 18세기 후반에 이르기까지 늘 정치적 피난처였다. 그 시기에 대부분의 자유사상 출판은 네덜란드에서 이뤄졌고, 자유사상가들은 네덜란드에서 발언을 했다. 데카르트, 스피노자, 벨Pierre Bayle, 1647~1706, 프랑스 철학자, 사상가.『역사 비평 사전』등을 써서 신학적인 역사관을 회의적으로 분석하는 등 계몽사상에 선구적 업적을 남겼다은 물론 명예혁명의 원동력이었던 로크, 프랑스혁명을 준비한 볼테르를 비롯해 17세기부터 18세기에 걸친 주요 지식인들은 그 인생의 중요한 시기를 네덜란드에서 보냈다. 메이플라워호가 청교도를 태우고 출항한 곳도 네덜란드였다. 주요 마녀사냥 반대자들은 칼뱅주의자가 아니더라도 네덜란드의 공기를 한 번은 마셨다.

사견이지만, 시민사회의 성립과 근대 정신의학의 성립 사이에는 매우 밀접한 관련이 있다.

첫째, 시민계급이 경제적 주도권을 쥐는 것과 병행해서 마녀사냥은 종식되기 시작했고, 시민혁명 때까지는 어떤 지역에서도 결정적으로 종말을 고했다. 이미 불태워야 할 악마 빙의는 존재하지 않는다. 배에 태워 흘려보내야 할 '바보'도 없다. 있는 것은 도덕적으로 타락한 게으른 자뿐이다. 칼뱅주의적으로 표현하면, 그들이 사탄의 먹이가 되지 않도록 하기 위해서는 강제적으로라도 노동을 시켜야 한다.

다만 산업혁명과 프랑스대혁명을 경계로 한 변화도 컸다. 이전에는 인간을 집단으로 취급하는 모델이 수도원과 같은 다양한 인간 집단 사회였기 때문인지 정신병자는 범죄자나 매춘부, 신체장애자 등과 함께 '시설'에 수용돼 있었다. 산업혁명에 의한 대규모 공장제도 및 대형 형무소의 출현, 프랑스대혁명기를 계기로 한 국민개병제 상비군, 의무교육 등의 출현으로 인간 집단을 통제하는 모델은 형무소나 병영으로 변환됐다. 정신병원도 정신병자만을 수용하고 남녀를 구별했으며 종종 제복을 입게 했다. 모든 방을 동일 형식으로 만들고 동일 증상의 병자들을 같은 방에 모았다. 관리상의 능률을 이유로 수천 명을 수용하는 대형 정신병원이 출현했다.

둘째, 주요 국가들에서 시민혁명 이전에는 대학의 의학 교육이 르네상스적 해부학, 사변적인 연금술적 생리학, 그리고 히포크라테스·갈레노스·아라비아 의학을 강단에서 강의하는 것이었고, 학생이 메스를 쥐고 사체를 해부하거나 교수와 함께 병자를 진찰하는 일은 결코 없었다. 이에 반해 시민혁명과 함께 의학 교육은 무엇보다도 먼저 임상 교육으로 바뀌었다. 대학에 병동을 설치해 병자를 맞아들이고 진료를 한 것은 독립전쟁의 공적 덕에 설립 결정이 내려지고 실비우스Franciscus Sylvius, 1614~1672. 독일 출신의 네덜란드 의사. 해부학자, 부르하버Herman Boerhaave, 1668~1738. 독일 식물학자, 판 스비텐Gerard van Swieten, 1700~1772. 레이던 출신의 독일-오스트리아 의사이 지도했던 네덜란드의 레이던대학이 처음이었다. 그때까지의 증상 메모를 대신해서 음성陰性 소견까지 포함해 정확하고 망라적으로 병력을 파악한다는 근대 임상의학의 대전제가 되는 그 일은 청교도혁명 때의 의회군 병사였던 시드넘에서 시작됐다. 에든버러대학이, 네덜란드 유학 귀국자에 의해 근대 임상의학이 도입되고 17, 18세기의 스코틀랜드 학파를 낳게 되는 것은 영국 명예혁명 후의 스코틀랜드에서 관용화寬容化된 칼뱅주의, 즉 장로교회의 '모더라티즘moderatism(중용주의)'의 지배 아래서였다.

그 시기에 스코틀랜드는 세계 최초의 사회경제 통계를 작성하고 있었다. 우리는 그 시기의 스코틀랜드 의학이 과도할 정도의 정신병 분류에 열중하고 있었던 점을 생각해야 할 것이다. 경련과 탈력脫力(컬런), 강력성과 약력성(브라운-플러스병과 마이너스병의 구별은 아마도 잭슨이 그 선구적 역할을 했을 텐데 자극과 이자극성易刺戟性의 구별과 함께 브라운주의라는 이름이 붙여졌다) 등 오늘날에도 의사의 사고 배경을 이루는 대對 개념도 여기서 생겨났다. 그러나 더 강조해야 할 것은, 모든 질환은 신경적 원리principle의 병이라고 하는 윌리엄 컬런, 바로 이 '신경증' 개념의 창시자가 처음으로 정신병을 관리가 아니라 치료의 대상으로 삼아야 한다고 주장해 정신병 치료 가능성을 분명히 밝힌 점이다. 임상의학에서도 스코틀랜드 의학의 영향은 매우 커서 에든버러, 그다음의 글래스고는 레이던의 뒤를 이어 18세기 의학의 중심이 된다.

이젠 프랑스 시민혁명이다. 구제도(앙시앵레짐) 아래서 훈고학으로 전락해 뇌물을 주고 단기간에 졸업을 할 수 있었던 프랑스의 대학 의학부가 극도의 임상 중시 쪽으로 전환한 것은 프랑스대혁명이 그 계기가 됐다. 종래의 열 명대에서 수백 명대로, 때로는 수천 명대에 이르도록 비약적으로 늘어난 환자들을 대상으로 삼아 정밀한 개별적 임상 관찰, 병리해부 소견과의 대응, 통계적 방법에 의한 종합, 백과사전적 기록과 전체를 총괄하는 병원 체계 건설 등을 특징으로 하는 프랑스 임상 정신의학의 전통이 급속히 확립됐다. 그 중심인물 중 한 사람이 필리프 피넬이다. 뒤늦게 1848년 3월 (시민)혁명을 계기로 독일에서도 사변적인 낭만파적·관념론적 의학은 과학적·병인론病因論적 임상의학으로 전화하는데, 그때는 국회의원으로 시종 비스마르크에 반대했던 피르호와 함께 그리징거의 존재는 무시할 수 없는 위치를 점했다.[16]

이들 시민혁명을 계기로 한 임상의학의 성립과 동시에 정신 질환은 내과 질환을 모델로 하는 의미에서의 질환으로 기술되고 인식되게 된다. 실제로 시드넘, 컬런, 피넬, 그리징거는 내과의이면서 동시에 정신과의였다. 더 정확하게 얘기하자면 그들은 의식은 내과의였고, 내과의로서 정신 질환을 다뤘던 것이다. 그들이 정신 질환의 '설명'에 오늘날 시각으로 보면 사변적으로 보일 수 있는 당시 통용된 여러 원리들을 원용하고 있지만 내과 질환에 대해서도 그들은 꼭 같이 그렇게 했다. 그들의 치료법이 때로 사혈瀉血치료 목적으로 환자의 피를 일정량 뽑아내는 것이나 수

욕(목욕) 또는 더 격정적인 방법이었다고 해도, 그들은 내과 질환 환자에게도 마찬가지이거나 유사한 방법을 쓰고 있었다.

그들이 의사로서 직면했던 질병의 구성이 오늘날과는 매우 달랐던 점을 잊어서는 안 된다. 근대 시민사회는 그 해외 무역, 식민지 획득의 이른바 반대급부로서 끊임없이 외래 전염성 질환의 내습을 받았다. 19세기 말에도 정신병원 수용자의 3할은 필시 진행성 마비에 의한 것이었다. 산업혁명에 따른 결핵의 확산은 말할 것도 없다. 그리징거가 정신의학의 건설자임과 동시에 전염병 연구에 종사한 것도 3월혁명 뒤의 일종의 망명에 따른 것이기도 했지만, 이런 문맥에서 이해할 수 있다.

셋째, 근대 시민사회의 정신의학·정신의료의 추진에 관여했던 사람들의 사상적·종교적 배경에 주목해야 할 점이 있다. 3대에 걸쳐 정신의료 개혁에 종사했던 튜크 가의 사람들은 특히 경건한 퀘이커 교도였다. 그 외에도 비국교도, 예컨대 유니테리언이나 칼뱅주의자의 나라인 스코틀랜드의 에든버러대학에서 공부한 사람의 영향력이 크다.

네덜란드가 촉발한 일련의 영향력을 받은 나라들, 특히 영국, 미국에서는 그 이후 정신병자를 어떻게 다룰 것인지가 일관되게 주조를 이루고 있다. 이론으로서는 절충주의를 마다하지 않는다. 튜크나 코널리로 대표되는 정신병원 개혁 운동이 거듭 발생했다. 다만 정신병원 개혁 운동이 그 개혁자의 수명보다 길었던 적은 오히려 적다. 근면의 윤리에서 보자면 정신병자가 도덕적으로 저열한 게으름뱅이가 되고 치료와 복지의 뒷전으로 밀리는 경향은 최근까지 이어졌다. 17세기 웹스터^{John Webster. 1580~1634. 영국 엘리자베스조의 극작가. 윌리엄 셰익스피어와 동시대에 활약}의 희곡에도 나오듯이 런던 시민은 일요일이 되면 정신병원 베들럼^{Bedlam. 영국에}

있는 세계에서 가장 오래된 정신병원의 하나. 정식 명칭은 왕립 베슬렘 병원(Bethlem Royal Hospital). 베들레헴 병원(Bethlehem Hospital) 등으로도 불린다. 지금은 잉글랜드의 켄트 주 베커넘에 있다. 영국에서 베들럼이라는 단어는 정신장애자 보호시설 일반을 가리키는 말로 사용됐고, 나중에 '소동' '혼란'을 의미하게 됐다에 견학하러 가는 것이 즐거움의 하나였으며, 입장료가 병원 수입의 적지 않은 부분을 차지하고 있었기 때문에 이는 동물원보다 훨씬 시대를 앞서 간 사업이었다.

그런데 프랑스에서는 사태가 좀 다르게 전개됐다. 아마도 프랑스 근대화를 추진한 실천윤리의 소유자들은 위그노16세기부터 17세기에 걸친 근세 프랑스의 칼뱅주의 개혁파교회 교도들이었을 것이다. 그러나 성 바르톨로뮤의 밤학살Massacre de la Saint-Barthélemy, St. Bartholomew's Day Massacre. 1572년 8월 24일 프랑스의 가톨릭이 프로테스탄트를 대량 학살한 사건에서 시작된 일련의 정치적 소란, 특히 '낭트칙령 폐지'에 따라 그들은 프랑스에서 결정적으로 추방당해 네덜란드, 영국, 독일로 망명해야 할 운명에 처했다. 이에 따라 영국의 중앙집권으로부터의 해방, 관청의 축소, 매관매직 폐지, 세습직 폐지 등과는 매우 대조적으로 중앙집권적 절대군주 루이 14세는 프랑스에서 늘 직무에 충실한 관료들의 부족으로 어려움에 처하게 된다. 프랑스의 구체제는 매관매직, 오직汚職, 관료 비대화, 중과세로 인한 문제가 계속 이어졌다. 다만 영국해협 저편으로부터의 영향은 항상 존재해 그것은 콜베르티슴Colbertisme, 즉 중상주의에서부터 볼테르에 의한 영국 모델의 도입, 그리고 이어진 영국 취미의 범람으로 나타났다. 프랑스에서도 '시설'(정신병자와 부랑자를 함께 수용했다)에서의 노동이 제도화돼 수익을 올리게 된 것은 콜베르Jean-Baptiste Colbert, 1619~1683. 17세기 부르봉왕조의 프랑스 정치가. 루이 14세의 재무총감의 시대 때였다.

18세기에는 프랑스의 세속화 운동의 표출인 계몽주의가 박애 개념을 확산시켜 많은 지배층·시민계급이 서로 앞다투어 병원에 박애 활동을 벌이게 된다. 프랑스혁명에 앞서 병원 건축의 개조, 특히 뛰어난 건축가들에 의한 병원 설계 등이 이뤄졌다. 다만 네덜란드 임상의학의 성립, 이어서 영국의 시민혁명기에 시드넘이 주도한, 임상 기록을 정확하게 만들고 증상 사례를 정확하게 기록한다는, 오늘날에 이르는 임상의학 패러다임이 프랑스 의과대학에서는 시민혁명, 즉 프랑스혁명 때까지는 채용되지 않았다.

피넬이라는 현상

—하나의 십자로

근대 정신의학의 시작을 살펴보면 그 시조인 피넬의 생애 자체가 매우 시사적이다.

피넬은 그 제자 에스키롤과 함께 남프랑스 출신자다. 당시 남프랑스 의학의 중심인 프랑스 최고最古의 의학교 몽펠리에의학교는 이른바 생기론자生氣論者의 아성이었다. 즉, 히포크라테스 의학이 주류였던 파리대학에 대해 신교국 독일의 슈탈Georg Ernst Stahl, 1659~1734. 독일의 화학자이자 의사 등의 생리학과 생화학을 수용한 사고방식이 하나의 다른 중심을 형성하고 있었다. 하지만 그들이 직접 거기서 근대 정신의학의 건설로 나아갔다고 보는 것은 너무 단순하다. 젊은 날 종교 또는 철학에 대한 관심을 가졌다가 나중에 그들, 특히 피넬은 파리에서 세 가지 중요한 체험을 한다.

하나는 식물학과의 접촉이다. 즉, 젊은 날의 피넬은 왕립식물원에서 동식물 분류 연구에 종사했다. 오늘날과는 달리 식물분류학은 천체역학과 어깨를 나란히 하는 당시 가장 확실한 선진 과학이었다. 의학자이자 식물학자였던 린네의 방법에 따라 자연계의 개체를 분류해서 하나의 체계로 만드는 확실한 방법들을 생각하고 있었고 그것은 여러 영역에 적용되고 있었다.

실제로 질환을 이 방법에 입각해서 분류하려 한 것은 식물학자 드소바주François Boissier de Sauvages de Lacroix, 1706~1767. 프랑스의 의사, 식물학자, 카바니스Pierre Jean Georges Cabanis, 1757~1808. 프랑스의 생리학자. 유물론자였다. 피넬은 식물분류학에서 카바니스 등의 후계자일 뿐만 아니라 연구를 통해 카바니스에 속하는 하나의 사상 집단에 접촉하게 된다. 그 사상 집단은 엘베시우스Claude-Adrien Helvetius, 1715~1771. 18세기 프랑스의 사상가의 미망인이 주최하는 살롱에 모이는 일단의 사상가들로 '이데올로그'로 불린다. '이데올로기'란 명명자 데스튀트 드트라시Antoine Destutt de Tracy, 1754~1836. 프랑스 철학자. 이데올로그의 한 사람으로 일반 문법과 논리학에 관한 합리적 관념론을 발전시켰다에 따르면 존 로크, 콩디야크Étienne Bonnot de Condillac, 1715~1780. 프랑스 철학자. 성직자. 존 로크의 영향을 받아 주로 인식론을 연구해 경험론적 인식론을 발전시켰다의 감각론에 따라 사상을 그 요소인 감각으로 분해하고 또 감각에서 출발해서 그 종합을 통해 사상에 도달할 수 있다고 주장하는 것이다. 이데올로그들은 일반적으로 고립적인 프랑스의 지식인들 가운데서는 드물게 엘베시우스 미망인이 사는 파리 근교 오퇴유Auteuil 마을에 살면서 혼인 관계를 통해 농밀한 작은 세계를 만들었다. 그들은 프랑스혁명의 지롱드당Girondins. 프랑스혁명기의 정치 파벌 중 하나. 이 명칭은 지롱드 주 출신자인 부르주아계급이 다수를 점한 보르드 자코뱅 클럽에 소속된 의원을 중심으로 멤버가 구성된 데서 유래하는데, 혁명 당시엔 지롱드파라는 명칭이 존재하지 않았다. 1847년 라마르틴의 『지롱드당사』가 출판된 이후 정착된 역사 용어로 정착됐다. 중류 부르주아, 프로테스탄트 등으로 엮인 온건 공화파 파벌들의 집합체로 명확한 당파를 구성한 건 아니다. 연방주의자라고도 불린다적인 측면을 대표하게 되고, 사상적 입장에 따라 교육제도의 개혁이 사회혁명에 가장 중요한 요소라고 믿었으며, 혁명 때 입법위원회 멤버로 활약했다. 근대 프랑스 교육제도는 그들에게 빚진 바가 많다. 특히 로베스피에르가 타도당한 테르미도르 반동 혁명 이후 프랑스 정치 개혁의 중핵적 존재로서 정치에 참가한다.

나폴레옹이 그들에 접근했고, 그들도 나폴레옹한테서 개혁의 가장 강력한 지지자를 발견했다고 믿었다. 그러나 권력자와 이데올로그들의 밀월 시대는 짧았다. 황제의 자리에 오른 나폴레옹에게 그들은 이미 필요가 없었다. 그들은 정치적 중추의 지위에서 점차 추방당했다. 교육의 세계로 돌아온 그들을 기다리고 있던 것은 이미 사회개혁이 아니라 실용 학문을 추구하고 계급상승을 지향하는 탈정치화한 학생들이었다. 이데올로그들 중 다수는 테크노크라트로 변신해 나폴레옹 체제, 그에 뒤이은 왕정복고 시대를 살아가게 된다. 피넬은 이데올로그와의 접촉을 통해 의학에 종사하도록 권장받은 사람이다. 실제로 그는 이데올로그의 일원이기도 했다. 그 대표적인 사람은 아니라고 해도, 그런 관점에서 보면 피넬 정신의학의 절반은 분류학적이고 또 절반은 계몽철학적인 성격, 또 저 유명한, 전설적이라고도 할 수 있을 '정신병자들의 족쇄로부터의 해방'으로 대표되는 제도에의 관심, 병원 관리에 대한 흥미, 그리고 정치권력과 연계한 개혁이라는 성격이 매우 명료해질 것이다.

에스키롤에게는 이러한 사상적 편력이 뚜렷하지 않다. 에스키롤의 경우 부친이 정신병원의 경영자였던 사람이고, 소년 시절의 견문, 청년 시절 신부가 되려 했던 의향을 거쳐 피넬의 제자가 됐다. 결과적으로 에스키롤에게는 피넬이 갖고 있던 여러 요인들이 좀 더 정리된 형태로 구현된다.

매우 후진적이었던 프랑스의 의학 제도는 대혁명과 함께 네덜란드, 영국, 또는 양국과 매우 가까운 관계를 유지했던 하노버 지방의 괴팅겐 대학 모델을 본떠 절묘하게도 시민 의료, 즉 '폴리클리닉'으로 명명한 대학 임상을 개시한다. 그와 동시에 백과사전의 정신을 계승해 분류에 의한 병원 체계를 만든다. 1825년을 중심으로 해서 출판된 『의료·외과학 앙시클로페디Encyclopédie』는 반동 시대에 미뤄진 프랑스 의학의 근대화 도정에서 이 시기에 이뤄진 하나의 집대성이라고도 볼 수 있는 것인데 피넬은 그 내과학, 정신의학 양면에 걸친 유력한 지도자였다.(왕정시대에도 프랑스 의사는 혁신파가 다수파였다.)

실제 의료에서도 예컨대 에스키롤의 이념을 토대로 질베르가 설계한 샤랑통의 정신병원은 똑같은 스타일의 'ㄷ' 자형 건물의 정연한 집합체로 하나의 섹션에는 같은 종류의 정신병자들이 수용돼 흡사 상자 모양 같았다. 이런 스타일의 병원은 프랑스에서는 지금까지 하나의 전통이 돼 1000병상을 넘는 신경학 또는 소아과 단과병원이 있고, 학생과 연구자는 거기서 사실상 모든 종류의 질환을 살펴볼 수 있다.

시민사회의 성립과 임상의학이 궤를 같이해서 발전한 것은 네덜란드에서도 영국에서도 훨씬 뒤늦은 프랑스에서도 동일하지만, 시기적으로 뒤처진 프랑스에서는 그만큼 매우 단적인 형태를 취했다.

여기서 잊어서는 안 될 것이, 시민사회의 정신의료가 수천 명을 수용하는 대형 정신병원에 국한돼 있다고 보는 것은 일면적이라는 점이다. 에스키롤 자신이 자택에 수십 명의 정신병자를 받아들여 그들과 식탁을 함께 사용했다. 19세기에는 상류계급, 부유층 시민을 위한 '건강한 집'이라는 소규모 진료소가 존재했으며, 모파상과 보들레르, 프루스트가 치료를 받은 곳은 이런 타입의 진료소였다. 즉, 근세에 형성된 '수도원이냐 수용소냐'라는 계층에 따른 2분제는 시민사회에서도 '건강의 집이냐 정신병원이냐'라는 두 개의 분류로 나타나 정신병원으로의 수용은 빈곤 계급, 또는 지배적 계층에서 탈락하거나 소외되는 것이 그 계층에겐 바람직한 것으로 여겨진 중증 병자들로 한정돼 있었다.

치료법에서도 이원성이 나타났다. 정신병원에서는 종종 구속 또는 충격적인 치료법이 주류를 점하고 있었지만, 진료소에서는 전세기의 이른바 낡은 부분에서 남겨진 퓌세귀르Amand-Marie-Jaques de Chastenet, marquis de Puységur, 1751~1825. 메스메르가 창안한 동물자기설(mesmerism)에 입각한 질환 자기 치료법을 계승·발전시킨 프랑스 귀족. 동물자기설에서 자기(磁氣)=자성(磁性)나 메스메르Franz Anton Mesmer, 1734~1815. 독일의 의사. 동물자기설 창안자. 그의 이름은 최면술을 걸다는 뜻을 지닌 mesmeriz라는 단어의 유래가 됐다의 자기술磁記述최면술을 포함한 보다 특권적이고 온화한 치료법이 시행됐다. 신경증군과 정신병군으로 나뉜 두 개의 계보는 어느 정도는 이 치료의 장이 지닌 이원성과도 관련이 있다. 그 조금 뒷시대의 일이지만, 크레펠린은 단기간 부유한 계층을 위한 플렉시히Paul Emil Flechsig, 1847~1929. 독일의 신경해부학자, 정신과의, 신경병리학자, 신경수초 연구자의 진료소에 근무했다고는 하나 거기에 적응하지 못하고 일관되게 정신병원을 기초로 그 체계를 만들었다.

거꾸로 프로이트는 소아 병원의 진찰을 거쳐 가장 부유한 계층을 포함한 시민을 위한 개인적 진료를 실천했다. 아마도 격심한 히스테리를 제외한다면 정신병원 차원에서 신경증은 문제가 되지 않았으며 극히 최근까지 독일에서는 신경증 연구자가 거의 존재하지 않았다고 해도 될 만한 상황이었다.

유럽 의식의 급변

여기서 일단 폴 아자르Paul Hazard, 1878~1944. 프랑스 비교문학 연구자, 사상사가[17]
가 얘기한 의미에서의 '유럽 의식의 위기'(1680~1715)로 돌아가보자.
유럽의 기후가 온난화하는 것과 궤를 같이하듯 유럽의 혼란은 점차 진
정되기 시작했다. 베스트팔렌조약은 30년전쟁의 종결임과 동시에 국민
국가의 성립이며, "군주의 종교를 국가의 종교로 삼는다"라는 원칙에
따른 종교의 제도화였다. 이는 마침내 세속화의 길을 열었다.(에도시대
의 단카 제도보다는 훨씬 헐거운 것이지만.) 사람들의 마음은 현세적인
것으로 향해 있었고 순례 대신 여행, 참배 대신 연극 구경에 쏠리고 있
었다. 소영주나 귀족은 시골의 성보다 도시에 살면서 군인을 포함한 관
료 또는 부르주아지들과의 결합을 지향하기 시작했다. 많은 수도원들
은 폐허가 됐다. 그것은 오늘날 이른바 소승불교가 지닌 단기 출가승
기능처럼 현세를 피하려는 사람들(이른바 '혐인권嫌人權'을 행사하는 사
람들)을 수용하는 장을 유럽이 잃어버린 것을 의미한다. 사람들은 용
서 없이 화폐경제에 휘말렸고 노동이나 투기에 뛰어들 수밖에 없었다.
  두 가지의 르네상스형 궁정 지배가 역사에서 모습을 감췄다. 이탈리
아와 보헤미아다. 이 두 곳에서 syntagmatism(통합주의)과 마녀사냥
이 팽배했던 16세기에 대한 비통한 결별의 소리가 울려 퍼졌다. 하나는
어느 이탈리아 르네상스 지식인의 "이제 미래를 예견하는 일은 그만두
자. 예견은 사태를 조금도 개선하지 못한다"라는 외침이며, 또 하나는

보헤미아인 코메니우스Johannes Amos Comenius, 1592~1670. 모라비아 동부 니브니체에
서 태어난 교육학자. 본명은 얀 아모스 코멘스키(Jan Ámos Komenský). 그의 초상은 1990년대 말 체
코슬로바키아 지폐에도 등장했다의 변신이다. 그는 마술사로 출발해 황폐한 유
럽을 정신적으로 육체적으로 편력하고 마지막으로 네덜란드에 당도한
다. 그는 거의 즉물적인 세계 내 사물을 보여주는 소아용 교과서를 만
들어 다음 세대에 희망을 걸었다. 이 서책이 최근까지 유럽에서 판을
거듭하며 교육에 활용돼온 사실은 별로 알려지지 않았다.

청교도주의와 근대 임상

그러나 성립된 국민국가가 반드시 강력한 지배 체제를 갖고 있었던 것은 아니다. 예외는 아마도 16세기 네덜란드(저지대 국가들)의 가열한 종파 간 투쟁에서 승리한 홀란드(네덜란드)일 것이다. 칼뱅주의의 최종적 승리는 1920년대 소비에트에서 스탈린주의가 최종적으로 승리한 것과도 닮았는데, 그 요인은 근대 국민국가를 운전하는 유능한 실무가들을 수용할 수 있었기 때문일 것이다. '네덜란드라는 현상' 속에는 네덜란드의 대학들 절반 이상이 망명해 온 위그노를 비롯한 외부 유입 교수들에 의해 시작된 사실도 들어간다. 실제로 레이던대학에는 유럽 각지에서 학생들이 그 임상의학을 배우기 위해 몰려들었으며, 그 영향은 멀리 터키에까지 미쳤다.(부르하버의 교과서는 터키어는 물론 일본어로도 번역돼 사본으로 유포됐다.) 에라스뮈스를 비롯한 종교적 관용주의자들이 종교개혁 와중에 최종적으로 신교, 특히 칼뱅주의를 선택한 것은 결코 칼뱅주의가 그들을 환영했기 때문이 아니다. 칼뱅주의자들 자신은 칼뱅이나 크롬웰Oliver Cromwell, 1599~1658이 실제로 그랬던 것처럼 신정정치를 해보고 싶었을 것이다. 그러나 그들의 윤리 자체가 좋든 싫든 유능한 실무가·지식인·기술자가 활동할 여지를 준비해놓고 있었다. 게다가 차르 전제정치를 계승할 수밖에 없었던 스탈린주의와 달리 네덜란드는 중세에도, 엄격하게 말한다면, 봉건영주의 지배를 받지 않았다. 네덜란드 북부나 프리슬란트의 개척 농민들은 일찍부터 '영주로부터 자유로운 백성'이라는 자각과 긍지를 갖고 있었다. 사상 최초의 게릴라전은 그 이름이 유래한 나폴레옹전쟁 때의 스페인인들의 투쟁이 아니라 네덜란드 '바다 거지단'의 스페인에 대한 해상 게릴라전이었다.

여기서 있을 수 있는 반론, 즉 북아메리카의 청교도 식민지인 세일럼Salem에서 일어난 유명한(그러나 매우 작은 규모의) 때늦은 마녀사냥 1692년 3월, 미국 뉴잉글랜드 지방의 매사추세츠 주 세일럼(지금의 댄버스)에서 일어난 집단심리 폭주에 따른 참극. 200명 가까운 무고한 마을 사람들이 마녀로 고발당해 열아홉 명이 처형당하고 한 명이 고문사했으며 다섯 명이 옥사했다 사실을 어떻게 생각할 것인지에 대한 답이 나온다. 즉, 눈에서 비늘을 떼어내듯이 설득을 통해 이 마을의 마녀 소동을 종식시킨 것은 뉴욕(뉴암스테르담)에서 온 "렘브란트와 반에이크의 리얼리즘으로 무장한" 네덜란드계 시민이었다. 실제로 네덜란드 회화를 시대별로 살펴보면 르네상스적·바로크적 회화가 급격하게 리얼리즘으로 변화하는 사실에 놀라게 된다. 대상은 저지대 지방의 넓은 하늘 아래 펼쳐진 풍경뿐만 아니라 일상의 도구나 식품에 이르기까지 다양하다. 17세기에 벌어진 네덜란드와 영국 간 해전에서 화가는 배를 타고 두 나라 함대 사이를 떠돌아다니며 실제 상황을 그렸다. 그 리얼리즘은 20세기 종군 카메라맨의 선구가 아니었을까.

베버가 『프로테스탄티즘의 윤리와 자본주의 정신』에서 이 윤리 담당자들 중에 (논적인 브렌타노가 가톨릭 대자본가를 문제 삼고 있었던 데에 반해) 경영자, 아니 숙련 노동자들까지 포함시킨 사실도 여기서 상기해볼 수 있다. 또 상기해야 할 것은 베버가 이 윤리를 신 없는 시대로 기울어가던 시대의 과도적 윤리로 삼았다는 사실이다. 우리는 프로테스탄티즘의 윤리와 정신의학의 관계를 3단계로 나눠 추적할 수 있다. 그리고 국민국가 성립과의 관련 속에서도.

제1기는 이미 얘기한 대로 칼뱅주의 윤리와 노동 치료가 조화적으로 존재한 시대다. 직업윤리에 입각한 의사(종종 현세적으로 유복한 시민이 돼 있었다)가 노동 치료를 하는 수용소를 정기적으로 방문하는 그림이다. 이것은 오늘날에도 회진이 visite(방문)라 불리고 있는 이유다. 그러나 그 중심지인 네덜란드는 17세기 말이라는 이른 시기에 몰락한다. 기묘한 정치적 사술과 얽혀 있는 듯하다.

당시의 해전에서는 바람을 잘 이용하는 것이 결정적인 우위를 점하는 길이었다. 일련의 기술혁신으로 거의 모든 바람을 거슬러 올라갈 수 있게 된 것이 영국 군함이 타국 해군을 압도한 이유였다. 영국의 과학혁명—천문학, 망원경, 크로노미터, 자석 등—은 적어도 결과적으로 영국 해군의 우위 유지에 기여했다고 볼 수 있다. 그 앞에서 스페인의 갈레온선은 늑대에 사냥당하는 무력한 양과 같았다. 과학사적으로 말한다면 타국의 항해술이 모두 지방적이었던 데 비해(예컨대 프랑스 해군은 나폴레옹전쟁 시대에도 여전히 고대 이래의 갤리선^{galley}까지 사용했다. 그것은 파도 잠잠한 지중해에서나 통할 수 있었다) 영국은 보편적 항해술을 개발했다고 해야 할 것이다.

예외는 네덜란드였다. 네덜란드는 강한 서풍과 광대한 얕은 연안 덕에 해상 침공으로부터 보호를 받았다. 그들은 재빨리 건조할 수 있는 규격적인 상선 프레이트선^{freight}을 개발해 영국에 필적할 수 있는 함대로 이를 보호했다. 이 해상무역에 의존하는 2개국 간의 수차에 걸친 지고 이기는 17세기의 해전 뒤, 1667년 네덜란드 함대는 마침내 템스 강

하구 메드웨이 정박지를 침공해 영국 주력함 일부를 불태우고 일부를 자국으로 끌고 갔다. 그 20년 뒤 명예혁명이 일어나 네덜란드 왕은 영국 왕이 되고, 영국 국교로 개종해 앤 여왕과 함께 영국을 지배한다. 그리고 네덜란드의 역사는 이후 자국 역사가들조차 "따분하기 짝이 없다"는 쪽으로 바뀌게 된다. 대신에 영국은 백년전쟁 이래 잃어버린 것, 즉 대안對岸의 안정적인 종속적 동맹국을 획득한다. 네덜란드 오른쪽 하노버 지방마저 왕의 출신지로 영국인들이 진출해 실제로 전세기 중엽까지 영국 귀족들의 피한지가 됐다. 기묘한 바꿔치기가 아닌가.

그런데 무대를 영국으로 옮기면, 그 인클로저 운동과 산업혁명은 하나로 연속돼 있다는 걸 알 수 있을 것이다. 장원을 중심으로 한 중세 농촌의 전형을 발달시킨 그 영국이 농업을 포기하고 토지에서 인간을 추방한 뒤 대신에 양을 키우기 시작했다. 양모는 처음 플랑드르 지방 또는 인도에까지 수출됐고, 제품이 돼 다시 영국으로 환류했다. 영국이 18세기 전반에 1차 산업국이었던 것을 우리는 곧잘 잊어버린다. 이것을 보완하기 위해 네덜란드로부터 계승한 잉글랜드 동부 앵글리아 습지 간척과 런던을 중심으로 한 중간무역을 추진했으나 그것만으로는 부족했다. 17세기 크롬웰의 아일랜드 정복은 국민국가로서의 영국 최초의 식민지 획득이었다. 나중의 영국 식민정책의 교지狡智를 운위하게 되는 것은, 20세기의 신페인당Sinn Féin. 아일랜드와 북아일랜드에서 활동 중인 정당. 1905년 창설되었으며, 1970년 북아일랜드 통일운동에 대한 의견 차이로 아일랜드 공화국군과 밀접한 연관이 있는 신페인 급진파가 분리되었다. 신페인은 아일랜드어로 '우리 스스로(we ourselves)' '우리들' 등을 의미하는 낱말 운동에 의한 아일랜드 공화국의 독립에 이르기까지 아일랜드 통치가 일본의 조선 지배에 필적하는 가혹한 것이었다는 사실을 망각해서는 안 된다—그가 그 교훈에서 배운 것을 별도로 한다면. 7세기에는 서방 세계에서 유일한 '문명국'이었고 중세 철학의 연원이었던 이 지역에 잉글랜드인이 지주로 들어가 아일랜드인을 소작인 지위로 밀어냈다. (영국의) 농업 포기는 농업국 아일랜드의 획득으로 보완됐다.

어떤 시대에 사는 것이 행복할지는 어떤 계급으로 태어나는지, 일반적으로 어떤 사람인지에 따라 달라진다. 18세기 전반기는 영국 상층계급에게는 자유와 여유 있는 생활을 향유할 수 있었던 시대였을 것이다. 17세기에 교대로 영국을 지배한 청교도주의와 포피즘(왕정복고 시대의 가톨릭 복귀 무드)이 만들어낸 종교적 긴장은 명예혁명으로 일소됐다. 영국 국교는 귀족의 차남, 3남의 취직자리가 돼 일종의 제대로 기능하는 복식複式 정부기관이 됐다—바로 영국법의 관습법common law과 교회법에서 유래한 제2법체계인 형평법law of equity의 상호 보완성처럼.(「서구 '대국'의 정신의학」 참조)

좀 더 현세적인 웨슬리언, 쾌락주의적인 섀프츠베리Anthony Ashley Cooper, 1671~1713, 영국의 철학자, 정치가, 제3대 섀프츠베리 백작주의, 그리고 프랑스 이신론理神論에 대응하는 유니테리언은 이 시대에 적합한 이데올로기였다. 사상적 망명자들은 점차 네덜란드 대신 영국으로 향했다. 예컨대 볼테르가 그랬다.

그러나 2차에 걸친 인클로저 운동으로 땅에서 쫓겨난 농민들은 실직한 빈민으로 도시에 흘러들어갔다. 18세기 후반 영국에 산업혁명이 일어난 것은 그들 자국민의 착취에서 비롯됐다. 산업혁명은 17세기에 이미 뉴턴이나 로크를 탄생시킨 유니테리언, 예컨대 '영국 제1의 도공

陶工' 웨지우드Josiah Wedgwood, 1730~1795 등의 '월광협회' 덕이라는 얘기도 있는데, 또 다른 설로는 영국 국교도의 기여가 컸다고 한다. 어느 쪽이 됐든 그것은 영국을 1차 산업국에서 2차 산업국으로 일변시켰다. 세기 말 나폴레옹전쟁의 막대한 전비를 조달한 것은 이것 없이는 불가능했을 것이다. 하지만 산업혁명 사회는 정신병자에 대한 사회의 허용성을 현저하게 위축시켰다. 감금에서 풀려났던 그들은 다시 '감금'당하든가 굶어 죽도록 방치됐다. 외국의 관찰자들에게는 이 매연에 뒤덮인 인구 과밀한 새로운 사회 자체가 정신장애의 원인이었고, 그것은 '영국병'이라는 이름이 붙기에 이르렀다. 당시 장기설瘴気説장기=장독(瘴毒). 열병을 일으키는 산천의 독기. 중국 남부의 심한 풍토병을 일으키는 습기와 더위(나쁜 공기가 정신 질환을 낳는다)이 유력했는데, 동시대의 프랑스 정신병원이 과민할 정도로 통풍에 신경을 쓴 것을 함께 생각해보기 바란다.

청교도주의와 근대사회의 관계에 변화가 일어나 제2기에 들어간 것은 산업혁명이 그 계기가 됐다. 예전의 근면의 윤리 대신에 전면에 등장한 것은 거의 다 드러난 '지배의 윤리'였다. 그것은 웰링턴이 "워털루의 승리는 이튼교의 교정에서 이뤄졌다"라고 얘기했듯이 영국 지배층의 교육의 윤리이기도 했으며, 19세기에는 사회 다윈주의라는 '우승열패' '약자 도태'의 윤리가 되고, 해외 식민지 정복 때는 '백인의 무거운 책임'이 되기도 했다. 근면은 여전히 회자되고 있었지만 그것은 통속 도덕으로 여겨졌다. 자선 또는 복지는 사람들을 타락시키는 것이라 하여 늘 강력한 반대에 직면했다. 실업은 게으름 탓으로 돌려졌다. 비자발적 실업, 즉 아무리 노동자가 자신의 노동을 값싸게 팔려고 해도 발생할 수밖에 없는 구조적 실업의 발견은 실로 1920년대의 케인스를 기다려야 했다. 오늘날 찬미의 대상이 되는 영국 자연의 아름다움을 발견한 것은 영국인이 아니라 독립 직후 영국 주재 미국 대사였던 워싱턴 어빙이었다. 스코틀랜드의 애덤 스미스는 이른바 『국부론』(국민들의 부)과 『도덕 감정론』을 이기주의와 애타주의의 2부작으로 출간했지만, 리버풀이나 글래스고의 자본가들이 원용한 것은 전자만이었다. 여기서 청교도주의는 산업혁명의 비판자로 돌아선다.

그때 스코틀랜드는 어떻게 돼 있었던가. 종교를 통해 네덜란드의, 그리고 왕실 혼인 관계를 통해 프랑스의 영향을 받아 잉글랜드보다 대륙적이고 체계적인 사고에 익숙해져 있었다. 그것은 완전히 대륙적인 그 법체계에서도 찾아볼 수 있으며, 17세기 말 이래의 스코틀랜드 학파의 때로는 지나친 '네덜란드적' 질병 분류―정신병을 300가지 이상으로 분류한 자도 있었다―에서도 찾아볼 수 있다. 또 스코틀랜드 학파의 또 다른 일면, 예컨대 강력성과 약력성 등에서 보이는 평형적 건강론(평형 파탄에 의한 병리 발생)은 장로교회 내의 모더라티즘(중용파)에 대응하는 것이었음을 짐작케 한다.

스코틀랜드는 컬로든의 대패Battle of Culloden. 1746년 스코틀랜드에서 영국에 대적해서 일어난 마지막 조직적 저항. 이 패배로 저항의 주체였던 자코바이트 운동은 거의 진압됐다. 그때 영국 왕 쪽 지휘관 컴벌랜드(William Augustus, Duke of Cumberland)의 학살 행위가 후세에 잉글랜드에 대한 스코틀랜드인들의 감정을 악화시킨 하나의 요인이 됐다. 잉글랜드와의 의회 합동 이래 사실상 합방됐지만, 항상 '지배의 윤리'를 보완하는 '근면의 윤리', 경험주의를 보완하는 체계주의를 잉글랜드에 계속 제공했다. 그들은 뛰어난 학자나 정치가들을 잉글랜드에 공급했을 뿐만 아니라 대중의 식자율은 잉글랜드보다 훨씬 더 높았고 나폴레옹전쟁 시대의 영국 해군 수병 중에서도 문맹이 아닌 자는 거의 스코틀랜드인들뿐이었다.

그럼에도 스코틀랜드는 이미 정신의학의 선행적 시행자는 아니었다. 실천상에서 청교도주의가 산업혁명에 대립한 것은 잉글랜드에서였으며, 유명한 튜크 가문은 산업혁명의 매연에서 가장 멀리 떨어진 시골 벽촌에 요크 휴양소를 세웠다. 경증 환자들이 마을 길을 걸어 다녔고, 때로는 마을 사람들 집에 하숙을 했다. 이 모럴 트리트먼트moral treatment(도덕 요법, 정신요법)는 너무나 유명하지만, 중요한 것은 의사가 아닌 그들이 정신병자와 화합하면서 함께 생활하는 전통을 발전시킨 일이다.

의사들이 정신병원을 '방문'하지 않고 그 속에서 일하거나 또는 거기서 살아간 것은 그 뒤의 일이었다. 에스키롤이 샤랑통에 일종의 목가적 세계를 건설하려 했고, 출신지 농민들의 여망을 짊어지고 정신과 의가 돼 출신지의 병원장이 된 블로일러Eugen Bleuler, 1857~1939. 스위스의 의학자, 정신과의. 에밀 크레펠린이 제창한 조발성치매(Dementia Praecox)의 이름과 질환 개념을 바꿔 스키노프레니아(Schizophrenie, Schizophrenia)라는 용어를 만들었다. 이는 정신분열병으로 불렸으나 지금은 통합실조증(統合失調症)으로도 불린다가 병원 건설에 전 생애를 바친 것은 19세기의 일이다. 의사가 아닌 튜크 가의 사람들은 국교도도 아닌 데다 산업혁명 비판자들이라는 의미에서 이중의 논컨포미스트nonconformist, 비국교도 또는 순응 거부자라는 의미였다. 공직에서 배척당한 그들은 적극적으로 천직의 윤리에 입각해 세련된 기능과 봉사 정신으로 일을 했다. 많은 정신병원 개혁이 개혁자의 생명보다 영속하지 못했던 것과 대비될 만하지만(새뮤얼 튜크는 의사를 극도로 배척했다), 그들한테서 배운 많은 정신병원 개혁자들은 모럴 트리트먼트를 오해했다. 이것은 당시의 용어법에서는 '도덕 요법'이 아니라 '사회 요법'이라고 해도 문제없었다.(다조에 교지田添京二) 그러나 '도덕' 요법으로 불린 것은 '정신병자는 게으른 자'라는 설의 영향일 것이다. 특히 독일에서 그런 경향이 강했다.

튜크 가의 전통은 오늘날에도 영미권에 존속되고 있다고도 할 수 있다. 자원봉사자의 참가에 의한 모럴 트리트먼트는 19세기 말까지 영국에서 행해졌다. 그것을 폐지한 뒤 환자의 퇴원율은 눈에 띄게 낮아졌다. 그러나 그 영향은 남아 영국의 정신병원 간호사의 8할 내지 9할은 튜크 가와 마찬가지로 퀘이커 교도들이다.

하지만 영국은 미국 독립전쟁, 프랑스혁명, 나폴레옹전쟁, 2차에 걸친 영미전쟁, 그 뒤의 경제적 불황을 겪어야 했다. 프랑스혁명은 영국 지식층 일부를 환호하게 만들었으나 그들은 곧 침묵해야 했다. 나폴레옹전쟁 중 영국 해군 수병들은 종종 정부를 뒤흔든 대반란을 일으켰지만 철저히 진압당했다. 영국은 이런 전쟁을 대부분 '지배의 윤리'로 싸웠기 때문에 일반적으로 우리는 정신의학사에서 전시의 정신병자 상태에 관한 기술이 결여돼 있는 사실과 마주치게 되는데, 나폴레옹전쟁 시대에도 사정은 마찬가지여서 영국에서 가장 오래된 (그리고 아마 당시 최대 규모의) 정신병원 베들럼이 해군병원에 징발돼 정신병자 전용으로 사용됐다는 짤막한 기술 내용을 해군 역사에서 발견할 수 있을 뿐이다. 당시의 당국자는 해군에 정신병자들이 많이 발생하는 것은 강제징집 부대에 연행당한 젊은이들을 수병으로 만들어 혹사했기 때문이라 이해하고 있었다. 그러나 이 병원에서 추방당한 일반 환자들의 운명은 어떻게 됐을까.

우리는 20세기에 청교도주의와 정신의학의 제3기를 경험하고 있는 지도 모르겠다. 청교도주의의 윤리 자체가 인간을 정신병으로 몰아간다고 최초로 고발한 사람은 아마 해리 S. 설리번일 것이다. 그 자신은 아일랜드계 가톨릭 가정에서 태어났다. 그의 어머니에겐 기독교 이전의 아일랜드 민간전승의 세계도 남아 있었지만, 그는 일찍이 네덜란드 식민지였던 뉴욕 주 농업지대의 프로테스탄트 농민들 사이에서 고독하게 자랐다.

그는 처음에 자신의 출신을 부정하고 양키가 되고자 했으나 실패한다. 그때가 그의 자립 시기였다. 제2차 세계대전 뒤 이미 부유한 의사가 돼 있던 장로교회 목사의 아들 R. D. 레인이 아내가 남프랑스에 별장을 구하려 한 것을 계기로 반정신의학 쪽으로 돌아선다. 두 사람의 공통점은 프로테스탄트 가정의 유아교육에 대한 고발에 중점을 두었다는 것(설리번은 또한 미국의 청소년·성인의 '성공 원리'도 고발하고 있다)과 그 자신의 금욕성인데, 청교도주의의 윤리가 청교도적으로 고발당하고 있다고 할 수 있을지 모르겠다.

하지만 그들을 단지 청교도주의 윤리의 고발자라고만 보는 것은 너무 단순할 것이다. 레인의 저작 일부는 영국의 동요를 떠올리게 하며 또 다른 일부는 러셀로 대표되는 현대 영국 철학에 의해 촉발된 감이 있다.(사르트르의 영향은 오히려 희박하다.) 설리번에게는 어머니로부터 물려받은 아일랜드 서부의 이교적 분위기가 배어 있다.

거슬러 올라가면, 칼뱅주의자 목사의 아들로 자연으로의 회귀를 주창한 장 자크 루소가 이 제3기의 예고자·선구자라고 할 수도 있다. 그의 교육론 『에밀』은 지금이라면 반교육론으로 규정당할 것이다. 그는 정신의학에 직접 관계하진 않았으나 앙시앵레짐의 정신병원 개혁에서 시작되는 그 영향은 오늘날까지도 충분히 헤아릴 수 없을 정도로 깊다.

마찬가지로 칼뱅주의하에 있던 스위스의 주들은 중세 말기에 이미 신성로마제국에서 이탈했지만 '네덜란드적 현상'은 훨씬 미약했다. 볼테르를 비롯한 지식인들의 피난처가 됐으나 19세기의 시계 공업과 20세기의 수력발전(그리고 그에 따른 화학공업)이 일어날 때까지 가난한 목축 국가였고 외지 돈벌이에 크게 의존하고 있었다. 외국 용병이 된 그들은 그 충성심과 함께 '향수병'으로 유명했다. 그럼에도 멀리는 파라켈수스Philippus Aureolus Theophrastus Bombast von Hohenheim, 1493~1541. 독일 태생의 스위스 의사, 연금술사. 의학에서 화학의 역할을 확립했다. 유럽 각국을 편력하며 민간 치료법과 의약물을 모으고 치료를 해서 이름을 날렸으며 매독을 임상적으로 기록했다, 가까이는 라바터Johann Caspar Lavater, 1741~1801. 스위스의 개혁파 목사, 계몽사상가, 저술가. 근대 관상학의 창시자로 알려져 있다를 배출했다. 모두 정신의학을 포함한 의학의 혁신자들이다.

프랑스혁명과 공식 시민 의학의 탄생

프랑스혁명이 어느 정도로 프랑스 정신병원을 바꿨는지를 알기란 어렵다. 오히려 18세기 말의 자선 운동에 의한 소규모 병원들에서 그걸 찾아볼 수 있다는 견해도 있을 수 있다. 우리는 프랑스혁명과 나폴레옹전쟁이 궁핍한 시대의 일이었으며, 프랑스혁명은 결국 왕정복고로 끝난다는 것, 즉 이어지는 시대도 혁명의 좌절과 전쟁의 패배로 점철된 시대였다는 것을 염두에 둬야 한다.

다만 주목해야 할 세 가지가 있다. 곧 계몽주의 시대에 자란 프랑스 의사단은 항상—루이 18세 치하의 반동 시대에도—반왕당파가 계속 다수파였다는 것, 나폴레옹 통치하에 프랑스가 거대한 관료 제도와 정밀한 시험에 토대를 둔 학교 제도를 쌓아올렸다는 것이다. 그리고 새로운 프랑스 의학 제도는 매우 임상적이었는데, 실제로 드골 개혁까지의 일백 수십 년간 임상의학을 1학년생부터 배우고 해부학은 3학년이 되어서야 배울 정도였다. 파리대학 의학부와 관련이 있던 여덟 개의 큰 병원은 살아 있는 교과서였다. 앞서 얘기한 1000개 병상을 넘는 단과병원에서 학생들은 교과서에 실려 있는, 또는 여전히 미분류 상태이던 거의 모든 질환을 직접 살펴볼 수 있었다. 예컨대 19세기 프랑스의 신경학이나 피부과학의 발달 기반에는 그게 자리 잡고 있었다.(그리고 일본 의학생들은 오늘날에도 그런 기회를 가질 수 없다.) 그것은 paradigmatism(범례주의)의 한 극치였으며, 19세기 프랑스 피부과학·

신경학의 정치한 분류는 그것 없이는 생각할 수 없었다. 그러나 또한 19세기는 진단학과 치료학 사이에 가장 현격한 틈새가 있었던 시대이기도 했다. 부르주아지는 비교秘敎적인 특권적 치료가 아니라 간단명료하게 치료해달라고 의사들에게 요구했음에도 그러했다.

미셸 푸코가 얘기했듯이 임상의 시선은 변했을 것이다. 하지만 치료의 시선은? 자선적 치료는 후퇴했고, 부르주아지는 치료를 쾌적한 환경과 목욕, 일광욕에서 구했다. 특히 프랑스와 잉글랜드에서 휴양지가 발달했다. 경증 환자들은 종종 전지轉地 요양을 권유받았다. 하지만 중증 환자는? 18세기의 수용소는 오늘날의 인도 정거장과 다름없었다. 배를 기다리는 유형수와 매춘부와 환자 들은 함께 뒤섞여 있었다. 그러나 그들에게는 일종의 자유가 있었다. 거기는 "안심하고 미칠 수 있는 장소"(윌리엄 앨런슨 화이트)였고, 호가스의 판화에서 볼 수 있는 외잡스러운 세계였다. 원내 출산 수는 매년 관리자 보고 사항의 일부였다.

그러나 19세기와 함께 분위기는 급속히 변했다. 정신병원에는 정신병자만을 입원시킨다는 큰 변화만 있었던 게 아니다. 분리 수용은 20세기 전반기까지 정신과의 최대 관심사였다. 어느 시기의 파리를 예로 들면, 환자는 먼저 오텔 디우Hôtel-Dieu, 시립병원에 수용됐다. 6개월 뒤 그때까지 치료가 되지 않은 사람은 남자는 비세트르L'hôpital de Bicêtre에, 여자는 살페트리에르Hôpital de la Salpêtrière, 프랑스 파리 13구에 있는 종합병원로 보내졌다. 그들은 제복을 입은 경우가 많았다. 또 정밀 진단이 추가됐다. 일종의 배려는 병원 건축에서도 찾아볼 수 있다.(최대의 치료 수단 중 하나는 병원 건축이라는 인식은 이미 얘기한 바와 같이 계몽 시대에 존재했다.) 예컨대 샤랑통의 정신병원은 두 개의 강이 합류하는 절벽 위에 지어졌고 병원 전체의 철책은 절벽 중간에 설치돼 환자들에겐 보이지 않도록 했다. 병원은 'ㄷ' 자형 병동들의 집합이었고, 모두 강을 향해 열려 있어 환자들은 계곡 너머 일드프랑스의 넓은 들판을 마음대로 조망할 수 있었다.(그러나 또한 앞서 얘기했듯이 너무나 표본 상자처럼 보였을 것이다.) 하지만 반 고흐의 그림에서 보듯 닫힌 안마당을 청회색 옷을 입은 환자들이 원을 그리며 돌고 있는 병원이 더 많았을 것이다. 정신 의학사를 쓰는 사람의 마음을 무겁게 하는 것은 오늘날에도 정신병원의 실상이 당시와 별로 다르지 않고, 몇 번의 개혁 시도도 계몽 시대 또는 프랑스혁명 시대 사람들의 생각 범위를 크게 벗어나지 않는다는 것이다.

계몽군주제하의 근대 임상 건설

독일·오스트리아의 18세기 '계몽된 전제주의'는 또한 근대화 장비의 하나로서 형무소(교도소)나 병영과 함께 정신병원을 필요로 했다.

17, 18세기는 네덜란드를 모델로, 19세기는 프랑스를 모델로 삼아 오스트리아는 그 치료 의학을 건설하기 시작했다. 파리와 빈은 19세기 의학의 추축이 됐다. 그러나 절대주의 국가에서는 민중이 치료를 요구한 결과 의사에게 가해지는 압력은 약했다. 빈대학에서 으뜸가는 내과의 스코다Joseph Skoda, 1805~1881가 정밀한 진단을 한 뒤 학생들이 치료에 대해 질문을 하자 "그건 아무래도 좋아"라고 대답했다는 일화가 있다. 하지만 빈에서도 범례 지향성은 명확해서, 한 교수는 자신의 증상 사례에 관한 모든 기술 내용을 출판했다.

17, 18세기에는 정신병에 대해서는 의사가 아니라 철학자가 이를 맡아야 한다는 주장이 존재했다. 이 암투는 프랑스혁명에 의해 거의 종언을 고했다.(최후의 주장자는 아마도 칸트였을 것이다.) 이것은 16세기의 신학자와 의학자 간 항쟁의 재탕이라고도 할 수 있을 것이다. 하지만 신학자와 달리 철학자들은 권력과 결합하지 않고 조직을 갖고 있지 않았다.(의학에서도 철학에서도 학회는 나중에야 등장했다.) 패배한 쪽은 철학자들이지만, 예컨대 독일 대학생들의 주요 취직처는 귀족이나 부르주아지의 가정교사였기 때문에 철학자의 주장이 그만큼 비실천적인 것은 아니었는지도 모르겠다. 오늘날 철학자의 곁가지인 임상심리학자

가 미국에서 정신요법의 주류를 점하고 있는 것을 보라.

나폴레옹전쟁은 독일에서 독특한 반응을 불러일으켰다. 하나는 국민적 동일성을 추구한 장대한 우주적 사색의 비상이다. 17세기 라이프니츠의 독일, 또는 계몽전제군주 프리드리히 2세 치하에서 위그노들이 건설한 18세기 베를린의 분위기는 일변했다. 할레대학Martin-Luther-Universität Halle-Wittenberg. 독일 작센 앙하르트 주의 할레와 비텐베르크에 있는 공립대학. 약칭은 MLU. 1817년 비텐부르크대학(1502년 설립)과 할레대학(1694년 설립)이 합병의 상실, 그것을 대신한 새로운 베를린대학의 건설자 훔볼트는 18세기 독일 계몽주의 계보에 이어지는 사람으로, 편협한 내셔널리즘을 혐오해 남아메리카나 파리에서 대부분의 시간을 보낼 정도였다. 그 시기에 철학 청년이 아닌 독일 젊은이들은 없다고들 했다. 새로운 낭만주의는 낡은 바로크보다 훨씬 감상적이고 명백하게 반反마니에리스모마니에리스모(manierismo)는 르네상스 때부터 바로크의 과도기에 해당하는 1520년경에서 16세기 말에 걸쳐 로마·피렌체를 중심으로 서유럽 전체에 미친 예술 양식였으나, 30년전쟁으로 100년은 뒤처졌다는 독일의 토양에는 16세기의 마술적 syntagmatism(통합주의)이 잔존해 있었고, 계몽 시대에도 그것은 이따금 루터파의 경건주의(예컨대 생리학자 할러Albrecht von Haller, 1708~1777. 스위스의 해부학자, 생리학자, 시인. 실험생리학의 아버지로 불린다)의 형태를 취했으며 때로는 젊은 괴테를 유혹한 연금술 형태로 분출했다. 그러나 나폴레옹전쟁 패배와 함께 낭만주의는 독일 정신과 거의 동의어가 됐다. 그 영향은 프랑스나 영국에도 미쳐, 독일의 '안개 저편의 뿔피리'는 종종 프랑스인들로 하여금 귀를 기울이게 만들었다.

하지만 이 복고 운동은 나폴레옹에 의해 개혁된 프랑스의 근대적 관료 교육제도를 독일적 철저함으로 원용하는 것을 방해하지 못했다. 프리드리히대왕의 프로이센군은 7년전쟁 때의 영국 별동대에 지나지 않았으나 이제 나폴레옹의 프랑스군에 필적하는 강력한 정예의 프로이센군이 형성되기 시작했고, 지주 귀족들은 수렵과 주연을 단념하지 않았지만 철의 규율을 자랑하는 장교들로 바뀌기 시작했다. 가장 먼저 프랑스에 항복한 조국을 등지고 러시아군에 몸을 맡긴 장성 클라우제비츠의『전쟁론』이 그들의 기둥으로 자리 잡기 시작했다.

슈타인의 개혁은 프로이센을 규범적인 근대 관료 국가로 바꿔놓고 있었다. 그 일환으로 독일 각지에는 프랑스형의 거대 정신병원이 건설되기 시작했다. 대학은 아직 정신의학 강좌가 없었고 '정신병원장의 의학'의 시대였다. 낭만파 의학에 침윤돼 있던 이델러Karl Wilhelm Ideler, 1795~1860. 독일 정신과의와 노이만Erich Neumann, 1905~1960. 베를린 태생의 유대계 독일인. 융파(분석심리학)의 독창적 심리학자. 융의 가장 유력한 제자로 그의 무의식의 심리학의 후계자로 지목됐으나 융보다 먼저 세상을 떠났다 등의 정신병원장은 낭만적으로 정신 의료의 이상을 구상했다. 그것은 오늘날에도 읽을 만한 부분을 갖고 있지만, 어느 정도로 실천됐을까. 오히려 엄격한 관리가 그 특징인데, 때로는 여자 환자에게 군장을 시켜 교련을 하게 하는 지경에 이르렀다. 모럴 트리트먼트는 그 의미를 바꿔 강요적인 도덕 요법이라는 의미가 강화됐다.

M. 슈렝크는 그 이후 150년간 독일 정신병원은 거의 바뀐 게 없다고 얘기한다. 이 단순한 닮은꼴 환경 속에서 점차 정신병자들은 분류가 가능해졌다고 할 수 있을지 모르겠다. 실제로 19세기 이전 문헌의 기록에서 그것이 오늘날의 체계에서 어떤 병에 해당되는지를 파악하기는

어렵지만, 19세기의 정신병원에서 유래하는 분류는 좀 더 명확해 우리의 고개를 갸웃거리게 만드는 일은 많지 않다. 이는 19세기의 정신병원 분위기가 이른바 환자의 환자성을 속속들이 밝혀내는 그런 것이 아니었던가 하는 의문을 품게 한다.

19세기 후반기에 이르러 독일과 프랑스를 중심으로 대학 정신의학 건설이 이뤄졌다. 하지만 프랑스가 사제 간 전승의 전통을 결국 만들어내지 못했던 데 비해 독일 대학의 강좌제는 볼만한 계보를 그려낼 수 있을 정도의 엄격한 사제 관계를 창출했다.

19세기 정신 질환의 발견은 프랑스처럼 대학과 큰 병원의 교류가 이어진 곳이나, 크레펠린처럼 정신병원과 대학 양쪽 모두에서 일하던 사람들의 손으로 이뤄졌다. 19세기 후반에 정신의학은 내과보다 더 분화해 의학의 한 분과로 대학에서 시민권을 갖게 되지만, 많은 대학교수들은 정신병원에 있으면서 다만 강의를 위해 대학에 출강하고 있었던 듯하다. '정신병원장의 의학' 속에서 발견된 파과병破瓜病^{사춘기에 많이 발생}·긴장병^{하는 정신병의 일종}은 대학교수가 된 크레펠린에 의한 조발성치매, 함께 근무한 블로일러의 분열병으로 종합되는데, 필자가 그 발견의 장을 문제 삼은 것은 거대 정신병원의 쇠퇴와 함께 우리는 다시 질환 형태의 다양화라는, 18세기에 본 것과 같은 사태를 맞이하게 되기 때문이다. 거꾸로 19세기부터 20세기 초의 가장 큰 정신의학적 발견은 분열병의 '발견'인데, 이것은 고대 이래의 조병·울병이라는 양대 분리 체계를 뒤집은 것일 뿐만 아니라 정신의학 그 자체의 분위기를 일변시켰다. 그것은 전염병을 극복하려던 19세기부터 20세기 전반기에 걸친 시기의 의학적 과제를 대신해서 20세기 후반 의학의 최대 문제가 됐으며, 또한 철학자·사회학자·대중의 눈이 다시 정신의학에 쏠리게 만든 원인이 됐다. 이 '발견'이 점차 그 문제성을 드러내게 됐기 때문이다.

신대륙의 '근대'

여기서 눈을 돌려 식민지화한 북아메리카와 중남미를 살펴보자.

주지하다시피 중남미는 고대 근동을 떠올리게 하는 몇 개의 대제국과 밀림 또는 사바나 속에 숨겨져 있는 작은 부족들이 존재하는 곳으로 옥수수를 주식으로 하는 독자적인 문화가 발전했다. 콘키스타도르 Conquistador. 스페인어로 정복자를 뜻하는데, 특히 15세기부터 17세기에 걸친 스페인의 아메리카 대륙 정복자·탐험가를 가리킨다들의 정복 뒤에는 브라질을 제외하고는 모두 스페인의 지배를 받게 됐고, 프랑스혁명에 뒤이은 독립전쟁을 거치면서도 그 지배 형태는 본질적으로는 (쿠바를 빼면) 바뀌지 않았다. 남아메리카는 모두 가톨릭권에 속했다. 잉카 귀족 여성과의 결혼을 비롯해 이베리아반도인들은 대부분 원주민 또는 아프리카에서 이주당한 노예와 혼혈을 했다. 여기서 건설된 것은 중세의 장원 또는 고대 말기의 대규모 농장 '라티푼디움'에 가까운 것이었다.

중세 말기의 봉건제도 해체 과정에서 기사 계급 일부는 토지에 속박돼 돈키호테화했다. 돈키호테가 싸운 상대가 바로 네덜란드에서 당시 도입된 풍차였다는 것은 상징적이다. 일부는 정신廷臣이 됐으나, 훈타 Junta. 스페인어로 '위원회' '평의회'를 의미하는 말(의회)가 사실상 해체된 뒤 스페인이 오스트리아와 결합하여 르네상스=바로크형의 비능률적인 궁정 지배를 이어감으로써, 직무에 충실한 관료군으로의 변화는 일어나지 않았다. 하지만 부랑 기사가 된 자들 중 일부는 그 중세적 기반의 재건을 신대륙에서 시도해 거의 성공했다. 남아메리카 도시들의 설계는 놀라울 정도로 닮았다. 유일한 원原설계도에서 출발했기 때문인데, 유토피아의 과거지향성을 그대로 증명하는 질식할 것 같은 형태였지만 일반적으로 공중위생에 대한 배려는 동시대의 유럽에 비해 훨씬 나았으며, 그런 점에서 가톨릭의 조직적 장점을 찾아볼 수 있을 것이다.(다만 근대적 정신병원의 건설은 19세기 리우데자네이루의 줄리아누 모레이라의 노력에서 시작된다.)

이에 대해 북아메리카는 수렵과 해크_{길이 2미터, 두께 5센티미터 정도의 나무 막대로 땅에 구멍을 뚫고 그 속에 씨앗을 뿌리는 원시적인 농경법} 농경을 생업으로 하는 인디언의 소부족 국가들의 본고장이었다. 북상하던 스페인 세력은 정지당했고 이윽고 후퇴할 수밖에 없었다. 5대호 지방에서 미시시피 강 계곡으로 남하한 프랑스 세력은 확고한 지배권을 유지하지 못한 채 캐나다의 퀘벡 지방에 혁명 이전의 프랑스 농촌을 유지하는 데 머물렀다. 동해안에 점재하는 네덜란드의 작은 식민지들은 남아메리카(브라질)에 있던 한 곳까지 포함해서 정치권력을 유지할 수 없었다. 하지만 국교도 중심의 버지니아 이남 영국 개척자들은 노예를 부려 거대한 단작 플랜테이션을 건설했는데, 동부의 청교도를 주체로 한 식민자들은 일종의 신정정치에 토대를 둔 17세기 영국 농촌을 재현하기 시작했다. 요컨대 신대륙의 식민은 구대륙에서 과거가 된 것의 재건으로 출발했다.

그러나 베버가 근면의 윤리의 전형으로 벤저민 프랭클린을 즐겨 인용한 바와 같이 이 윤리는 북아메리카 동부 식민지를 자본주의화하기 시작했다. 동부 자본가들의 포경업은 1850년 북빙양 선대船隊의 대난파로 종지부를 찍게 되는데(마치 때를 같이하듯 1850년을 중심으로 미국

전역에 심령술이 폭발적으로 유행한다), 선박 운송을 대체할 철도망이 급속히 발달하면서 10년이 지나지 않아 남북전쟁이 일어난다. 이 19세기 최대의 사망자를 낸 전쟁은 다소 남아메리카적인 남부 사회의 타도와 북부의 급속한 공업화로 귀결됐다. 남부는 이 타격에서 한 세기 넘도록 회복하지 못했다. 하지만 이미 시작된 서부로의 프런티어 운동은—14세기 독일의 '동방 진출侵出(침략적 진출)'의 재현이라 볼 수도 있다—급속하게 근면의 윤리를 무너뜨렸다. 그것은 프로테스탄트적 근면의 윤리가 그 지역, 그 직장에 머물면서 노력한다는 것을 전제로 하기 때문인데, 프런티어 개방은 이 윤리의 기저를 무너뜨려 극단적인 '힘의 윤리'에 길을 내주게 만든 강한 경향성을 띠기 때문이다.

남북전쟁의 나이팅게일이라고나 해야 할 메리 딕스에 의해 수도 워싱턴에 최초의 서구형의 '근대적' 정신병원이 개설되는데, 일반적으로 태머니 홀Tammany Hall. 1790년대부터 1960년대에 걸쳐 존재했던 미국 민주당 내 파벌 관련 기관. 자선단체 태머니협회(Tammany Society)가 그 전신과 골드러시 시대인 19세기 후반의 미국은 유럽과 마찬가지로 우승열패의 사상 아래 정신병자들을 별로 고려하지 않았다. 더욱이 19세기의 유명한 아일랜드의 감자 흉작에 따른 기아와 이탈리아의 인구 폭발, 남러시아의 아르메니아인 박해, 동유럽과 러시아의 포그롬pogrom(유대인 학살) 등은 미국으로의 대량 이민을 초래했다. 그리하여 그것은 미국을 지리적 이동은 자유지만 인종적 혼교混交는 쉽지 않은 모자이크 국가 또는 카스트 국가로 만들었으며, 동시에 의학 측면에서는 19세기 전반기의 퀘이커 의사 벤저민 러시를 대표로 하는 (전근대적) 일원론적 미국 의학을, 그리고 세기 후반기에는 교육 기술 정도가 제각각인 각양각색의 의사의 범람을 야기해

의사의 신용이 급속히 저하했다.

　여기서 미국의사회는 자율 규제를 통해 의사의 사회적 지위를 향상시키고자 저급한 의사의 정리와 속성 의학교 폐지를 감행함으로써, 일본이 '독일 의학을 모델로 하는' 의학 근대화 노선을 확립한 바로 뒤에, '기초의학은 독일에서, 임상의학은 영국에서' 그 모델을 찾는다는 테제 하에 의과대학 모델로 존스홉킨스대학을 볼티모어에 세웠다. 스위스 출신의 아돌프 마이어Adolph Meyer, 1866~1950. 미국 정신과의. 20세기 전반기에 정신의학 분야에서 가장 큰 영향력을 지녔던 이들 중 한 사람는 츠빙글리파의 목사한테서 "사변으로 흐르지 말고 실천을 중시하라"라는 격려를 받고 유럽 각지의 대학, 특히 스코틀랜드(글래스고)에서 공부하고 정신병원 부속 병리해부학자에서 임상정신과의가 된 의사였는데, 초빙을 받아 초대 정신의학 교수가 된다. 미국의 정신의학은 마이어의 근대 일원론적 정신생물학을 출발점으로 해서 구미 유학 의사들을 제1세대, 마이어 등으로부터 배운 의사들을 제2세대로 해서 1920년대에 역동 정신의학을 중심으로 점차 미국적 정신의학으로서의 자각을 명확하게 해간다. 설리번도 그중의 한 사람을 가르쳤을 것이다. 정신병원에서 정신분열병에 대한 정신요법을 시도한 것은 그로부터 시작됐다고 해도 좋다.

대학 중심의 서구 공식 정신의학

19세기 후반을 통해 정신의학은 대학의 전문 과목이 되고, 내과계 의학을 모델로 해서 급속히 체계화한다. 프랑스 의학에서 시작돼 독일에 계승된 정밀한 증상 기록은 성공적이어서 1930년까지는 거의 모든 정신 증상이 기록되기에 이른다. 과학으로 무장해서 선진 제국을 추월하려 한 독일 의학을 중심으로 하는 정신병의 생리학적·생화학적 연구는 성공했다고 할 수는 없지만 정력적으로 추진됐다. 또 근대적 대학의 보급과 함께 다른 유럽 국가들도 그 대학 정신의학을 건설하기 시작했다. 북유럽 국가들 및 스코틀랜드, 모스크바는 독일의 영향이, 이탈리아는 독일어권의 영향이 강했고 스페인, 포르투갈, 남아메리카 제국, 터키, 루마니아, 페테르부르크(레닌그라드)는 프랑스 의학의 영향을 받았다.

그러나 진단학과 치료학 간의 간극은 컸다. 모럴 트리트먼트는 의미가 확산됐다. 19세기의 정신병원은 이미 그 이전에 활용되던 방법을 계승해 갖가지 시도를 해봤으나 한두 가지 예외를 빼고는 생각한 만큼의 성과를 내지 못했다. 우리는 그것을 지속적('비둘기파'적) 요법과 충격적('매파'적) 요법 두 가지로 대별할 수 있을 것이다. 그 어느 쪽을 선호하든 환자를 그 망상대로 왕자(왕)로 세우고 간호사들이 (예컨대) 그 신하 역할을 하는 심리극의 맹아가 싹텄다. 그와 동시에 귓전에서 대포를 쏘고 갑자기 물속에 던져 넣거나 빠르게 돌아가는 의자에 앉혀 고압 정전기를 몸에 흘리는 시도들이 이뤄졌다. 근대적 치료의 '매파'는 로보토미lobotomy. 대뇌의 전두엽을 절개하는 대단히 위험한 수술와 전격 요법에서 그 절정에 도달했다. 이런 것들의 개발이 전자는 살라자르 치하의 포르투갈, 후자는 무솔리니 치하의 이탈리아라는 고전적 그리고 파시즘적 독재 시대에 행해졌다는 것은 시대 상황과 무관하지 않다. 그러나 그것들이 발전한 것은 미국에서였다는 건 역설적이다. '밤과 안개'의 나라(일본과 독일 등 파시즘 국가)에서는 이런 성가신 방법이 필요 없었던 걸까.

19세기는 세균학의 시대라고도 얘기한다. 오늘날 우리는 황열병의 위협 때문에 사람들이 다 떠나버린 필라델피아와 콜레라가 창궐하는 함부르크를 거의 상상하기 어려울 것이다. 이것은 19세기에 구미가 자행한 세계 분할의 말하자면 반대급부였다. 19세기의 유럽 기후가 전세기에 비해 한랭했고 거기에 과밀 도시들이 차례차례 출현한 점도 지적하지 않을 수 없다. 그것은 따라서 코흐Heinrich Hermann Robert Koch, 1843~1910. 독일 의사. 세균학자. 루이 파스퇴르와 함께 근대 세균학의 개조, 파스퇴르, 플렉스너Simon Flexner, 1863~1946. 미국 병리학자. 세균학자 등의 세기이기도 했다. "모든 질환은 그 병원균을 갖고 있다"라는 이 의학의 테제를 끝까지 추구해 진행성 마비가 매독에 의한 것이라는 사실을 증명한 것은 노구치 히데요지만, 노구치의 죽음과 함께 세균학적 의학은 종말을 고한다. 그걸 전후해서 열성 질환을 통해 진행성 마비를 치료한다는 19세기의 경험을 토대로 바그너 폰야우레크Julius Wagner von Jauregg, 1857~1940. 오스트리아 의사. 1950년에 발행된 500실링짜리 오스트리아 지폐에 그의 초상이 인쇄됐다가 말라리아요법을 오랜 기간의 실험 끝에 개발했다. 진행성 마비는 정신의학의 범례적 질환으로 간주됐으나 그 후속은 없었다.

	'정통' 정신의학*	'역동' 정신의학
출신	평야의 문화 / 계몽주의자	숲의 문화 / 낭만주의자
담당자	대학, 정신병원의 정신과의 (다소 폐쇄적, 전문가주의)	신경학, 내과학 등 타 분과 출신자, 개업의, 심리치료가, 시술자 오피스 에서(다소 개성적, 아마추어리즘)
의학으로서의 비교 기준과 경향	- 거리를 둔 관찰, 개별 증상과 통계학 적 결론 중시 - 증상 중시(기록) - 형식면 중시 - 정신병에서 범례를 추구한다(다소 다원적 원인론 / 원인론에 대한 금욕) - 비관론적 - 엄밀성 중시 - 성인의 상식적인 정상성을 기준으로 이격離隔을 문제시함 - 정적·분류적 체계로 기운다	- 관여적 관찰, 또는 치료를 통한 지식과 범례를 중시 - 생활사 중시 - 내용면 중시(해석) - 무의식적 동인 중시 - 신경증에서 범례를 구함 (일원론적 원인론으로 기운다) - 낙관론적 - 가설적 추론 중시 - 유·소아, 정상인의 잠재적·병적인 면을 주목 - 동적 구조로 기울고, 전개(치료)를 중시
치료 문화로서의 성격	- 체제적, 정신감정에 정성 - 일반 교수법에 의한 전달 - 증상 제거, 노동능력 회복, 상식성 으로의 복귀 지향 - 의학의 한 분과로서의 정신과 의사 라는 자기규정 - 치료 환경의 정비를 중시 - 신체요법·환경요법을 중시 - 대상: 굳이 가른다면 민중	- 당파적, 정신감정에 미숙 - 개인적 실시 지도에 의한 전승 - 인격의 왜곡이나 발달의 미숙성의 극복을 지향 - 치료자의 존재 방식을 스스로 묻는다 - 치료의 장 구조를 중시 - 가급적 심리요법을 중시 - 대상: 굳이 가른다면 어떤 의미에서 탁월한 층(권력, 부, 지력, 기타에서)

〈표 1〉 '정통' 정신의학과 '역동' 정신의학

*별칭 : 전통적·강단적·고전적(약간 좁은 범례를 가리킬 때)·상식적(영국·스코틀랜드의 어법)·기술적
·현실적(사회주의권의 어법) 정신의학

'정통' 정신의학의 성립

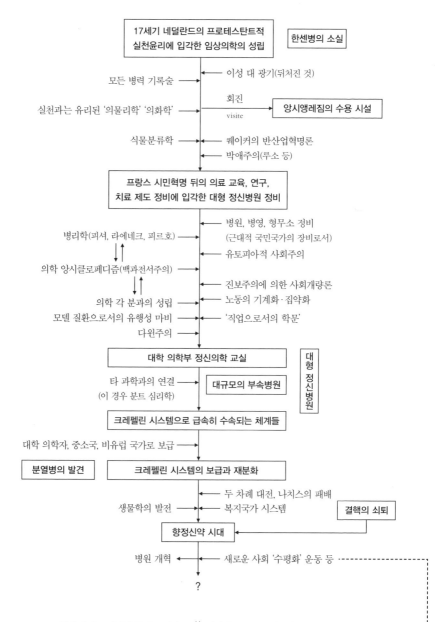

17세기 네덜란드의 프로테스탄트적
실천윤리에 입각한 임상의학의 성립

한센병의 소실

이성 대 광기(뒤처진 것)

모든 병력 기록술

회진
visite

실천과는 유리된 '의물리학' '의화학'

앙시앵레짐의 수용 시설

식물분류학 ← 퀘이커의 반산업혁명론

← 박애주의(루소 등)

프랑스 시민혁명 뒤의 의료 교육, 연구,
치료 제도 정비에 입각한 대형 정신병원 정비

병리학(피셔, 라에네크, 피르호)

병원, 병영, 형무소 정비
(근대적 국민국가의 장비로서)

유토피아적 사회주의

의학 앙시클로페디즘(백과전서주의)

진보주의에 의한 사회개량론

의학 각 분과의 성립

노동의 기계화·집약화

모델 질환으로서의 유행성 마비

'직업으로서의 학문'

다윈주의

대학 의학부 정신의학 교실

대형정신병원

타 과학과의 연결
(이 경우 분트 심리학)

대규모의 부속병원

크레펠린 시스템으로 급속히 수속되는 체계들

대학 의학자, 중소국, 비유럽 국가로 보급

분열병의 발견

크레펠린 시스템의 보급과 재분화

두 차례 대전, 나치스의 패배

생물학의 발전

복지국가 시스템

결핵의 쇠퇴

향정신약 시대

병원 개혁 ← 새로운 사회 '수평화' 운동 등

?

현재 가장 고전적인 형태를 지니고
있는 사회주의 국가들이다

일반적으로 프로테스탄트적
(북아메리카 제외)

'역동' 정신의학의 성립

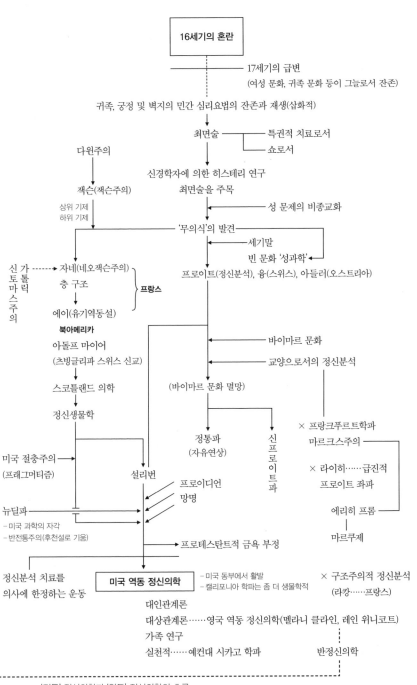

'정통' 정신의학과 '역동' 정신의학의 흐름

모든 정신과의들이 인정하겠지만, 정신의학은 다른 어떤 과학기술과도 달리 통일돼 있지 않다.(더 저류에서는 의학 일반에 일원론—전체론, 체액 병리—과 국소론—기관·조직 병리, 세포 병리—의 대립이 존재하겠지만.) 이것을 만일 '정통' 정신의학과 '역동' 정신의학이라 이름을 붙인다면 그 대조는 〈표 1〉이 보여주는 것과 같은 것이라 할 수 있을 것이다.

역동 정신의학과 그 반향

유럽의 역동 정신의학의 연원은, 17세기에 이것이 낡고 어둡고 몽매하다 하여 부정당한 것에서 찾아야 한다.

우리는 기묘한 일치를 느낀다. 그것은 역동 정신과의의 출신지가 숲과 평야의 접점 또는 숲 속이라는 점에서 이것은 정통 정신과의와 칼뱅주의의 관계만큼이나 뚜렷하다. 프로이트도 보헤미아의 숲에서 태어났고, 아들러도 오스트리아와 헝가리 국경의 작은 마을 출신이다. 빈 자체가 그 이름을 얻은 숲의 기슭에 있다. 융도 산과 숲의 나라 스위스의 라인 강이 평야 지대로 막 나오려는 지역 출신이다. 더 거슬러 올라가면 사태는 한층 더 분명해진다. 메스메르는 보덴독일·오스트리아·스위스의 국경에 있는 호수. 콘스탄츠 호수라고도 하는데, 레만 호 다음가는 2위 크기의 호수 호반에서 태어나 죽었고, 가스너Johann Joseph Gassner, 1727~1779. 독일의 유명한 퇴마사도 남독일 산지가 활동 무대였다. 메스메르와 함께 최면술의 창시자인 퓌세귀르 후작은 아르덴 숲의 작은 마을 영주였는데, 나무에 자기磁氣(최면)를 걸어 그 나무에 접촉하는 사람을 치료한 데서 시작됐다.

이것은 기독교 이전의 오랜 수목숭배로까지 거슬러 올라가는 오래된 전통으로 그 이름의 흔적은 플로베르의 소설 『부바르와 페퀴셰』에서도 찾아볼 수 있다. 최면술의 낭시 학파의 거점인 낭시는 산으로 에워싸인 나라 로렌의 수도다. 로렌은 마녀사냥이 가장 격심했던 나라 가운데 하나다. 내가 17세기 이래의 계몽주의에 의해 어둡고 몽매하다 하여 부정당했지만 1750년 이후 부활한 데서 역동 정신의학의 탄생을 찾으려 하는 이유는, 엘랑베르제의 호방한 역동 정신의학사를 번역하면서 등장인물들의 출신지·활동지를 지도상에서 찾아본 데서 비롯했다. 그것은 의외로 좁아서, 로렌에서 남독일 삼림지대, 스위스, 보헤미아 삼림지대, 빈, 조금 떨어져 아르덴 숲을 연결하는 선 안에 대체로 들어간다.(「서구 정신의학 배경사」 말미의 지도 참조)

하지만 지리적인 것만이 시사점을 주는 건 아니다. 잠시 역사를 조금 거슬러 올라가보면 특히 가톨릭권의 의사들 기량과 지위는 극도로 떨어졌는데, 가톨릭교회는 히포크라테스를 잠정적으로 절대적인 존재로 간주하도록 의사들에게 지시했다. 이것은 위기에 처할 때 가톨릭교회가 종종 취하는 태도다. 이것은 대혁명 때까지의 프랑스를 포함한 가톨릭권 의학 일반의 정체를 낳았다. 그러나 이 지극히 방법적인 태도의 옳고 그름을 통해 위기의 깊이를 파악해야 한다.

바로크 문화는 파라켈수스와 판 헬몬트Jan Baptista van Helmont, 1579~1644. 벨기에의 화학자. 의학을 공부했으나 나중에 화학, 자연철학으로 바꾸었다라는 탁월한 의사들을 그 변경에서 탄생시켰다. 그들은 갈레노스 추종에 반대해 연금술을 배우면서 아라비아 의학의 모방에서 벗어났다. 그들의 의료는 매우 실천적이었으며 그들의 의학은 매우 syntagmatic(통합주의적)했다. 바로 이 양자의 긴장이야말로 바로크의 본질 중 일부라고 사람들은 얘기할지 모르겠다. 하지만, 또는 바로 그 때문에, 그들은 고립된 존재였다. 그들을 받아들여줄 기반은 붕괴하고 있던 르네상스 궁정에도, 새로 배태되고 있던 국민국가에도 없었다. 판 헬몬트는 근대 화학의 선구자 중 한 사람이기도 한데, 가톨릭교회로 회귀했다. 파라켈수스는 유랑하다

굶어 죽었다.(그는 때로 에도시대의 정토종 승려 도쿠홍德本上人을 연상케
한다.) 그들은 후세에 그들을 알아줄 사람을 기다려야 했던 이들이다.
그들의 의학은 바로크보다 오래 살아남지 못했지만 그 정신 질환을 포
함한 질병의 구체적인 기술이 시드넘의 질병 단위의 발견과 통합적인
병력病歷 개발로 이어졌을 것이다. 역으로, 구체적이면서 전체적이려고
하는 의사는 시대를 넘어 그들한테서 종종 영감을 구할 것이다. 예컨
대 융처럼.

　그러나 통합적 기록은 또한 대항 종교개혁의 산물인 예수회의 것이
기도 했다. 그들은 실천에서 종종 매우 paradigmatic(범례주의적)했다.
그들의 기록은 네덜란드 또는 영국 동인도회사의 보고서와 더불어 종
종 그 시대의 비유럽 세계에 대한 가장 정확한 1차 자료다. 그들의 퇴마
술(엑조티시즘)은 마침내 그 기록에 접할 수 있게 된 오늘날에도 평가하
기 만만치 않지만 그 기재 내용은 동시대의 개명적인 칼뱅주의자 의사
들보다도 정확하고 즉물적이었다. 범례주의적인 실천자로서의 그들은
마녀사냥보다도 퇴마술에 더 익숙한 존재들이었으며, 우리는 동시대인
들의 신앙을 한 몸에 모았던 예수회 퇴마사의 이름을 댈 수 있다.

　뉴턴이 근대 물리학·미분적분학의 개조임과 동시에 뛰어난 망원경
제작자인 장인이며(그의 긍지는 여기에 있었다), 연금술사, 성서 해석
자, 그리고 스위프트한테서 비난받았지만 악화 주조로 경제문제를 해
결하려 한 조폐국 장관이었던 데서도 알 수 있듯이, 오늘날 '과학혁명'
이라 일컫는 일을 떠맡았던 사람들은 많은 얼굴을 지니고 있었다. 바
로크 도시 빈에서 자란 동물자기술의 창시자 메스메르의 졸업논문은
점성술에 관한 것이었다.

문제는 아마도 뉴턴 등의 과학자들이 대학이라는 승원僧院(대학교수는 승려였고 독신을 으뜸으로 쳤다)에 존재의 장을 가질 수 있었던 데 비해, 실천자인 의사들은 바로크라는 전환기에 이에 대응하는 안정된 장을 가질 수 없었던 점일 것이다. 퇴마사만은 예수회에 자신들의 장을 갖고 있을 수 있었으나 그래도 끊임없이 이단으로 몰리지 않기 위해 신중하게 처신해야만 했다. 마침내 메스메르에 이르러서야, 즉 18세기 후반 프랑스혁명 전야에 이르러서야 로코코라는 시대 속에 장을 마련할 수 있었던 것으로 보인다. 그가 치료한 환자들은 모든 부인이 치치스베오(공인 애인)를 갖고 있던 로코코 시대를 대표하는 귀부인들이었다. 그의 동물자기—아니마(심적) 자기라고 하는 게 맞다고 생각하지만—이론은 그를 계몽 시대의 첨단을 걷는 존재로 자인하게 했으나, 절반은 뉴턴(또는 길버트)을 모델로 한 것이며 절반은 바로크적인 syntagmatism(통합주의)이었다. 파라켈수스나 판 헬몬트가 이미 알고 있던 것을 그가 창도했다고 주장한다는 동시대의 비판은 이런 의미에서 옳았다. 하지만 프랑스에서는 대혁명까지, 독일에서는 더 나중인 낭만주의 의학 시대의 종언 때까지 이러한 의사擬似 과학 이론은 일반적으로 정신과의(라고 하는 전문의는 존재하지 않았고 그 분야를 '전공'한 내과의였지만)의 '상부구조'를 차지하고 있었다.

퓌세귀르 후작의 동물자기술은 그 자신 메스메르의 충실한 제자로 자칭하고 있었음에도 더 오랜 층에서 나온 것으로 보인다. 그것은 북프랑스 숲 속 민속 전승의 세계가 계몽된 귀족의 손으로 재편된 것이었다. 이런 점과의 관련에서 거의 같은 수법을 사용하면서 메스메르가 환자에게 크리즈crise(회복기의 발작)를, 퓌세귀르가 몽유 상태를 일으킨 차이는 좀 더 고찰해볼 필요가 있다.

메스메르, 퓌세귀르도 프랑스대혁명의 파도에 휩쓸려 일단 그들의 자기술(최면술)은 잊혔다. 그러나 사멸한 것은 아니다. 두 사람이, 필자가 이미 얘기한 바와 같이 개명적 칼뱅주의가 주도한 정신 의료에 의해 부정당한 데서 나왔다고는 하나, 과학에도 꼭 같이 태생적으로 어두운 면이 있다는 것을 지적해두고자 한다. 메스메르[18]는 과학은 학문의 전통과 장인의 전통이 결합해서 성립됐다고 얘기한다. 칼뱅주의 윤리를 만일 장인 전통의 계승자로 본다면(그것은 '화폐경제하의 장인 전통'이겠지만) 학문의 전통은 르네상스의 syntagmatism에서 나왔고, 그 마술적 부분은 신에게 도전해서 신도 움직인다는 의미를 갖고 있었다. 과학기술은 중세에 흰 마술이라는 얘기를 들었다. "뉴턴은 최후의 마술사이기도 하다."(케인스)

그러나 의학, 특히 정신의학에서는 학문과 장인이라는 두 전통의 결합이 곤란했다. 심신이원론이 언어의 발생 이후 또는 의식의 발생 시대로 거슬러 올라갈지 말지를 사변에 맡긴다면, 그 명확한 출현은 노예제와 밀접한 관계가 있을 것이다. 어떤 삽화가 떠오른다. 미국 흑인 노예가 큰비를 만나자 모자를 몸으로 덮었다. 사람들이 의아해하자 그는 이렇게 말했다고 한다. "몸은 주인님의 것이지만 모자는 내 것이니까요." 이것은 2000년 전 확실히 노예 출신이었던 에피쿠로스의 철학에 유비될 만하다. 그 이후 심신이원론은 유럽 철학에 망령처럼 붙어 다녔다.

뇌와 사고가 밀접한 관계가 있다는 사실은 이미 고전고대에 알려져 있었으나 근대에도 뇌는 정액이나 콧물 같은 분비물의 지위에 만족해야 했던 경우가 종종 있었고, 뇌실腦室이 뇌 실질(내용물)보다 더 중시됐다. "송과선松果腺이 양자의 접점"이라고 한 데카르트의 단순한 테제이래 양자의 관계는 분명해지기는커녕 연구가 진전될 때마다 점점 더보통 수단으로는 설명할 수 없게 됐다. 만일 '뇌'와 '정신'이 두 개라고한다면 양자를 갈라놓는 심연은 전혀 좁혀지지 않았다.

"고대의 도시(폴리스), 중세의 도시 또는 동업조합(길드), 토지 귀족의 봉건제 동맹은 1차적인 경제적 목적 외에 그것을 덮어서 가리기 위해 모두 부차적 이데올로기적 목적을 갖고 그 목적의 신성성을 숭배했다. (⋯) 오직 자본주의사회만이―철저히 정상적이고 적극적이지만 저급한 사회다."(일본어판 『마르크스·엥겔스 선집』 제17권) 엥겔스는 뒤이어 "미래의 공동사회는 자본주의사회의 정상성을 고대사회에 있었던복지에 대한 배려와 결합하고, 그로써 그 목적을 달성하게 될 것이다"라고 '과학적' 사회주의사회를 19세기 말에 예상했으나, 우선 19세기는의학의 '부차적 이데올로기적 목적'이 위기에 처한 사회였다. 후진국독일에서 과학으로 이빨까지 무장하고 의학 영역에서 발레리의 이른바 '방법적 제패'와 결합해 과학적 의학 이데올로기를 채용하는 것이매우 중요해지면서, 의학의 대다수 분과에서 이 환상적인 측면도 대중―'정상적'인 자본주의사회의 대중―이 수용하게 만드는 데 거의 성공했다.

그러나 정신의학에서는 그와 같은 성공은 설사 있었다고 하더라도미미했다. 폴메르츠Vollmerz 시대에 3월혁명을 지향한 그리징거의 정신병원 개혁에서 정신요법에 이르는 측면은 무시됐으며, 그의 정신의학의 일부가 '뇌 신화'로서 조소를 받기에 이르렀다. 오스트리아의 마이너트 Theodor Hermann Meynert, 1833~1892. 독일-오스트리아 신경병리학자. 해부학자에 의한 정 신의학의 내과학內科學化 시도도 좌절당했다. 적어도 후계자를 얻지 못 했다. 서구 정신의학은 이데올로기로서의 과학을 대신할 무엇인가를 추구해 이후 오래 방황하게 되며, 18세기 후반에 일찍이 치료의 주도권 을 둘러싸고 암투를 벌였던 대상인 철학에 다시 접근했다. 애초에 정 신의학적 현상에 대한 관심은 늘 19세기 철학의 저류에 흐르고 있었 다. 프랑스의 라베송몰리앵Jean Gaspard Félix Lacher Ravaisson-Mollien, 1813~1900. 프랑스 유물론자. 멘드비랑의 사상을 이어받고 부트루, 베르그송에게 깊은 영향을 주었다, 멘드비 랑Marie François Pierre Maine de Biran, 1766~1824. 프랑스 유심론자, 베르그송은 말할 것도 없이 칸트의 '인간학'은 그에 대한 상당히 단적인 표현이다. 무의 식은 라이프니츠에 의해 공식적으로 '발견'됐으며, 쇼펜하우어나 니체 는 거의 무의식에 의한 인간 심성의 지배에 정통한 심리가였다. 쇼펜하 우어와 니체가 프로이트에게 끼친 영향은 엘랑베르제가 시사하고 지 적한 대로일 것이다.

오스트리아의 유대인 의사 제1세대로서 처음에 신경학자를 지향했 던 프로이트는, 그러나 일찍부터 브뤼케Ernst Wilhelm Ritter von Brücke, 1819~1892. 독일 의사. 생리학자 밑에서 발생학 연구를 하면서 의학 연구를 시 작했고, 그 연장으로 다윈의 진화론에 깊이 빠졌다. 그는 신경학자 샤 르코Jean Martin Charcot, 1825~1893. 프랑스 신경학자, 해부병리학자. 근대 신경학의 창시자와 브로이어Josef Breuer, 1842~1925. 오스트리아 생리학자, 내과의, 프리스Jakob Friedrich Fries, 1773~1843. 독일 철학자와 개인적 위기(아버지의 죽음이라는 위기이기도 했지만 아버지가 되는 위기이기도 했는데, 프로이트는 1890년대 초기에 거의 동시 교착적으로 그것을 경험한다)의 시기에 해후해서 거의 과학적인 심적 장치의 모델을 구상한다. 그러나 프로이트 업적의 핵심은 그 자신의 체험과 치료 체험이었다. 그렇다고 해서 그가 모델을 갖고 사고하는 걸 포기한 것은 아니다. '무의식 / 전의식 / 의식'이라는 초기 모델은 '에스Es / 자아 / 초자아'라는 후기 모델로 바뀐다.

실은 그가 만들어낸 모델 간의 상호 관계는 그의 저작들만 봐서는 도무지 명료하지 않다. 나르시시즘 개념 하나를 보더라도 상호 모순된 기술이 심지어 동시적으로 존재하는데, 프로이트 자신이 그것을 의식하지 못했다는 것은 발린트[19]가 논증한 대로일 것이다. 방어기제의 임상적 관찰에 의한 기술은 그의 꿈 연구(19세기에는 꿈에 대한 뜨거운 관심과 광범위한 꿈 연구가 지속적으로 이뤄졌다) 또는 실수 행위 연구와 표리일체를 이루고 있는데, 이 연구의 치료적 활용은 일부 환자들을 제외하면 반드시 큰 설득력이 있었던 것은 아니다. 아마도 치료자로서의 프로이트는 19세기 말에 **단호하게 최면술 채용을 거부했던 용단**으로 후세에 가장 특필될 만한 사람일지도 모르겠다.

19세기 내내 전성기를 구가한 최면술은 자기술의 후계자이지만 환자와 치료상의 거래를 하지 않고 완전히 권위주의적으로 군림했다. 이것이 당시 샤르코, 자네Pierre Janet, 1859~1947. 프랑스의 심리학자. 히스테리, 정신쇠약에 관하여 독자적 이론을 전개, 베르넴Hippolyte Bernheim, 1873~1919. 프랑스의 최면술사 등에 의해 대학 정신의학으로 도입되고 있었다. 바로 그 시기에 서구 귀족계급 또는 고전적 시민계급 속에 농밀하게 존재했던 빈 유대인의 한 개업의에 의해 (최면술이) 지양됐다는 것은 매우 주목해야 할 사실이다. (그것은) 프로이트의 임상적 형안炯眼은 물론이거니와 그런 계급들로 구성된 세기말의 빈, 툴민Stephen Edelston Toulmin, 1922~2009. 영국 태생의 철학자. 전공은 과학철학 등이 얘기하는 "비트겐슈타인의 빈"[20]의 종말을 예고한 것인지도 모른다. 전이轉移에 대해서 말하자면, 신경증을 전이신경증으로 변환해서 치료하는 것은 완전 회복을 이상으로 삼으면서 현실적으로는 질환을 좀 더 무해한 다른 질환으로 변환하는 것을 '치료'라고 보는 태고 이래의 의학·정신의학에서는 아마도 샤머니즘 성립 이래의 치료 수법일 것이다. 좁은 문맥에서 보자면, 18세기 말 의사와 환자의 관계망에서 치료력을 발견하던 것의 연장선상에 있다.

그러나 프로이트의 영향은 오늘날에도 헤아리기 어려울 정도로 깊다. 1939년 그의 타계 때 영국의 어느 시인은 "프로이트여, 당신은 우리의 세기 그 자체였다"라고 노래했지만, 그것조차 너무 협소한 평가일지 모르겠다. 본고에서는 프로이트를 전면적으로 다루지는 않지만 그것은, 사견을 얘기하자면, 프로이트는 지금도 역사에 속해 있지 않기 때문이며[21] 정신의학 배경사는 그중에서도 특히 시간적 배경을 함의하고 있기 때문이다.

프로이트는 본질적으로 19세기 사람이라고 생각한다. 20세기는 문학사에서와 마찬가지로 제1차 세계대전 뒤에 시작되기 때문이다. 프로이트는 마르크스나 다윈 등과 마찬가지로 19세기에, 구체적이고 전체적이라고 해야 할 장대한 프로그램하에 수많은 모순을 포함하는 체계적 업적을 20세기로 넘겨준 '타이탄족'의 한 사람이었다고 생각한다. 그들은 솜씨 좋게 무한의 사색으로 끌어들이는 강력한 효모(이스트)를 20세기에 뿌려놓은 사람들이었다. 이 효모의 발효 작용과 그 파급 효과는 오늘날에도 결코 그 끝을 알 수 없는 게 현실이다.[22] 20세기 사상사의 중요한 일면은 일견 모순을 지니면서도 불사신인 이들 타이탄 족과, 종종 예리하고 가느다란 검을 갖고 싸우는 20세기 지성과의 격 투였다고 해도 좋다.[23] 예컨대 사르트르의 모든 저작을 시간순에 따라 전망하는 것.

20세기의 변화

과연 19세기는 엥겔스가 말한 바와 같이 저급하지만 정상적인 사회였을지도 모르겠다. 그러나 눈을 좀 더 가까이 갖다 대면 단순히 그렇게 규정해버릴 순 없을 것이다.

간호가 세속의 직업으로 확립된 세기이기도 했다.

원래 간호는 의학에 비해 매우 안정된 기초 위에 서 있는 것이다. 의학이 제대로 치료할 수 있는 질환은 오늘날에도 여전히 많다고 할 수는 없다. 그러나 과거에도 현재도 아무리 중병 환자, 빈사 상태의 사람일지라도 원리적으로 간호할 수 없는 병자는 없다. 이것은 의사뿐만 아니라 간호사도 충분히 주목하지 않았던 사실이다. 이 안정성은 물론 고뇌를 수반하지 않은 건 아니다. 바로 그 때문에 기독교가 병자를 접할 때 종교적 행위라며 적극적으로 가치를 인정하기까지 서구에서 간호의 개념도 행위도 성립될 수 없었을 것이다. 또 많은 간호사들은 아마도 윤리적 동기에 의해 그 직을 선택했을 것이다. 이는 많은 의사들이 그 시대마다 인문주의자의 필수 교양으로 의학을 배우거나 과학자(어쩌면 철학자 또는 사상가)가 되려고 의사의 길을 택한 것과는 대조적이다. 계급 상승을 꾀하거나 권위적인 지위를 추구한 직업 선택을 한 것도 의사 쪽이었다.(오늘날 영국의 정신과 간호사 대다수가 퀘이커 교도라는 사실을 여기서도 상기해주기 바란다.) 튜크 가문의 모럴 트리트먼트가 정신병원 개혁을 겨냥했던 의사와는 대조적으로 개인의 생애를 초월해 지속적일 수 있었던 것은 그들의 용단이 본질적으로 간호에 속했기 때문이며, 19세기 중엽의 코널리의 '비非구금'도 단명으로 끝나긴 했지만 간호라는, 원리적으로 안정된 기반 위에 서 있었다. 오늘날에도 의사조차 망설이는 프랑스의 불결한 병동에 들어서는 것은 누구보다도 먼저 가톨릭 간호사들이다.

그러나 19세기는 간호에 큰 변질이 일어났다.

플로렌스 나이팅게일의 노력은 간호를 전문직으로 사회가 승인하도록 만드는 데 성공했다. 그것을 가능하게 만든 사회적 배경은 이미 더 논의할 것도 없지만 근대의 비특권계급 출신의 영국 여성의 탁월한 간호·교육·가정교사 능력을 간과해서는 안 된다. 사실 18세기부터 20세기 중엽까지 대륙, 특히 프랑스 귀족 및 부유한 시민계급은 그런 여성들을 자녀를 위해 고용했는데, 파리의 특권계급을 위한 사립학교는 영국 여성을 초빙해 그들 방식대로 운영하게 했다.

그럼에도 나폴레옹 시대의 '이데올로그' 주도하의 개혁에서 시작되는 의료 체제 정비가 19세기 후반기에 이르러 대학 또는 대학에 연계 affiliate된 연구 중심의 도시 병원을 정점으로 하는 피라미드형 구성을 형성하기 시작하는 것과 나란히, 간호는 의사 중심의 의료에 편입돼 의료 보조자의 지위로 굳어지기에 이르렀다. 이것은 독립된 간호자로서의 정신적 부하를 크게 경감시켰을 것이다. 동시에 간호사는 점차 관리자가 됐다. 게다가 의사를 보완하는 존재로서 의사가 주도하는 의료의 궤도에 환자를 얌전히 태우는 역할을 담당하게 됐다. 여기서 nursing (간호)의 양의성이 노정된다. 그것은 간호하는 것임과 동시에 nursery rhymes(전래 동요)가 아이 돌보기 노래인 것과 마찬가지로 환자를 아이 다루듯 하는 경향이다. 간호사는 잠재적 모성이며 동시에 제2의 성으로서 사회적으로 매우 제한된 존재였다. 특히 정신 의료에서 간호사로부터 뛰어난 치료자 슈빙이 탄생할 수 있었으나, 그와 동시에 설리번이 규탄한 의사擬似 합리적인 압제적 간호 체제도 많이 생겼다.

19세기에 다수 설립된 정신병원 중 많은 수가 공업도시의 해악으로부터 멀리 떨어져 있다는 '대의大義'하에 인가에서 떨어진 숲이나 벌판에 지어졌다. 그것은 사실상 소도시였고 거기에서 분별 수용을 담당한 이들이 의사였으며, 관리를 간호사들이 맡았다. 19세기 중엽 대중을 위한 동물원이 각지에 건설된 것과 때를 같이해서 '인간원人間園'으로서의 정신병원을 일요일에 대중이 (구경 삼아) 방문할 수는 없게 됐다. 하지만 무슨 일이든 좋은 면만 있는 것은 아니다. 정신 의료는 대중의 눈에서 거의 완전히 차폐됐고 구경 나온 대중에게 환자가 호소해서 결국 석방될 수 있다는, 대중이 사랑한 삽화적인 사건은 더는 불가능해졌다.

19세기의 노동의 질이 변화한 것은 이 폐쇄성을 부동의 것으로 만들었다. 18세기 이전의 '시설'이 그 관리가 얼마나 잡박한 것이든, 아니 그 잡박함에도 불구하고 수익을 올리고 있었던 것과는 전혀 다르게 19세기에 정신병원은 수익을 올릴 수 없었다. 그것(노동의 질적 변화)은 매뉴팩처manufacture. 제조에서 20세기의 테일러시스템이 그 극치를 보여준 단순·비숙련·기계 노동으로의 변화였다. 그리고 후자야말로 정신병자가 하기 힘든 것이었다. 그리고 서구에서는 대상隊商과 오아시스의 세계, 기상천외와 투기의 세계인 이슬람 세계가 간직할 수 있었던 휴식과 환상의 문화를 지닐 수 없었다. 중세 이래 서구인들은 계속 일을 해왔으나 이제 그들은 가장 비위생적인 도시에서 휴식 없이 가장 저급한 노동에 종사할 수밖에 없게 됐다. 마르크스는 그들을 노동으로부터 소외된 인간으로 규정했으나 그들은 휴식으로부터도 소외당했던 것이며, 게다가 정신병원 내부에서는 노동으로부터도 휴식으로부터도 이중으로 소외당했다. 단순화한 표현이지만, 사회로부터의 소외는 거의 완전한 것이었다. 우수한 의사들은 정신병원을 피하게 됐다. 정신병원 근무의는 승진·영전의 길이 막혔다. 그들의 개인적 니힐리즘은 치료적 니힐리즘과 겹쳐졌다. 살페트리에르도 베들럼도 황폐해졌다. 환자의 행동과 환상은 줄어들었고 훨씬 더 상동常同적인 '증상'이 관찰됐으며, 마찬가지로 본질직으로는 상동적·반복적 '망상'에 대한 얘기들이 흘러나왔다. 많은 증상들이 정밀하게 기록됐다. 뷤케Oswald Bümke, 1877~1950. 독일 정신과의. 신경학자가 편찬한 호방한 『정신병 편람Handbuch der Geisteskrankheiten』의 정신분열병 편(1932년)으로 이 기록은 완성됐으며, 이후 사실상 새로운 증상의 발견은 없었다.

서구 '대국'의 정신의학

이 시기에 정신의학이 의학의 분과로 성립된 것은 적어도 행복한 사태는 아니었다. 다원주의의 영향하에 19세기는 일반적으로 병자, 빈자에게 가혹했다.[24]

역사의 아이러니는 18세기가 끝내 이루지 못했던 증상 분류를 19세기의 정신과의가 착실하게 진전시킨 것이었다. 물론 19세기의 의학은 새로운 두 가지 장비를 갖추게 됐다. 병리해부학과 통계학이다. 그러나 정신의학의 주요한 질환에 대해서는 이 두 가지 장비의 도움 없이 분류가 완성됐다. 그 반면에 예컨대 프랑스혁명기의 파리 정신병원군의 퇴원율 상승은 19세기의 상상을 넘어섰다. 19세기에는 정신병원의 외래 환자는 존재하지 않았기 때문에 자연히 분열증이 나은 사람 외에 퇴원은 없었다.

고전 독일 정신의학을 담당했던 사람들 중 다수는 베버가 말한 직무에 충실한 교수였고, 직업으로서의 학문에 필요한 '눈가리개'를 갖고 있었다. 그들은 바이마르 시대에도 카이저 빌헬름 시대의 독일 교수 스타일을 유지했으며, 이 '눈가리개'가 볼품없는 사람은 종종 조소의 대상이 됐다.

그 배경에는 중세 이래의 독일 대학의 자치권이 있다. 30년전쟁 이래 소국으로 분립된 독일에서 대학의 자치권은 강했고 학생들은 소국 국경을 넘어 대학을 두루 다닐 수 있었다. 사실 독일제국의 통일까지 독일의 대학은 학생 재판권을 갖고 있었고 감옥도 마련돼 있었다.(나중에 제국을 통일한 비스마르크가 베를린대학으로 자리를 옮겼을 때 먼저 해야 했던 것은 결투죄의 나머지 형기를 대학 감옥에서 보내는 것이었다.) 교수는 오랜 기간의 노고와 빈곤을 견뎌낸 사람들 중에서도 일부만이 될 수 있었으며 교수의 권력은 절대적인 것이었다. 바이마르공화국은 독일 육군과 함께 대학에도 손을 댈 수 없었다—어느 쪽이나 다 반바이마르적이었지만.

그러나 19세기 말부터 20세기 초에 걸쳐 독일의 대학에는 점차 일종의 변화가 일어나고 있었다. 1871년의 독일 통일, 1880년대의 식민지 획득의 결과 독일 과학에도 보편성을 요구하게 됐다. 이미 가우스, 힐베르트David Hilbert, 1862~1943. 독일의 수학자. 1900년 파리의 국제수학자회의에서 23개의 미해결 문제를 제출하여 금세기 수학의 발전에 많은 시사를 던졌다, 칸토어Georg Ferdinand Ludwig Philipp Cantor, 1845~1918. 독일에서 활약한 러시아 태생의 수학자에 의해 독일 수학은 그 빈곤한 시대에도 보편적 승인 과정을 거쳤는데, 철학도 마침내 영국 헤겔주의자들을 케임브리지대학에서 탄생시키고 크로체Benedetto Croce, 1866~1952. 이탈리아의 철학자, 역사가. 파시즘 시대에 정부에 대한 협력을 거부하고 반파시스트 지식인의 의견을 대변했다를 이탈리아에서 낳기에 이르렀다. 함부르크의 열대의학연구소도 그 학문 영역의 중심지가 됐다.

이런 의미에서는 독일 정신의학이 오늘날까지 전 유럽적 승인을 얻지 못하고 있는 것은 오히려 예외 중의 예외로, 정신의학이 얼마나 사회적 규정성이 강고한 것인지를 보여주는 방증이 될까. 1932년에 절정에 도달했다가 나치즘에 의해 사실상 해체(1938년)되기까지 독일 정신의학은 반세기 남짓 치료보다도 정확한 정신감정을 중심으로 발전했다. 슈나이더Kurt Schneider, 1887~1967. 독일의 정신의학 연구자. 특히 통합실조증 진단과 해석
에 대한 저술로 유명하다에 따르면 그것은 국가권력에 대한 저항, 적어도 제동
을 건 것이었으나 한편으로는 야스퍼스 같은 독특한 존재를 낳기에 이
르렀다.

야스퍼스는 네덜란드에 가까운 프리슬란트 지방 출신인데, 이 지방
은 네덜란드와 마찬가지로 "중세에 봉건영주의 지배를 받지 않은 자유
민"임을 자랑스러워했다. 그의 아버지는 "독일 국민으로서 네덜란드 국
민이 아닌 것"을 유감스럽게 여겼다. 베버나 의형 마이어의 영향을 일
찍부터 받은 그는 의학의 길을 택했으나 '지병'인 기관지 확장증을 이
유로 주치의가 되는 걸 면제받는다는 조건으로 하이델베르크대학 정
신과에 들어갈 수 있었다. 그것은 아무리 그가 수재라고 해도 독일 정
신의학의 감정鑑定 중심적 성격을 빼고는 생각하기 어려운 일이었을 것
이다. 그리고 그는 6년 뒤에 정신의학을 버리고 철학으로 옮긴다. 그의
철학은 더 선명하게 베버적 금욕의 윤리에 가깝다. 그러나 그것은 나중
의 일이고, 의학 생활 6년간 그는 1910년의 베를린 정신분석연구소 건
설로 갑자기 사회의 표면에 출현한 프로이트와 그 일파를 첨예하게 의
식하면서 독일 서남학파의 이론에 따라 정신의학에서 사변적 금욕의
철테를 끼울 수 있었다.(『정신병리학 총론』초판, 1913년) 그 효과는 충
격적이었다. 프로이트파가 유럽에서 재야에 머무는 계기가 된 것은 물
론이요, 또한 예컨대 『민감한 관계 망상』으로 화려하게 출발한 크레치
머Ernst Kretschmer, 1888~1964. 독일 의학자, 정신과의. 사람의 기질을 연구해 유형학적으로 분류
했다에게 큰 정신적 충격을 안겨줘 그는 자기 방에 틀어박혀 제자에게
의자조차 주지 않고 "계측, 계측" 하고 외치는 존재가 됐다.

일반적으로 독일 정신과의는 그들의 '초자아' 야스퍼스의 눈길을 의식하지 않고 일을 추진하기가 어려워졌다. 야스퍼스가 철학 쪽으로 옮겨 간 뒤에도 오랫동안 그 영향이 남았다. 그는 20세기 전반기 독일 정신의학의 이데올로그로서의 기능을 충분히 또는 그 이상으로 수행했으며, 바이마르 시대 내내 독일 고전 정신의학, 특히 하이델베르크 학파의 지위를 부동의 것으로 만들었다. 그러나 대학과 교류가 별로 없는 독일 정신병원에서 의연하게 고풍스러운 진단이 통용되고 있는 것도 또한 사실이다.

프랑스는 독일과는 몹시 달라서 대학이 문화의 중심이었던 적이 적어도 18세기 이후 제2차 세계대전 뒤까지는 없었다. 문화의 중심은 귀부인을 중심으로 한 살롱이었다. 살롱은 강령회降靈會나 최면술도 실연하고 고명한 정신과의를 초빙했다. 그것은 특히 19세기에 종종 어둡고 낡은 층에서 나온 '역동' 정신의학과 '정통' 정신의학의 접점이 됐다. 이것을 모르고는, 예컨대 자네가 한편으로 고전경제학 그대로의 심적 에너지론에 토대를 둔 정신쇠약론을 정식화하면서 다른 한편으로는 영매에 대한 관심에서부터 거의 퇴마술에 가까운 격정을 지닌 최면 치료를 왜 실천했는지 이해하기 어려울 것이다. 살롱은 문학자·과학자로부터 영매까지를 한곳에 모을 수 있는 장이었으며, 프랑스 시민사회 문화의 집약임과 동시에 아마도 중세 프랑스 귀부인의 카운슬링 '연애 평가'의 먼 후예였을 것이다. 콜레주드프랑스의 교수라는 것도, 아카데미프랑세즈의 회원이 되기 위한 격렬한 다툼도 이 문화의 중심 광장에 진입하기 위한 자격을 얻는다는 면이 있었다. 거꾸로 대학의 강의에는 학생 외에 거의 항상 살롱 멤버나 멤버가 되려는 '스노브snob. 속물'들이 출석

했다.

이런 것도 영향을 끼쳐, 독일과는 반대로 프랑스의 대학에서는 사제 관계의 계보를 그릴 수가 없다. '제자'는 샤르코와 바빈스키^{Joseph Jules} ^{François Félix Babinski, 1857~1932. 프랑스 의학자. '바빈스키반사'의 발견자로 유명}의 유명한 관계를 기다릴 것까지도 없이 은사의 사후에는 그의 학설을 이어받아 발전시키는 조술자祖述者가 되기보다 '반역자'가 되는 경우가 많았다.(따라서 제자라고 하기보다 추종자라고 하는 게 옳다.) '스승'도 원리적으로는 만인에게 공개돼 있는 강의에 오로지 역점을 두었고, 임상 지도를 하는 경우는 없진 않았으나 예외적이었다. 샤르코는 자신의 '유명 환자'가 있는 병동에 거의 가지 않았다.

19세기 영국에서는 정신의학에서 눈부신 진전은 없었다고 해도 과언이 아니다. 19세기 영국 대학의 일종의 아마추어리즘 같은 것은 정신의학과 반드시 잘 어울리는 것은 아니었다. 옥스퍼드대학 의학부에 1960년대 말이 되어서야 정신과 강좌가 개설됐다는 말을 들으면 귀를 의심할 사람도 있을지 모르겠다. 일반적으로 영국의 의사 양성은 병원 중심이어서, 도제제도를 통해 의사가 되는 길이 20세기까지 남아 있었다.(예컨대 페니실린의 발견자 플레밍이 그런 사람이다.) 물론 도제적 의학 교육이 우리가 자칫 단순히 그런 관념을 갖기 쉽듯이 '뒤떨어진' 의학 교육이라고 생각할 수 있는지 여부는 의심해볼 필요가 있을 것이다. 최근 미국에서도 여러 가지 의학 교육을 시도해본 결과 도제식 지도가 가장 효율적인 방법으로 평가받고 있다.

우리는 잉글랜드의 정신의학, 아니 더 넓게 잉글랜드 의학을 생각할 때 다음과 같은 잉글랜드의 특수성을 염두에 두어야 할 것이다. 주지하다시피 잉글랜드의 법은 성문법(실정법)에 대립하는 의미에서 관습법(불문법)이다. 이는 로마법을 계승한 서구에서 잉글랜드가 매우 특수한 지위를 점하고 있다는 걸 의미한다. 이 특수성은 이슬람문화권이 그리스·로마 문화를 수용하면서 유스티니아누스법전을 전형으로 하는 로마법을 계승하지 않았던 점에서 서구와 달랐고, 그게 또한 가장 깊숙이 다른 점이라는 것을 생각한다면, 예사로운 특수성이 아니다. 그러나 이슬람권이 쿠란을 세속의 법으로 삼은 것과 잉글랜드의 사정은 다르다.

성문화된 법을 실체로 여기고(관념하고), 그 개개의 케이스에 적용하는 것을 법의 행사라고 생각하는 대륙법과는 명백히 대립하는데, 잉글랜드의 법은 법의 관념을 단지 "판례의 누적으로 점차 그 윤곽이 뚜렷해지는 무엇"이라고 봤다. 잉글랜드 (및 그것을 계승한 미국) 법사상이 대륙법과 다른 차이점이 그 의학에도 강하게 반영돼 있을 것이라는 점은, 일본에서 바라보건대 그들의 증례證例종상 사례 중시를 고찰하는 데에 아마 필요할 것이다. 단순한 증례 중시가 아니라 발상의 전환이 필요할 것이다. 그들은 판례 상호 간의 모순을 두려워하지 않으며 거의 신경을 쓰지 않는 면조차 있다.

19세기를 지배한 다원주위는 특히 영국에서 약자 도태를 정당화했다. 1832년을 전후해서 시작되는 보통선거법을 비롯한 일련의 수평운동도 코널리의 고립적인 예를 제외하면 정신의학에 영향을 주지 못했다. 잭슨의 사고도 자네와 마찬가지로 다원주의적이며 자본주의 논리를 너무 단순하다고 할 정도로 반영하고 있다. 이 점에서는 미국의 비어드George Miller Beard, 1839~1883. 미국의 신경과의. 신경쇠약 개념을 만들어냈다의 신경
쇠약 개념도 마찬가지인데, 자네와 비어드는 정신적 백만장자 또는 부
자와 빈자의 개념을 제시하면서 빈자는 빈자답게 살아가는 것이 옳다
고 했다. 그들의 임상적 사고는 심적 에너지의 밸런스시트(대차대조표)
를 염두에 둔 것이었다. "수입 범위 안에서 생활하라"라는 케인스의 표
어는 그들의 정신위생적 사고에 그대로 헌상할 수 있는 것이다.

하지만 심적 에너지 개념이 선행하는 동물자기 또는 개인의 자력磁力
개념에서 한 걸음 더 내딛기 위해서는, 그 한편에서 마이어의 에너지
항존 법칙의 발견이나 카르노Nicolas Léonard Sadi Carnot, 1796~1832. 프랑스의 물리
학자. 열은 높은 온도로부터 낮은 온도로 옮겨질 때에만 힘을 얻을 수 있고, 그와 반대의 경우에는 밖에
서 힘을 가하지 않으면 안 된다는 사실을 증명하였다. 이것은 오늘날의 '열역학 제2법칙'과 같은 것이다
의 열역학이 존재했다는 점을 부정할 수 없을 것이다. 그것은 뉴턴의
원격작용론적 역학이나 길버트William Gilbert, 1544~1603. 영국의 의사, 물리학자, 자
연철학자. 코페르니쿠스의 지동설을 일찍부터 지지하며 당시 지배적이었던 아리스토텔레스 철학에 바
탕을 둔 학교교육을 적극 거부했다. 정전기와 자석을 연구했다의 자석 연구와 초기 전기
학에 자기술이 배경으로 깔려 있었던 것과 같다.

정신의학은 항상 선진 과학의 영향을 받아들였다. 설령 그것이 임상
실천과 유리된 것이라 해도 정신병자에 대한 정신과의의 정신을 안정
시키는 것으로서 그것은, 적어도 일부의 정신과의가 낭만파 의학의 퇴
조 뒤 20세기에 이르러 다시 철학을 그 상부구조로 받들 때까지, 실로
'일정한' 유효 작용을 계속했다.

잭슨의 사고는 간질 또는 뇌 손상의 임상에 토대를 둔 것이지만, 멀
리 브라운의 플러스병 대 마이너스병 개념에서 발단해 라이엘 등의 지

질학 및 '개체발생은 계통발생을 반복한다'는, 19세기에 유포된 헤켈의 '법칙'에 의해 고무됐다는 점도 아마 얘기할 수 있을 것이다. 프로이트의 에너지론은 그의 청년기의 발생학에 입각한 것이며 또한 에너지의 원천과 그 배분을 문제로 삼는 것이다. 리비도 이론은 에너지론 중에서도 가장 세련된sophisticated 것이다. 비급備給정신분석 용어. 리비도 또는 욕동 에너지가 특정 대상 또는 관념에 투입돼 있는 상태 개념이나 종종 사용되는 리비도에 대한 아메바 비유를 함께 생각하면 좋을 것이다.

20세기 전반기에도 생물학의 영향은 하나의 감춰진 참조 틀로 계속 작용했다고 할 수 있을지 모르겠다. 1900년의 멘델의 법칙 재발견 이후 10여 년간은 미국의 모건을 중심으로 한 유전학의 전성기였다. 이 재발견은 19세기 내내 억설이 거듭 제기된 유전학을 이른바 기상학을 천체역학의 확실성으로까지 높인 것에 비유할 수 있다. 그러나 유전학이 생물학의 최선진 부문이었던 시기는 비교적 짧았다. 슈페만Hans Spemann, 1869~1941. 독일 발생학자. 동물 배에서 2차 배를 유도하는 영역 형성체를 발견한 공로로 1935년에 노벨생리의학상 수상(정확하게는 그 조수)에서 시작되는 근대 발생학은 발생 도상 생물들의 놀라운 가변성을 밝혀냈다. 그들은 스스로를 '후성설後成說'이라 규정하고 유전학에 전성설前成說이라는 경멸적인 명칭을 붙였다. 특히 양차 세계대전 사이의 20년간 '후성설적 발생학'은 생물학의 주류를 차지했다. 오늘날의 관점에서 보자면 양차 대전 간의, 특히 영미의 거의 순수 '후성설적'인 정신의학에 이 배경이 있었던 점은 잊기 십상이지만, 사람은 '백지'로 태어난다는 사상이 미국 민주주의 또는 듀이의 교육학 등의 영향을 받은 결과라고만 보는 것은 너무 단순하다. 좀 더 가까운 생물학 내에서 그것을 강력하게 지지하는 사상이 존재하고 있었던 것이다. 분자생물학이 대두한 1953년에 이르러 발생학 중심의 생물학은 비로소 강한 충격을 받는다. 그러나 분자생물학은 여전히 다세포생물의 발생 과정을 설명하지 못했으며, 한편으로 양차 대전 간에 발생학이 전개한 엄밀한 조건하의 실험적 사실들은 거의 하나도 부정되지 않았다. '전성설'과 '후성설'은 더 높은 평면에서의 통일을 이룰 미래를 아직도 기다리고 있는 실정이다. 가설은 여러 가지로 나오고 있으나 1960년대 초의 "다음은 발생의 설명이다"라는 분자생물학자의 호기는 그에 앞선 몇 년과 같은 눈부신 진전을 보여주지 못했다. 내친김에 얘기하자면, 신경학의 국재론局在論과 전체론의 대립도 생물학의 '전성설' 및 '후성설'과 그 소장消長을 거의 같이하고 있다는 점을 말해두고자 한다. 1920년대 초에 터져 나온 '의학의 위기'론도 19세기에 순조롭게 진행된 의학의 분화와 세분화에 대한 격렬한 반동이었다. 폰 바이츠제커Carl-Friedrich von Weizsäcker, 1912~2007. 독일 물리학자, 철학자. 나치스 독일 외무차관 에른스트 폰 바이츠제커의 아들로, 전후 독일 대통령이 된 리하르트 폰 바이츠제커의 형는 원래 전체론자인 폰 크렐Albrecht Ludolf von Krehl, 1861~1937. 독일 내과의사, 생리학자의 내과학에서 배운 내과의였고, 그와 겔렌Arnold Gehlen, 1904~1976. 독일의 철학자, 사회학자의 인간학의 영향 아래 인간학적 의학이 발족한다. 이것은 생물학의 전체론과 호응해 한때 매우 강력한 힘을 가질 수 있었는데, 의학 또는 생물학의 전체론이 쇠퇴하는 것은 정치적 전체주의에 대한 지적 혐오의 영향을 받은 결과라고 봐도 좋을 것이다.(생물학의 전체론 창도자가 정치적·경제적으로도 전체주의를 지지한 경우가 적지 않았다.) 하지만 1920년에는 무솔리니가 이탈리아에 질서를 도입했다 하여 유럽 지식인들의 지지를 받는 듯한 분위기가 있었다. 1930년대에 지적 협력위원회에 참가해 파시즘에 반대한 프랑스의 시인 폴 발레리는 1920년대에는 포르투갈의 독재자 살라자르를 철인 정치가로 긍정했으며 무솔리니와도 면회를 했다. 전체주의에 대한 경계는 히틀러의 1933년 총리 취임 직후의 사태, 예컨대 '수정의 밤'(크리스탈 나흐트)으로 돌연 고조된다.

시민사회는 또 특히 이 살롱을 통해서 인간 심리의 섬세한 주름이나 대인 관계의 미묘한 감각을 발전시켜갔다. 중세 수도승의 일부에 필적하는 이 감각은 집단과 대화 속에서 세련되고 공개 또는 공간公刊되는 점이 달랐다. 이러한 감각에 관해서는 지리학적 발견의 시대이고 마녀사냥의 시대인 16세기가 가장 세련되지 못했다. 그 재발견은 셰익스피어, 몽테뉴, 파스칼, 세르반테스 등과 함께 갑자기 이뤄진다. 그것은 우선 16세기를 사이에 두고 과거의 초서Geoffrey Chaucer, 1343~1400. 영국의 작가이자 시인, 관료, 법관, 외교관. 영문학을 대표하는 작품 중 하나인 『캔터베리 이야기』를 썼다, 보카치오Giovanni Boccaccio, 1313~1375. 중세 이탈리아 피렌체의 시인, 산문 작가. 『데카메론』의 저자, 더 거슬러 가면 트루바두르Troubadour. 11~12세기에 흥성한 남프랑스의 오크어 음유시인, 미네젱거Minnesänger. 12세기부터 14세기에 걸쳐 독일어권에서 유행한 서정시와 연애 가곡인 미네장(Minnesang)을 만들거나 연출한 사람들와 호응한 것인지도 모른다. 그러나 16세기부터 17세기에 걸쳐서 유럽의 가옥에 비로소 독립된 방이 등장하고, 광장의 큰 소리로 웃는 웃음이나 격정적인 말들은 밀실의 비밀스럽게 소리 죽여 웃는 웃음이나 내향적인 중얼거림으로 바뀐다. 네덜란드 회화의 히에로니무스 보스Hieronymus Bosch, 1450~1516. 네덜란드의 화가. 상상 속의 풍경을 담은 작품들로 유명하다. 20세기 초현실주의 운동에 영향을 끼쳤다의 환상적 집단 장면에서부터 브뤼헐Pieter Brueghel de Oude, 1525~1569. 브라반트 공국의 화가. 북유럽 르네상스의 대표적 화가의 현실 집단 장면, 렘브란트를 거쳐 페르메이르Jan Vermeer, 1632~1675. 네덜란드 화가. 시민 생활 정경을 주로 그린 풍속화가의 개실個室적 세계로의 비교적 급속한 변화─.

새로 발견된 개실은 고독과 사교의 어떤 평형이 지배하는 세계라는 점에서 수도원의 밀실과는 달랐다. 하위징아가 얘기했듯이 '중세의 가을'에 '속담 사고思考'가 일반적이었다고 한다면 모럴리스트적 사고 쪽은 개실이 등장한 17세기 이후에 어울리는 것이다─라로슈푸코François de La Rochefoucauld, 1613~1680. 프랑스의 귀족 출신 작가이자 모럴리스트, 라브뤼예르Jean de La Bruyère, 1645~1696. 프랑스의 모럴리스트 또는 게오르크 크리스토프 리히텐베르크Georg Christoph Lichtenberg, 1742~1799. 독일 물리학자, 풍자 작가.

속담 사고에서 모럴리스트적 사고를 거쳐 19세기 후반부터 20세기에 걸친 살롱의 프루스트가 대표하는 심리가들의 농밀하고 미묘한 분석에 이르는 흐름은 아마도 일련의 계보를 형성할 것이다. 역동 정신의학은 파리나 빈 등 살롱 분위기가 존재한 곳에서만 번성할 수 있었다. 세기말 빈은 이미 주지하고 있는 바이니만큼 생략하기로 하고, 파리의 살롱은 프랑스대혁명 이후 이미 무료로 시술할 수 없게 된, 주로 예전 귀족 출신자들의 자기술사磁記述師들에게 열려 있었다. 적어도 그들은 늘 살롱에 화젯거리를 제공했다. 거꾸로 여성을 엄격히 배제한 17, 18세기의 커피하우스, 19세기 이후의 클럽·펍을 근거지로 한 영국 지식층은 역동 정신의학에 익숙하지 못했다. 프로이트의 사상을 수용한 것은 20세기의 버지니아 울프(그 소설의 거의 자유연상에 가까운 '무의식의 흐름!'), 클라이브 벨Arthur Clive Heward Bell, 1881~1964. 형식주의 및 블룸즈베리 그

룹과 연관이 깊은 영국의 문예평론가. 버지니아 울프의 언니인 바네사 벨과 1907년에 결혼. 바네사 벨 (Vanessa Bell, 1879~1961)은 영국 화가. 인테리어 디자이너로 블룸즈베리 그룹 멤버, 케인스, 스 트레이치Giles Lytton Strachey, 1880~1932. 영국 전기 작가, 비평가 등 예외적으로 여 성 중심의 '블룸즈베리 그룹1905년부터 제2차 세계대전기까지 존속한 영국 예술가와 학 자들 조직. 원래 자매인 바네사 벨과 버지니아 울프를 포함한 네 명의 케임브리지 대학생들이 결성한 비공식 모임에서 시작돼 졸업 뒤에도 존속. 직설적인 평화주의, 좌파 자유주의 신념을 토로했고, 동성 애에 대한 이해를 보였다. 작가 E. M. 포스터도 멤버였으며, 반전 활동가 버트런트 러셀도 이 그룹의 일 원으로 간주됐다'이다.

역동 정신의학이 이런 토양에서 배양됨으로써 생긴 최대의 폐해는 역동 정신의학의 술어가 세련된sophisticated 구미 지식층에 유포된 것이 다. 그것이 대중의 스노비즘(속물근성)에 머물고 있는 동안은 아직 괜 찮았다. '아직'이라 한 것은, 스노비즘이 상층계급의 언동을 하며 거드 름을 피운다는 의미를 내포한다는 것과, 20세기라는 신 없는 시대에 치료자, 특히 정신분석학·정신요법학이 사목자司牧者의 위치를 차지하 게 됐다는 점을 생각하면 그것만으로도 이미 행복한 사태라고는 얘기 하기 어려울 것이기 때문이다.

그러나 프로페셔널해야 할 역동 정신과의마저 그 술어를 통해 환자 와 대화하기 시작했다. 메스메르 이래 환자와 의사가 공통의 은어로 얘 기하는 습성을 역동 정신의학은 끝내 벗어날 수 없었다. 이것이 역동 정신의학을 비교秘敎적인 것으로 만들고 때로 대항문화(카운터컬처 counterculture)와 한패가 되게 했다. 그러나 또한 단적인 사실로, '의사擬似 직업으로서의 환자'를 만들어내는 경향이 이어졌다. 샤르코의 유명 환 자 블랑슈 비트만Blanche Wittman, 1859~1913은 그 가장 현저한 예지만, 프로이트도 '늑대 인간'을 만들어내지 않은 것은 아니다. 19세기의 역동 정신의학은 정신병, 특히 19세기 말에 발견되고 있던 정신분열병을 신중하게 피하려고 했으나(역동 정신의학은 질병 분류의 근거를 대폭 '정통' 정신의학에 두고 있었다) "역동 정신의학이 대상으로 삼은 것은 신경증권이고, '정통' 정신의학은 정신병권"이라는 도식은 증례에 따르면 따를수록 의심스러워진다. 다만 역동 정신의학의 손에 걸리면 인격의 해체 대신 인격의 분열이 일어나는 경향이 강해졌다. 특히 최면요법이 대담하게 행해진 19세기에 이런 경향이 심했다.(19세기 사람이 특히 최면술에 걸리기 쉬운 것은 아니다.) 이 점에서도 프로이트가 단연 최면을 폐기한 것은 특필돼야 할 것이다. 융이나 아들러의 치료법도 그럴 거라고 생각하지만, 그들의 치료에서 구체적인 것은 프로이트보다도 더욱 알려져 있지 않다. 치료를 가장 상세하게 기록한 사람은 자네와 플러노이Theodore Flournoy, 1854~1920. 스위스 제네바대학 심리학 교수. 『인도에서 화성으로』 등 초심리학(parapsychology)과 강신술(spiritism)에 관한 책들을 썼다였다. 최면법을 버리지 않았던 그들은 환자의 위험 부담으로부터 안전한 거리에서 환자를 관찰·조작·지배할 수 있었다(고 생각했다). 그 대가는 환자가 자신의 자아에 통합할 수 없는 비밀을 말해버릴 위험이었다. 플러노이의 한 환자가 자신의 증례 기록이 간행되고 나서 점차 음식을 거부하다 사망한 것은 비참한 사실이다. 다만 자네는 훨씬 더 강력한 방법론적 의식하에, 때때로 최면 상태에서 출현하는 의사擬似 인격군 속에 그들 중 한 사람으로 섞여 들어가 치료할 정도의 명부하강冥府下降적 위험에 스스로를 노출시키면서 분석보다 통합을 늘 중시했다. 치료란 무엇인가에 대해 가장 예민한 의식과 신중함을 견지했던 프로이트와 자네가 그 측량할 수 없는 가치를 지닌 치료 기록을 모두 소각한 것은 주목할 만한데, 전자는 5년마다, 후자는 엄격한 유언을 통해 사망 직후에 그렇게 했다.

20세기에 들어 스스로를 갱신한 역동 정신의학은 정신병자를 대상으로 삼기 시작했다. 몇 명의 선구자들이 에베레스트를 등반하는 것과 같은 에토스를 갖고 그 작업을 한 게 분명하다. 그 결과는 정신과의의 시야를 확대하고 당시 막 발견된 분열병 개념을 풍성하게 만들었다. 때로는 애매함과 혼란을 동반한 풍성함이었지만. 하지만 어떤 의미에서 특권적이지 않은 환자가 역동 정신의학의 영향 아래 놓이게 된 것은 20세기 후반의 일이다. 그 결과는 아직 역사에 속해 있지 않다.

역동 정신의학의 대항문화성에 대해서는 이미 언급했다. 정신의학이라는 하위문화의 범주 내에서라면 그것은 거의 맞다. '거의'라고 한 이유는 메스메르에서부터 프로이트까지 공인 의학으로 편입시키려고 몇 번이나 시도를 했기 때문이다. 독일에서 이를 결정적으로 단념시킨 것은 아마도 야스퍼스의 저작이 지닌 큰 영향력이었을 것이다. 거꾸로 항상 눈치 빠르고 현명하게 현실적이었던 미국 정신의학의 지도자는 유럽에서 정신분석학이 갑자기 알려진 1910년보다 이른 1904년에 이미 프로이트를 주목하고 있었다. 미국 근대 정신의학의 제1세대인 화이트 William Alanson White, 1870~1937. 미국 신경학자, 정신과의와 켐프 Edward John Kempf, 1885~1971. 미국 정신과의, 심리학자, 작가. 심신의학 분야의 개척자 등은 프로이트주의와 아돌프 마이어의 정신생물학의 융합에 성공했다. 설리번을 비롯한 그들의 "제자들"은 제1차 세계대전으로 갑자기 채권국이 된 미국의 고도 성장 시대에 유행했던 "아스피린이라도 먹어야 되겠어"라는 말 때문에 아스피린 세대로 불린 1920년대에 정신병원에서도 개인 진료소와 같은 역동 정신의학을 실천하고 있었다. 설리번은 "미국 정신의학 최량最良의 전통인 절충주의"라는 말을 했는데, 미국의 사상은 일반적으로 유럽보다도 일원론적이고, 단적인 실천을 우위에 두며, 일류 지향적이고, 개방성 친화적인 전통을 갖고 있었다. 굳이 말하자면 미국에는 소년다운 것, 싱그러움과 넉살 좋음, 수치와 허물없음, 열등감과 스노비즘 같은 것이 있다. 이 '전前 사춘기'적 분위기를 설리번이 미국 사회 속에서 치료력이 있는 것으로 추출해낸 것이 설령 우연이라고 해도 역동 정신의학은 그 연령대의 교양sophistication에 걸맞은 일면을 갖고 있었다. 위압감을 주는 중유럽의 아버지상은, 세상 물정에 밝고 자립을 주장하면서 적응에 고심하는 미국의 부친상과 대조적이다. 이것은 전후의 상투어가 된 '자기동일성identity'과 마주치는 경로인데, 우선 '적응이야말로 문제'가 됐다. 그리고 의식적으로는 '미국적 인간'으로의 적응(그리고 그것에 따른 '성숙')이 문제였다고 해도 미국의 경제적 부침과 급격한 역사적 변모와 미국인의 끊임없는 이동은 끝없는 적응·재적응을 강요했다. 미국 사회는 살롱 대신에 끊임없이 바뀌는 이웃과의 끊임없는 파티를 비롯해 다양한 지역 집회들을 갖고 있었다. 대인관계론은 그들에게 공기와 같은 자연스러운 것이었다고 할 수 있을 것이다. 전후에 정치경제적 비중이 상대적으로 동부에서 서부로 이동함에 따라 동부의 대인관계론에서 좀더 '건조한' 서부의 교류 분석이 대두한다. 베이트슨Gregory Bateson, 1904~1980. 미국 문화인류학자, 정신의학자의 이중구속설이 임상보다도 러셀의 '계층 이론階型理論Theory of Types. 버트런트 러셀이 집합론의 패러독스를 해결하기 위해 존재자의 영역과 그것을 표현하는 술어에 계층구조(type)를 설정할 것을 제창한 이론'을 토대로 한 것이라는 건 이미 알려져 있었지만, 이런 단순한 이론의 수용을 가능케 한 것은 한편으로는 당시의 미국적 수재秀才의 존재, 또 한편으로는 '위대한 미국의 어머니' '여성 숭배'에 대한 반동이었을 것이다. 애플파이로 대표되는 미국의 어머니 문화는 개척에서도 적응에서도 불가결한 힘이었다. 이 불가결성을 무너뜨린 것은 아마도 아스피린 세대, 대공황, 제2차 세계대전, 그 뒤의 격렬한 국지전으로 이어지는 미국의 격심한 사회변동이다. 미국의 어머니가 아이들에 대한 본능적인 기분 맞춰주기보다 경직된 육아서에 의존하게 된 것은 1920년대 이후의 일이다.

특히 미국인들에게 격심한 충격을 준 것은 대공황이었다. 이것을 알고 있는, 지금은 노인이 된 사람들에게는 그 이후의 번영이 때로 허망하게 보였다고 한다. 뉴욕의 파산한 실업가들이 잇따라 뛰어내려 자살을 하고, 센트럴파크에 엄청난 수의 실업자들이 모여 노숙을 하면서 한 그릇의 죽을 얻어먹기 위해 긴 줄을 섰던 시대다. 1930년대는 유럽도 일반적으로 어두운 시대였다. 영국은 1920년대 중반 탄광 노동자들 파업에 대한 대탄압을 정점으로 하는 만성적인 불황에 허덕이고 있었고, 프랑스는 제1차 세계대전의 상처에서 회복되지 못한 가운데, 역설적이게도 독일에서 들어온 방대한 현물 배상품들이 자국 산업을 파멸시켰다. 1930년대부터 프랑스는 일종의 '지적 쇄국'에 빠져 있기도 했다.

이 시대에 5개년 계획을 착착 추진하고 있던(그런 것처럼 보였던) 소련이 얼마나 빛나 보였는지, 서구의 앞날이 얼마나 어두워 보였는지는 케인스가 소련 여행 뒤에 한 "자본주의일지라도 할 수 있는 데까지는 해보자"라는 결의 표명 하나에서도 읽어낼 수 있다. 사실 그는 서재의 경제학자가 아니라 "팸플릿을 바람에 흩날리면서 시계판 위에서 싸우는" (바쁜) 사람이 됐다. 혼란의 1930년대에 정치 망명자, 특히 지적 이민 대열이 미국으로 흘러들어갔다. 그것은 당연히 미국 정신의학을 풍성하게 만들었다. 그 '절충주의'는 이를 가능하게 했는데, 또 "다소 중류수적 또는 무기無機적 정신의학"이라는 그 성격을 강화한 것은 부인할 수 없다. 발레리가 말한 대로 "대서양 짠물을 건너갈 수 있는 것만이 유럽에서 미국으로 옮겨 갈 수 있었다"는 것인데, 이 말에는 그 이면에 계수화할 수 없는 미묘한 것, 직관적인 것, 분위기적인, 말하자면 얘기하기 어려운 것은 옮겨 갈 수 없었다는 함의가 들어 있다.

1930년대, 지적 이민으로서의 서구 역동 정신의학의 유입과 함께 '역동적'인 것을 표방하면서 이윽고 미국적 과학의 자각을 싹트게 한 미국 정신의학은 그 충격 아래 급속한 1900년대 초기로 이어지는 두 번째의 표준화 필요에 쫓기게 된다. 지도층은 역동 정신의학을 아카데믹academic이라는 의미에서의 공식 정신의학으로 채용함과 동시에 빈이나 취리히 또는 바이마르 시대 베를린의 자유로운 분위기와 달리 의사 자격을 가진 사람만이 치료를 하게 하는 것을 비롯해 일련의 표준화 작업을 진행했다. 이것이 미국 정신의학에 독특한 색채를 부여하게 되고 그 영향은 오늘날까지 이어지고 있다. 또 미국 아카데미즘이 역동 정신의학 쪽으로 방향을 잡은 것은 인접한, 특히 미국적 과학이라는 자각하에 추진된 과학, 예컨대 사회학이나 문화인류학이 한발 앞서 역동 정신의학과 바이마르적 중유럽 문화를 그 기반으로 삼고 있었기 때문에 다른 어떤 나라보다도 저항이 적었고 자연스러울 수 있었다.

지적 이민자들 중 소수는 영국으로 향했다. 그들은 오히려 '정통' 정신의학자였으나, 경험론을 향해 영국해협을 건너갈 수 있는 자들만이 20세기 중엽의 영국에서, 영국인들이 지금 '상식 정신의학'이라고 부르는 것을 보강할 수 있었다. 슈나이더의 자기 억제와 한정은 영국 경험론자들이 이해할 수 있는 것이었고, 마이어=그로스는 그 자신 영국인 제자들에게 적응하면서 자신의 교과서를 통해 영향력을 행사했다. 많은 정신병리학 용어들이 만들어졌다. 독일의 일면에 전통적으로 친근감을 갖고 있던 스코틀랜드에서 에든버러대학은 2대에 걸쳐 교수를 독일에서 맞아들였다. 슈나이더의 정신병리학은 그들에게 끝없이 유동하는 대해 속에서 일단 몸을 맡길 만한 거룻배와 같은 것으로 비쳤을 것이다.

헝가리는 20세기의 기적이라 할 정도의 인재를 세계에 내보내기 시작했다. 이 오랜 농업국은 재주 많고 박식하며 전환 능력, 발견(탐색) 능력serendipity을 지니고 "탁월한 실천성 이면에 포괄적인 세계 인식을 비장한" 사람들을 금세기에 인구 비례로 보면 아마도 발군일 정도로 많이 배출했다.

손디Péter Szondi, 1929~1971. 헝가리 출신의 유대계 비교문학자. 문헌학자. 숀디라고도 표기의 일의 기초는 이 나라의, 유럽 중에서 가장 인구 이동이 적었던 시대를 빼놓고는 생각할 수 없다. 한편 벨라 쿤Béla Kun, 1886~1939. 헝가리 공산주의자. 정치가. 쿤 벨라로 표기하기도 한다의 단명한 공산 정권이 타도된 뒤 전 오스트리아 해군 중장 호르티Horthy Miklós, 1868~1957. 헝가리의 외교관이자 해군 제독. 1920년부터 1944년까지 헝가리 섭정으로 있었다의 고전적 독재하에 들어간 이 나라는 그에 앞선 짧은 정치적인 봄 상황에서 설립된 정신분석연구소에서 페렌치 샨도르의 지도 아래 대상관계론을 탄생시켰다. 그것은 설리번의 대인관계론에 앞섰으며, 정신 역동 등을 "관계 속에서 파악하려는" 것이었다. 개전 직전에 영국으로 망명한 발린트는 페렌치의 '정신적 정식 후계자'로서 함께 부다페스트에서 공부한 멜라니 클라인^{Melanie Klein.} 1882~1960. 오스트리아 빈 출신의 여성 정신분석가. 아동 분석이 전문과 함께 세계대전 뒤의 타비스톡연구소^{Tavistock Institute of Human Relations}의 일부를 중심으로 한 대상관계론을 개화시켰다.

프로이트도 그랬지만, 파시즘이 압박해 오는 가운데 중유럽 역동 정신의학자들의 탈출은 지체되기 십상이었다. 그리고 늦어질수록 망명의 벽은 높아갔다. 제2차 세계대전에 연합국이 된 국가들이 반드시 그들을 환영하지만은 않았던 사실은 레마르크의 『개선문』에도 묘사돼 있으며, 발터 베냐민은 피레네산맥에서 국경을 넘지 못하자 독을 마시고 자살했다. 일반적으로 대항문화가 체제를 장악했다고들 했고, '대학'과 더불어 '연구소'가 문화를 담당했던 바이마르 시대가 가버린 독일에서도 이 문화를 담당한 프로이트파와 프랑크푸르트학파 사회학자들의 탈출은 지체됐다.

서구 '소국'의 정신의학

양차 대전 간의 정치적 변동과 제2차 세계대전의 영향이 비교적 크지 않았던 나라들에 대해서도 공평을 기하기 위해 쓰지 않을 수 없다.

영국 정신의학은 전통적으로 북방의 영향을 계속 받았다. 오스트리아 정신의학에서 독일 정신의학으로의 이행은 전세기 중엽에 이뤄졌으며, 이 상태는 현재까지 이어지고 있다. 새로운 경향은 스위스 정신의학으로의 경사다. 베네데티Gaetano Benedetti, 1920~ . 이탈리아 정신의학자. 바젤대 교수 등은 이탈리아의 대학을 졸업했다고는 하나 거의 스위스의 정신과의로 간주돼야 한다고 하면 대체로 수긍하겠지만, 그의 이탈리아어 논문들이나 대저 『신경심리학』도 함께 살펴본다면 때로 이 나라가 여전히 레오나르도 다빈치나 잠바티스타 비코Giambattista Vico, 1668~1744. 이탈리아 철학자 또는 현대의 주세페 투치Giuseppe Tucci, 1894~1984. 이탈리아 동양문화 연구자. 티베트와 불교 전문가(티베트학에서 배출된 철학자)와 같은 구체적 실천가이자 박식가를 낳을 힘을 갖고 있다는 데에 놀랄 수밖에 없을 것이다.

이탈리아 대항 정신의학의 원천이 빈스방거이며 설리번인 것도 일본에선 알려져 있을 것이다. 세르조 피로Sergio Piro, 1927~2009. 이탈리아 정신과의는 분열병 언어의 분석에서 출발해 반정신의학에 투신했다.

스위스와 네덜란드는 모두 한편으로는 신성로마제국으로부터, 또한편으로는 신성로마제국과 깊은 혈연관계에 있던 스페인으로부터 게릴라전을 통해 독립을 쟁취한 나라다. 모두 각 주 연합의 정치 형태와 칼뱅주의 또는 그와 인연이 깊은 개혁파교회 종교를 갖고 있으면서 일찍부터 바로크의 영향에서 벗어나 프랑스혁명까지 많은 정치적 망명자들을 받아들인 나라다. 두 나라는 또 좁고 빈한한 국토를 한편으로는 간척을 통해 또 한편으로는 고지 방목을 통해 최대한 활용하면서 과잉인구를 선원이나 식민자로, 또한 18세기까지는 잘 훈련된 강하고 충성스러운 용병으로 내보냈으며, 근검저축과 그것을 토대로 한 정신적 독립을 중시했다. 이들의 공통성을 기반으로 풍토상의 큰 차이점을 극복하고 양국의 정신의학은 함께 외국의 여러 유파들을 공존케 하면서 발전시켰다. 즉, 고전 정신의학, 생물학적 정신의학, 정신분석학, 생태학 그리고 인간학적 정신의학을 들 수 있을 것이다. 한쪽은 19세기에 판 에덴Frederik Willem van Eeden, 1860~1932. 독일 작가요 정신과의과 같은 시인 정신요법가를 낳았고(세계 최초의 정신요법원은 그의 손으로 만들어졌다) 또 한쪽은 20세기에 융처럼 멀리 그노시스파와 친근성을 지닌 신비학적 치료자를 낳았다. 신지학神智學, 인지학人智學도 스위스가 발상지다.

북유럽 4국도 스위스, 네덜란드와 함께 언어적 이유에서 독일·오스트리아의 정신의학을 환하게 꿰뚫으면서 소수의 대학으로 그 독자성을 잃지 않았다. 북유럽 4국은 루터파를 국교로 해서 강고한 민족국가를 형성했으며, 강한 남방에 대한 동경 속에 외국에서 초빙한 전문가들을 통해 급속한 근대 국민국가로 체제를 정비했다. 그런 사정도 작용해서인지 그 지식층은 대학의 계층 질서보다 남성 간의 우정을 통해 엮이는 경향이 강했다. 그들은 그 지식인 이민을 통해 받아들인 윤리에 따라 근면했고, 또 루터파의 겸양과 때로는 비장하기까지 한 사명감을 지니고 있었다. 그것을 단순화하자면, 루터 자신의 강렬한 소명감, 또 16세기의 혼란 속에서 바깥을 향해서는 "대담하게 죄를 범하라"라는 말까지 하면서 자신들에게는 "설령 내일이 세계가 파멸하는 날일지라도 오늘 나는 사과나무를 심는다"라고 단호하게 말하는 강고한 의지에 그 원천을 두고 있었을 것이다.

예컨대 복지국가 스웨덴에서 웁살라대학을 거점으로 한 웁살라 엘리트로 속칭되는 사람들은 소명을 받은 것과 같은 사명감을 갖고 24시간을 천직에 바치며 금욕적이고 종종 독신을 고수하기도 한다. 엘리트가 아니더라도 예컨대 스웨덴의 볼런티어(자원봉사자)들은 겸양, 무사無私, 자아소멸을 그 이상상으로 삼고 있으며, 거의 복지의 무명전사라고 해도 좋을 사람들이다. 그들의 모습이 여행자들의 눈에는 거의 드러나지 않겠지만.

폴란드는 마녀사냥이 없었던 소수의 나라 중 하나다. 스웨덴을 서쪽 복지국가 대표라 한다면 폴란드의 정신위생 네트워크는 동쪽의 대표라 할 수 있을 것이다. 나치 시대, 국내의 모든 대학은 폐지됐다. 망명자를 위해 폴란드인 의학부를 설치한 것은 에든버러대학이었고, 그 때문에 폴란드는 지금까지 영국의 경험론적 정신의학의 영향이 강하다.

여기서는 소국들의 정신의학의 독자성에 관해 더 살피지는 않겠다. 예컨대 스웨덴의 '심인성 정신병', 덴마크의 인류유전학, 노르웨이의 예싱의 업적, 핀란드의 가족 연구를 거론하는 정도로 그치겠지만, 이들의 기여에도 실로 중요한 것은 스위스, 네덜란드까지 포함한 중소 국가의 의학이 유럽 대국들의 정신의학이 지닌 폐해, 20세기 전반기에 정점에 도달했고 오늘날 마침내 그들 자신이 그 병직病職을 갖기 시작한 그 폐해에서 벗어나 있다는 것이다. 그 폐해란 각 국민·국가 상호 간의 타국 의학에 대한 무시 또는 무지다. 영미는 제2차 세계대전 뒤에 비로소 대륙 의학을 '발견'한다.

미국이 그 대국성을 거의 오로지 자국어에만 의지해 건설한 20세기 전반기의 거대한, 그렇지만 어쩐지 증류수 맛이 나는 듯한 의학이 지금까지 끝내 이루지 못한 것, 즉 서구 대국 정신의학 폐쇄성의 보완이라는 이루지 못한 일을 해낼 수 있었던 것은 중소국 6, 7개국의 소규모지만 농밀한 의학 활동 때문이며, 그들의 의학의 '국제성'은 대국에 비해 훨씬 더 높다. 특히 의료의 실제나 그 시스템에서는 '네덜란드라는 현상' 이래 거의 항상 대국에 비해 선도적 요소를 수행해왔다고 해도 좋다.

오늘날에도 역동 정신의학은 그 유파에 따라, 또한 '정통' 정신의학은 그 국경에 의해 분단돼 있다. 서구 정신의학 공통의 기반, 공통의 사고 패턴을 추구한다면 그것은 피넬도 그리징거도 기타 누구도 아닌, 아마도 17, 18세기의 에든버러, 글래스고 두 대학을 중심으로 한 스코틀랜드 학파가 아닐까. 그들은 신경증 개념의 시조로 가끔 이름이 거론되는 데 지나지 않지만 컬런은 그 이상의 존재이며, 기인 브라운을 정점으로 한 그 반세기 뒤의 개화에 컬런이 끼친 영향은 더욱 크다. 서구에서도 거의 무의식화되고 그 때문에 또 대기처럼 호흡되고 있다고도 할 수 있는 이 패러다임(범례)의 전모를 발굴하고 역사적 위치를 획정하는 일은 적어도 필자에게는 앞으로의 과제다.

러시아라는 현상

러시아에 대해서는 가장 오래 이어지고 가장 크게 발전했다는 10세기까지 남은 이교 시대, 회교 문화권이 러시아 하천들의 연결된 수로를 통해 북유럽까지 닿아 있던 시대, 타타르인 지배를 받은 예종의 시대, 그들 기간을 통한 비잔틴문화의 점차적 수용—을 서술할 생각은 없다. 비잔틴 의학 연구 자체가 비잔틴문화처럼 근년의 재평가와 함께 겨우 막 착수됐을 뿐이고 많은 문헌들이 러시아어로 쓰여 있다.

여기에서 러시아에서는 끝까지 마녀사냥이 없었던 것을 우선 중요한 사회적 사실로 지적해두고자 한다.

토지에 묶인 농노제하에서 화폐경제가 침투하지 못한 것, 사회의 육봉성陸封性_{회귀성 어류가 바다에서 올라온 뒤 어떤 원인에서든 다시 바다로 돌아가지 못하고 담수어로 남는 현상에 비유한 폐쇄성}이 요행히 페스트의 침입을 막은 것을 비롯해, 서방 교회권에서 마녀사냥이 자행되게 만든 여러 요인들이 결여돼 있었던 점은 충분히 고려돼야 할 것이다. 그리고 러시아는 유럽이 13세기에 이미 잃어버린 숲을 결코 잃은 적이 없었다. 농경민에게 숲은 이역의 음산한 존재가 사는 공포의 세계였다. 그것이 『그림 동화집』의 세계이며, 마녀의 잔치(사바트)가 그 공지에서 열린 까닭이기도 했다. 그러나 숲의 백성들에게 그것은 어머니의 태내와 같은 편안한 땅이다. 유럽의 원시림은 프랑스처럼 그 일부 그리고 폴란드밖에 남아 있지 않다. 독일의 대삼림은 단일종의 정영목精英樹_{생장과 재질, 나무 모양 등에서 특히 뛰어난}

나무로. 임목 품종개량의 목표가 되는 나무 자손으로 모든 산을 뒤덮은 19세기 독일 임학의 볼만한 성과로, 말할 것도 없이 인공림이다. 지중해 연안은 사막식물이 진출할 정도로 건조 과정에 있는 땅이며, 프로이센은 모래 땅에 외딴 소나무 숲만 자라는 척박한 땅이고, 영국은 애초에 고유 수목종이 세 종밖에 없었다.

특이할 만큼 농경민과 잘 지내며 산지민들을 이단시한 서방 교회와 달리 동방교회는 그런 식으로 일반 신자들을 조직하지 않았다. 동서 교회의 분할선에서 농업경제적으로 거의 지금 동독과 서독을 나누는 선 사이를 중간 지대로 해서 그 중간에 타타르인(몽골족) 또는 빈의 성문으로 밀려온 터키족의 가장 서쪽 진출선이 있다. 그 서쪽이 16세기에 마녀사냥이나 해외 진출이 탁월했던 지역, 그 동쪽이 농민, 특히 독일인·폴란드인의 동방 이주와 유대인 학살(포그롬)이 두드러진 지역이다. 우선 두 지역은 예컨대 고국 없는 피차별 민족 유대인이 살아가는 방식도 다르다. 폐쇄적인 게토는 그 동쪽에서 현저하다. 게토가 구약, 『탈무드』『카발라』를 정확하게 2000년간 전승하면서 그 백성들은 높은 식자율을 유지했으며, 농민적 유럽 아래서 사통팔달로 뻗쳐 있는 그들의 지하수맥을 자유롭게 왕래했다.

이 상업 민족은 19세기의 동유럽 오스트리아·헝가리 연합 군주국의 유대인 해방, 19세기의 포그롬, 20세기 나치스의 유대인 박해와 함께 다수가 북미로 이주했으며, 또 빈과 프라하에 농밀한 문화적 집단을 만들었다. 역동 정신의학은 이 '비트겐슈타인의 빈'이라는 존재 없이는 거의 생각할 수 없었을 것이다.

러시아는 표트르대제와 함께 서쪽을 향해 개방됐으며, 서유럽 문화를 그 정수를 쇼윈도에서 고르듯이 해서 옮겨 갔다. 표트르대제가 네덜란드의 조선소에 노동자로 들어간 것은 유명한 일화다. 독특한 프랑스어를 구사하는 사교계가 형성됐다. 기술자·의사·군인층은 독일인 이주민과 그 자손들에게 대폭 개방됐다. 상트페테르부르크(레닌그라드)는 북방의 베니스로 이탈리아인 건축가의 손으로 건설됐다―이런 경향은 사회주의 체제가 된 뒤에도 바뀌지 않았다. 소비에트 육군은 제정러시아의 프랑스 대신 독일 육군을 모방했으며, 소비에트 해군은 스탈린 시대에 프랑스 대신 이탈리아를 모방했다. 건축과 주요 외국어, 문학, 풍속은 프랑스 대신 미국을 모방했다. 그것은 때로 단적인 복제로 외국에서는 간주됐는데, 내실은 복제이지만 굳이 세부를 변경하려는 일본과 대조적이다. 그러나 이 부끄러움을 모른다는 혹평까지 받은 수입의 배후에 근대 기술의 국민적 독자성을 추구하기보다 최선의 것을 확보하는 게 낫다는 태도와, 수입된 것이 항상 러시아에게 '힘'(출력, 배기량, 중량 등)을 비약적으로 증대시킨 점에 주목해야 한다.

러시아는 최근까지의 미국 문화와는 다소 취향이 달라, 에너지를 숭배하는 경향이 현저하다. 강력함·양量·단순함·간소화의 중시, 그리고 중량과 크기 증대의 경시는 미국에서 바라본 소련 공업 기술의 특징이다. 항상 '동일성' 문제로 고민하는 것도 서구를 사이에 둔 두 거인의 공통된 경향이다. 한쪽이 '미국 아이덴티티'를 고민하면 다른 쪽은 그보다 먼저 "우리는 유럽인이야"라며 거기에 대해 회의를 품는다. 그러나 문화적 장비를 하나의 세트로 건설·유지하려는 미국에 비해 러시아는 등한시해도 괜찮은 부분은 몽땅 직수입해도 좋다며 러시아화 노력조차 하지 않는다는 차이점이 있다.

러시아(소비에트)의 정신의학에는 이 양 측면이 있다. 등한시돼도 좋은 부분이라는 것이 본심에 가까울 것이다. 소비에트의 정신병원과 그곳의 치료 내용은 실제로 서구의 그것과 다를 게 없다. 독자적인 것이라는 보건부의 정신병원 입원 기한은 6개월로, 그래도 여전히 치료되지 않는 자는 그 뒤에는 외국인에 대한 '성역'인 내무부 소속의 수용소로 옮긴다는 그 제도(최근 폐지됐을 가능성이 있다)도 대혁명하의 프랑스 파리에서 운영한 동일한 시스템에 그 연원을 두고 있을 가능성이 있다.

제정 말기에 러시아의 대학이 정비된 시기에, 아마도 샤르코가 러시아 황제의 시의로서 자주 수도 상트페테르부르크에 왕래한 것과 호응해서 이 수도에 신경생리학이 급속히 발흥한다. 그 한편으로 제4의 로마라고 일컬어지면서 늘 북방의 신도시(상트페테르부르크)에 대항해온 모스크바에 독일 정신의학이 들어가기 시작했다. 이 대립은 오늘날까지 레닌그라드 학파와 모스크바 학파의 대립으로 이어지고 있다. 이 국가는 규격화를 지향하면서, 그러나 언제나 그것이 관철된 적은 없었는데(그것이 이 국가를 경직성에서 구해주고 있다고도 할 수 있다), 그처럼 예컨대 분열병은 레닌그라드에서는 프랑스처럼 좁고 모스크바에서는 미국처럼 넓다.

제정 말기의 러시아 상층계급, 지식층의 국제화는 그들이 한 세기 동안 프랑스어에 숙달돼 있었던 사정도 있어서 급속하게 진행됐다. 제1차 세계대전은 러시아에 패배와 두 번의 혁명을 초래했고 마침내 소비에트사회주의공화국연방이 성립됐지만, 일단 그 지도자인 하층 귀족 출신의 지식인이자 15년에 걸친 스위스 망명자 레닌은 "저급한 프롤레타리아 문화보다 훌륭한 부르주아 문화를"이라는 정책을 내걸고 적극적으로 외국인 교수들을 초빙했다. 여기서 1927년에 이르기까지 같은 패전국이었던 바이마르 문화와 흡사한 문화가 성립되기에 이르렀다. 러일전쟁 패배와 1905년의 개혁에 따른 제정의 이완에서 시작되는 문화는 그 일단인 언어학을 실마리로 해서 최근 마침내 발굴되기 시작했는데, 그 전모를 보려면 아직 시간이 걸리는 미래의 문제다.

그것은 바이마르와 마찬가지로 대항문화가 주류를 이루었다. 20세기의 특이한 한 시기였다.(그보다 약하지만 유사 현상으로는 매카시즘 패배 후의 미국에서 찾아볼 수 있다. 프랭클린 루스벨트 시대의 미국적 과학의 자각은 1964년 후 지식인의 정치 참여로 귀결됐다.)

1920년대 전반기의 소비에트 지식계급은 바이마르 체제보다 훨씬 더 강력한 승리를 쟁취했고 훨씬 더 낙관적이었다. 지방분권적인 독일과는 달리 그들은 레닌그라드 또는 모스크바에서 매우 농밀한 개인 교섭을 할 수 있었으며, 게다가 '인류의 가장 최신 실험'을 보려고 소련을 방문하는 서구 지식인과의 제1급 접촉을 가질 수 있었다. 그 가운데서 우리는 멘델파 유전학자 멀러Hermann Joseph Muller, 1890~1967. 미국 유전학자. 초파리에 X선을 쬐는 실험으로 인위적인 돌연변이를 유발할 수 있다는 사실을 발견했다. 이 업적으로 1946년 노벨생리의학상을 받았다. 정자은행 설립 제창자이기도 하다와 근대 경제학자 케인스 같은 의외의 이름도 발견할 수 있을 것이다.

스탈린 시대에 성전이 됐다가 오늘날에는 철학 아마추어의 책으로 평가 절하당했지만(그것은 내용으로 보면 사실이지만), 레닌도 스위스 망명 시대에 『유물론과 경험비판론』을 쓸 만한 재능을 갖고 있었다. 그에게는 마하Ernst Waldfried Josef Wenzel Mach, 1838~1916. 오스트리아 물리학자, 과학사가,

철학자가 대표하는 것으로 비친 경험비판론이지만 마하의 후계자를 자임하는 빈학단, 그곳 출신인 하이에크, 포퍼, 에이어Sir Alfred Jules Ayer, 1910~1989. 영국의 철학자로, 논리실증주의의 대표자 등과, 역시 고립되면서 러셀에게도 빈학단에게도 거의 우상이었던 (전기의) 비트겐슈타인 등이 오늘날 신 없는 시대의 서구 철학적 또는 이데올로기적 골격을 이루고 있는 걸 보면, 레닌이 스위스 망명 시절에 이미 장차 가장 강력해질 '유물론의 적수'들을 간파한 지혜의 소유자였음을 기억해야 할 것이다. 그는 정신분석학을 적극적으로 지지했고, 러시아 분석학회는 급속히 발전했다. 한편 혁명 직후의 낙관주의는 공산주의 사회에서는 정신병은 소멸할 것이라는 확신을 낳아 서구형의 '정통' 정신의학이 일시 활동을 정지했다. 극히 단기간이지만—그리고 많은 정신병자들이 혁명과 외국 간섭 시기의 기록되지 않은, 하지만 아마도 매우 불행했던 명운을 벗어던지고, 라고 해야겠지만, 역설적이게도 소련에서 한 시기에 거의 유례없을 정도로 순수한 역동 정신의학이 눈앞의 현실로 존재했다. 그 기반은 독일어를 자유롭게 구사하고 또 독일적인 학문의 '눈가리개'(베버)로부터 자유로운, 다수가 유대계인 지식인이었다. 그들은 철저함을 추구한다는 의미에서는 독일적이라고 할 수 있을지 모르겠으나 순수성을 추구한다는 의미에서는 명백히 러시아에 속해 있었다.

그러나 이 시기에 무슨 이름을 붙이더라도 그것은 바이마르 시대보다 더 단명을 약속받은 것이었다. 제1차 세계대전 뒤 서구가 고민하면서 부흥하려던 1920년대에 공업적으로 가장 활발했던 것은 현물 배상을 위해 가동하고 있던 독일의 공장군이었으며, 약간 늦게 "사회주의

란 프롤레타리아 독재와 전화電化다"라고 한 레닌의 말에 입각해 5개년 계획을 실시하고 있던 소련이었다. 그러나 민중의 생활은 독일에서도 비참했으며, 주지하다시피 그것은 나치스가 대두하는 데 한 요인이 됐다. 러시아에서는 화폐경제가 더욱 혼란스러워져 이미 대전에서 1000만 명대의 청년을 잃은 러시아로부터 기아가 더욱 많은 것을 빼앗아 갔다. 내전과 외국 간섭은 아마도 혁명이 일어나는 데 필요한 것 이상의 가혹과 희생을 민중에게 강요했다.

레닌조차도 예상할 수 없었던 혁명의 성공이었다. 우선 그 이름을 오늘날에도 국명으로 쓰고 있는이 책 초판은 1991년 소련이 붕괴되기 한참 전인 1982년에 출간됐다 소비에트(노동자평의회) 제도는 포기할 수밖에 없었다. 그것은 1871년의 파리코뮌에 비하면 다수였고 다소 수명이 길었다고는 하나, 지난날 혁명의 원동력이었던 크론슈타트의 수병 반란을 붉은 군대 스스로 만의 두껍게 언 얼음 위에서 벌어진 전투에서 격멸할 수밖에 없었을 때 사실상 포기한 것이었다. 인터내셔널리즘(국제주의)은 외국 간섭의 압력하에 점차 발육 불량 상태가 되고 독일혁명(그것은 당시 장군들의 손으로 진압당하고 있었다)과의 결합을 마음 졸이며 기대했던 레닌이 우크라이나 지방에서 폴란드계 지주를 추방하는 여파를 쫓아 내전의 명장 부지온니Semiyon Mikhailovich Budyonny, 1883~1973. 러시아제국과 소련의 군인. 러시아 내전의 적군(赤軍) 영웅, 제1기병군 지휘관. 원수의 기병군단을 막 건국한 폴란드로 파병했을 때 통렬한 타격을 입었다.

군단은 수도 바르샤바의 전면에서 필투스키가 이끄는 폴란드군에게 격파당했다. 그러나 파괴된 것은 당시 적군赤軍의 최정예였던 이 군단의 물리적인 힘만이 아니었을 것이다. 레닌은 일찍 뇌 장애로 쓰러졌고,

'예언자' 트로츠키는 정치의 결정적 순간에 공교롭게도 항상 모스크바에 부재중인 사람이었다. 남은 건 제2급 지도자들이었다. 아마 당시 과묵했으나 결정적 회의에는 묘하게 반드시 출석했던 스탈린을 빼고는.

그러나 이들의 좌절은 한동안 서구의 눈에 들어오지 않았다. 아마도 러시아인들에게도.

러시아에 강국이기를 강요한 데다 '러시아로 돌아가라'고 강요한 것은 필시 서구였다. 그것은 단순한 정치적 간섭과 봉쇄의 의미를 넘어선 것이었을 것이다. 서구는 융이 말한 맥락에서 자신의 '그림자'이기를 러시아에 요구하면서 한편으로는 문화로 러시아를 유혹했다. 하지만 일단 러시아의 새로운 사태는 누구의 눈에도 서구화의 진전으로 비쳤다. 퇴조하고 있던 바이마르 문화와 거의 등가적인 문화에 서구가 애착의 염을 품게 된 것은 그 살아남은 얼마 되지 않는 증인들이 사멸해가고 있는 오늘날, 즉 반세기 뒤의 일이다. 그 일환으로서의 소비에트 정신분석학의 소멸(1928년)은 거의 주목을 받지 못했다. 대신에 파블로프[Ivan Petrovich Pavlov, 1849~1936. 제정러시아·소련의 생리학자]의 조건반사학이 주목을 받아 서구로부터 유학생들이 모여들었다. 바빌로프[Nikolai Ivanovich Vavilov, 1887~1943. 러시아·소비에트연방의 식물학자, 유전학자. 농작물 기원의 연구로 유명]의 식물학이 그 글로벌한 조사에 기초한 재배식물로 그 영역을 리드했다. 그리고 바르가[Varga Jenő, 1879~1964. 헝가리 출신 경제학자. 소련에서 활약했고 레닌상을 수상했다]가 주재하는 레닌그라드의 세계경제연구소는 자본주의경제에 관한 정밀한 보고서를 간행해왔다. 양차 세계대전 사이의 화려한 혼란 속에서 서구 지식인들한테서도 일종의 빈정거림과 함께 '유일하게 신뢰할 수 있는 책'으로 평가받은 이 보고서는 사실 세계 대공황을 예견한 유일한 책이었다. 스탈린 시대에 이르는 중간 단계에 이처럼 '과학에 한해서 글로벌한 시야에 입각한 학문의 시기'가 있었던 사실도 절반쯤 잊혀갔다. 그것은 폰트랴긴^{Lev Semenovich Pontryagin, 1908 ~1988. 소련의 수학자}을 비롯한 소련 수학이 세계의 한 중심이었고, 코펜하겐의 닐스 보어를 소장으로 한 이론물리학연구소에서 소련에서 온 수재들이 가장 높이 평가받은 것과 같은 일들이 잇따라 등장하던 시대였다. 소련은 탐험대를 북극 지역을 비롯한 세계 각지에 보냈다. 그 덕에 정신 의료는 점차 서구적이라는 의미에서 근대적 형태로 재등장하는 듯 보였다.

스탈린 시대는 아직도 러시아인들조차 충분히 이해하지 못하고 있다. 그들은 흐루시초프 시대 초기의 짧은 '해빙' 시대가 시작된 뒤 스탈린 시대를 단적으로 부정하고 마치 존재하지 않았던 것처럼 취급하려 했다. 그리고 직무에 충실한 테크노크라트(아파라치키)와 연금을 보장받은 민중이라는 이중 구조를 취하고 있었던 것처럼 보인다. 그 점만 본다면 젠틀맨과 퍼블릭의 나라, '거의 다른 인종으로 구성됐다'는 말을 들은 영국의 일면과 상통하는 일종의 복지국가 형태를 떠올리게 한다고 해서 이상할 것이 없다. 이미 유물변증법을 열심히 읽는 사람은 없었고 흐루시초프 시대 이후 거의 새로운 철학서를 내지도 않았으며, 교육에서 그것은 거의 '도덕' 시간처럼 취급되고 있었다. 공식적 러시아는 19세기 빅토리아조 영국보다도 더 무사상^{無思想}인 듯 보였다.

거꾸로 현대 러시아에는 거대한 대항문화가 존재하는 게 아닐까.

하나는 지식인에 의한 것이다. 가장 가혹한 시대에도 서구보다 훨씬 더 특권적이었던 모스크바 대학생들은 부르주아 문화 연구라는 미명하에 카프카 작품도 접할 수 있었다. 더욱이 고급 대우를 받은 지식인들이 쉬는 흑해 연안의 별장에는 암묵의 정치적 불가침성이 있었다. 지금 하나의 대항문화는 동방교회, 러시아 정교다. 현대 러시아만큼 교회에서 열렬히 기도를 하고 엄숙하게 전례를 행하는 곳은 없다. 바티칸을 빼고 동시에 한곳에서 수만 명의 신도들이 신부의 축복을 받는 곳은 잔존하는 러시아 정교 사원 외에는 없다. 스스로 명명한 '대조국 전쟁'에 민중을 동원할 필요에 따른 스탈린의 신앙 완화에서 시작돼 러시아의 소리 없는 종교 부흥은 지금 바닥을 알 수 없을 정도의 깊이를 지닌 것으로 보인다. 성서가 이토록 고가에 그리고 은밀히 거래되는 나라는 없다. 또 하나의 대항문화는 지적 선량들의 문화와 대중문화로 구별되는 것처럼 보인다. 그러나 일견 지적 선량의 문화로 보이는 예도 후자로부터 완전히 차단돼 있는 것은 아니다. 이 두 개의 대항문화의 공통분모를 명문으로 표현했을 때 솔제니친은 국외로 추방당할 수밖에 없었을 것이다. 거꾸로 얘기하면 두 개의 대항문화가 별개의 것으로 안팎에 받아들여지는 한 소련 정부는 이에 대해 관용을 베풀 수 있었던 것이다.

그리하여 러시아는 본고의 마지막에서 논할 것—신 없는 시대—에서 제외되는 사례처럼 보인다. 그 정신의학이 시니컬할 정도로 유물적(변증법적 유물론이 아니라)이며, 반체제 지식인에 대해 항파킨슨병 약을 병용하지 않고 할로페리돌Haloperidol. 1957년 벨기에의 얀센사 약리학자 폴 얀센(Paul Janssen)이 암페타민(각성제)에 의한 운동량 앙진에 대해 길항하는 약물로서 발견한 부티로페논계의 항정신병약. 항망상·항환각 작용 등을 하는데, 주로 중추신경의 도파민 D2 수용체를 차단함으로써 그런 효과를 낸다. 통합실조증의 치료약으로 많이 복용한다. 조울증과 섬망증 등의 치료에도 사용된다. 부작용으로 파킨슨 증후군 등을 일으킬 수 있다.을 투여하는 것이 아무리 고발당해 마땅한 짓일지라도.

스탈린 시대는 러시아가 다시 러시아로 되돌아간 시절이기도 했다. 적어도 과거를 뒤돌아본 때였다. 러시아인들이 대오를 짜고 걷기 시작한 시대였다. 스타하노프 Alexey Grigoryevich Stakhanov, 1906~1977. 소련의 탄광부로, 소비에트연방의 생산성 향상 운동인 스타하노프운동의 심볼이 됐다운동의 시대였다. 스타하노프운동은 업적 원리적인 서구의 근면 윤리와도 다르고, 성과에 맞춰 노력 자체를 평가하는 '노력상 원리적'인 일본의 그것과도 다른 노르마 Norma. 반강제적으로 주어진 노동 기준량이며, 대체로 시간적 강제도 부가된다의 몇 배 (때로는 수십 배)를 해내는가 하는 단적인 힘과 양의 윤리이며 '힘의 영웅' 원리의 윤리였다. 그리고 그때만큼 영웅이라는 말이 남용된 적은 없다. '세계 공산주의 운동의 지도적 위치로서의 러시아'여야 했지만 점차 역전된 논리하에 세계 자본주의에 대한 유일의 사회주의 성채를 지키는 것이 전 세계 공산주의자의 최우선 지도 원리가 됐다. 제3인터내셔널은 형해화했다.

1934년부터 1939년에 이르는 소련사史는 수수께끼다. 스탈린 개인의 성격이나 러시아인의 외국 혐오 탓으로 돌리는 것은 천박하다는 비난을 피할 수 없을 것이다. 그러나 이 시기, 특히 1937년에 제3인터내셔널과 러시아 국민이 겪은 고난은 두드러졌다. 그 대가는 무엇이었던가. 1941년 여름에 시작되는 독소전쟁 초기에 소련군은 문자 그대로 궤멸 패주했고 민중은 처음에 독일군을 해방군으로 맞이했다. 항복한 소련군 중 적지 않은 수가 독일 편에 선 러시아인 사단을 조직했다. 스페인 시민전쟁 말기에 소련의 국익 우선 태도가 서구 지식인들을 결정적으로 공산주의에 등을 돌리게 만들었고, 중국 공산당원은 이 시기의 소련에서 파견된 지도원에 실망해 나중의 중소 대립에 최초의 씨앗이 뿌려졌던 것이다.

거꾸로 어떤 의미에서 나치스 독일의 전쟁은 서구에 대해서는 자기를 인지시키기 위한 전쟁이었고, 동방에 대해서는 14세기 이래의 '동방 진출'의 계속인 것처럼 보였다. 적어도 그들이 끝내 실현할 수 없었던 전후 처리 계획을 보면 그렇게 읽을 수 있지 않을까.

어쨌든 스탈린 치하의 소련은 그 성격의 일환으로 러시아적 과학을 추구했다. 그것은 기묘하게도 미국이 미국적 과학을 추구한 것과 거의 같은 시기였다. 그러나 그 결과는 이민의 나라 미국과 대척되었다. 고리키Maksim Gorikii, 1868~1936. 러시아 작가. 하층 계급의 고되고 쓰라린 생활을 그린 희곡 『밑바닥』 『밤주막』 등으로 명성을 얻음. 혁명운동에 참가하여 피체·투옥·망명을 거듭하며 대표작 『어머니』를 발표조차 암살(?)당한 뒤의 문화적 불모 속에서 리셴코Trofim Denisovich Lysenko, 1898~1976. 소련의 육종학자, 생물학자. 환경조건의 변화로 생물의 유전적 성질을 바꿀 수 있다고 주창함의 유전학, 레페신스카야Olga Lepeshinskaya, 1871~1963. 소련 생물학자의 세포학, 오파린Aleksandr Ivanovich Oparin, 1894~1980. 소련의 생화학자. 산화효소계에 관한 신이론과 유기물질의 발생을 논한 『생명의 기원』에서 생명현상의 설명과 진화의 생화학적 연구의 길을 열었음의 생명기원론과 함께 파블로프의 조건반사학이 러시아적 과학으로 상찬받았다. 파블로프의 모든 것이 스탈린 치하의 소련 의학에 계승된 것은 아니며, 일부는 영국의 행동과학에 하나의 원천이 됐다.

또 파블로프는 혁명 전에 자신의 체계를 이미 구축해놓았다는 점에서도, 그리고 엄밀한 학문의 순정성에서도 리센코와 동일 선상에 놓고 얘기할 존재는 아니다. 그러나 소련의 과학 정책은 생물학·의학을 넓은 문맥에서는 '유물변증법적 다윈주의' 아래에 두어야 한다고 했고, 협의의 맥락에서는 그들이 이해한 파블로프주의, 즉 너비즘nervism. 신경계가 동물과 사람의 생리 작용 조절에 결정적인 역할을 한다는 이론. 생리학자 이반 미하일로비치 세체노프(Ivan Mikhailovich Sechenov, 1829~1905)의 발견을 토대로 파블로프가 1883년에 생리학에 도입한 개념에 바탕을 두어야 한다고 규정했다. 파블로프 자체는 착실하게 정신의학적 사실들을 설명하기 위한 실험들을 계속 진행했다. 그리고 실험 신경증으로부터 히포크라테스의 4기질에 가장 잘 대응한다고 그 자신이 간주한 네 유형을 추출했으며, 정신병 분야까지 들어가 분열병을 조건반사학에서 말하는 초한超限적 제지자극이 강할수록 조건반사도 강해진다. 그러나 너무 강한 자극에서는 오히려 조건반사가 약해진다. 이는 피질의 세포가 흥분에서 거꾸로 제지 쪽으로 옮겨 갔기 때문인 것으로 추측한다. 이는 한계를 넘어선 자극으로 발생했기 때문에 초한 제지라고 한다. 초한 제지는 생리적으로 얘기하면 너무 강한 자극으로 피질 세포가 손상되는 것을 막기 위한 것으로 보호 제지라고도 한다에 의한 것으로 설명했다.

그의 사후 이바노프 스몰렌스키Ivanov Smolenskiy 등은 정신병리론을 이 방향으로 추구했으며, 비코프K. M. Bykov, 1886~1959. 소련 생리학자 등은 내장 질환이 어떻게 대뇌피질에 의해 좌우되는지를 실증했다. 그러나 탈스탈린 시대에 들어서면서 그들의 업적도 행방불명이 된 것으로 보인다. 의학이 분과를 초월한 통합성을 상실한 것은 역사상 거의 없었으나 스탈린 치하의 소련 의학은 사실상 이 일원성을 결여하고 있었다. 1950년에 가장 상세하고 정밀한 병리학 도감을 간행하고, 가장 정치한

외과 수술 기구를 개발한 소련 의학은 다른 한편으로 요인들의 혈액질
환 진단을 위해 서독의 의사를 불러들여야만 했다. 그리고 스탈린은
1953년, '유대인 의사 음모 사건'이라 불리는, 그의 사후에 완전히 조작
된 것으로 밝혀진 사건 와중에 사망했다. 그는 소련 의사단에서 선발
한 시의들에 대한 불신 속에서, 말하자면 자국 의학과 의사를 완전히
불신하는 가운데 사망했다.

파블로프의 체계—그것은 구체적이자 전체적인 것을 지향한 것으로
보인다—의 일부가 행동과학으로 전화했다 하더라도, 러시아의 파블
로프주의 정신의학의 발달을 가로막은 것은 스탈린의 죽음이라는 외
인도 작용했지만 기묘하게도 거의 같은 해에 정신의학에 적용되기 시
작한 향정신약의 등장이라고 할 수 있을 것이다.

'향정신약 시대'와 거대과학의 출현

향정신약의 출현이 항생물질의 발견·보급과 같은 정도로 혁명적인 것인지는 아직 역사적 평가가 내려진 것은 아니다. 그러나 소련 화학공업은 그런 분야에서 이 변화를 선취할 정도로 성숙해 있진 않았으나 뒤따라갈 정도로는 발달해 있었다.(오늘날 소련의 정신병원에서 사용되는 약물은 자본주의국가들의 그것과 전혀 다르지 않다. 소련 독자적으로 개발한 향정신약에 대해서는 과문해서인지 아직 알지 못한다.)

그리고 파블로프주의는 대뇌피질을 정신의학의 원인으로 중시했다. 그것은 대국적으로 거의 동시대에 진행된 미국·캐나다의 변연계邊緣系 개념의 발견으로 정점에 도달한 뇌생리학과는 대조적이었다. 덧붙여둬야 할 것은 스탈린 이후의 시대에 소련이 미국의 위너Norbert Wiener. 1894~1964. 미국의 수학자. 미주리 주 컬럼비아 출신. 그의 부친은 폴란드계 유대인 언어학자 레오 위너(Leo Wiener). 러시아 출신의 유대인으로 1930년 전후의 소비에트 수학과 동일 주제를 추구했다가 창시한 사이버네틱스(키베르네티카)를 공식 승인한 것이다. 이것은 엄밀하게 과학적인 러시아의 뇌생리학을 재생시켰다. 나아가 키베르네티카 연구라는 명분 아래 예전의 구조주의적 언어분석의 부활을 비롯해 여러 지적 활동이 태동하기 시작한 듯하다.

향정신약의 탄생은 보불전쟁프로이센-프랑스 전쟁, 1870~71. 이 전쟁에서 승리한 프로이센 주도로 독일제국이 탄생했고, 패배한 프랑스에선 근대 최초의 사회주의정권 파리코뮌이 등장했다 뒤의 프랑스 애국주의의 고양 속에 루이 파스퇴르가 독일의 코흐와 같은 프랑스 과학의 영웅적 모델로 부각되면서 시작됐다. 즉, 이제까지 몇 번이나 살펴본 바와 같이 교전국이 점점 상대의 문화를 받아들이는 것은 물론 대립을 의식해서 상대와의 차이를 의식적으로 추구하기 때문에 결과적으로는 미묘한 상사相似성을 띠게 된다. 세균학적 의학의 시대에 독일에서는 코흐의 3원칙, 즉 어떤 세균을 어떤 질환의 병원균이라고 하는 엄밀한 조건의 정립이 거꾸로 자국의 세균학(그리고 거기서 배운 미국·일본의 세균학)을 순수 과학으로 규정했다면, 프랑스는 의사가 아닌 파스퇴르의 다면적인 활동 속에서 점차 예방법 중시를 거쳐 면역학 연구 쪽으로 더욱 쏠려간다. 코흐의 투베르쿨린이 결핵 치료법으로 선전됐으나 곧 무효임이 증명된 데 비해 파스퇴르는 그보다 일찍 광견병 치료 백신 개발에 극적인 성공을 거둬 전 유럽에서 환자들이 파스퇴르에게 달려갔다. 이어서 탄저균에 대한 백신도.(하지만 균의 병원성 발견 자체는 코흐의 업적이다).

원래 파스퇴르의 연구는 광범위한 생화학·생물학의 여러 영역들에서 거둔 결정적인 업적임과 동시에 프랑스 제조업이나 잠사蠶絲업과도 깊숙이 결합돼 있었다. 출발점은 포도주 통에 부착하는 주석酒石의 문제였다. 이어진 발효 연구에서는 발효 현상의 원인을 찾다가 유산균의 발견에 이르렀고, 동시에 염기성 균의 존재를 알게 됐으며, 나아가 유명한 파스퇴르병을 이용해 생물의 자연발생설에 쐐기를 박았다. 이는 동시에 오늘날에도 파스퇴르 살균법pasteurisation이라는 이름을 붙인 저온살균법의 개발을 통해 프랑스 양조업에 다대한 이익을 안겨주고 있다. 이어진 누에병 연구는 이 병 때문에 위기에 처해 있던 프랑스 양잠업을 구했다. 여기서부터 점차 세균학 연구로 깊이 들어가는데, 이 새로운 방향 설정은 프랑스 의학 근대화의 챔피언이 된 데 대한 국민적 지지를 배경으로 한 것이었을 것이다.(처음에 프랑스 의사단은 의사가 아닌 파스퇴르에게 냉혹했거나 적어도 냉담했다.)

그러나 그는 늘 응용에 대한 관심을 잃지 않았기에, 각종 살균법과 무균법, 예방접종의 개발이 차례차례 이뤄졌다. 그리고 코흐가 엄격하게 제자를 키워간 것에 비해 파스퇴르는 그 연구소에서 다면적인 활동을 준비했다. 그 뒤 아테네, 페테르부르크(레닌그라드—혁명 뒤에도 존속하고 활동했다!), 사이공 등에도 연구소가 만들어졌다. 파리의 파스퇴르연구소는 지금 분자생물학의 메카임과 동시에 프랑스 최대의 백신 제조업체이기도 하다. 그리고 20세기에 들어서 프랑스는 점차 면역학 중시 쪽으로 방향을 틀었다.

한편 '위대한 빌로트Christian Albert Theodor Billroth, 1829~1894. 독일 출신의 오스트리아 외과의. 위암 절제 수술에 처음으로 성공했다. 아시아인 최초의 독일 의학박사가 된 사토 스스무 일본 육군 군의총감도 1869년부터 7년간 베를린대학에서 빌로트한테서 배웠다'로 상징되는 독일·오스트리아 외과학은 종종 대담한 수술을 감행(뇌 수술은 시도할 때마다 모두 비참한 결과로 끝났다)하는 것과 동시에 내과학과의 대항 의식도 갖고 있으면서 "단지 메스만으로 치료한다"는 순수 외과학을 지향했다. 한때는 환자가 약물을 요구해도 소량의 포도주나 염산 레모네이드밖에 주지 않는 상황까지 갔다.

이에 대해 '교실의 전통'이라는 사상과 멀었고 또 100퍼센트의 사망률을 나타낸 수술 감행 등을 허용하지 않았으며 좀 더 자립적인 시민 계급의 압력하에 놓여 있던 프랑스 외과학은 점차 지혈·혈관 외과를 통해 생체 쪽 반응을 중시하게 된다. 그것은 20세기 초의 외과의 르리슈René Leriche, 1879~1955. 프랑스의 유명한 외과의의 『외과학의 철학』에 정식화돼 있는데, 점차 프랑스 침습학侵襲學(피침습학이라고 번역해야 하겠지만)의 계보를 형성하게 된다.외과 침습학은 침습적 치료 수단을 사용한 외과학에서 매우 근본적인 학문 영역으로, 침습에 대한 생체반응을 이해하고 그것을 조절하는 것을 연구한다. 침습에는 수술, 외 상, 감염, 장기이식, 종양 침윤 등이 포함된다.

그때는 프랑스 정신의학·심리학이 정교하고 세밀한 증상 연구를 전 세기에 이어 계속하면서 외과학과는 대조적으로 매우 정적인 이론 구 축을 둘러싸고 논쟁을 벌이던 시기였다. 그러나 1930년대에 시작되는 프랑스의 지적 쇄국과 더불어 프랑스 의학은 다른 의학권에 알려지지 않게 됐다.

나치스의 점령은 프랑스 의학을 충전시킨 것으로 보인다. 그리고 드 골 쪽에 투신해 자유프랑스 해군의 군의가 된 외과의 라보리Henri-Marie Laborit, 1914~1995. 프랑스 외과의. 동면요법의 창시자는 외과수술 침습 뒤의 쇼크에 서 시작해 자율신경의 부조화 진동반응 개념에 도달했으며 르리슈, 레 이, 모상제의 계보로 연결된다. 여기서 그는 교감, 부교감의 두 자율신 경계의 반응을 모두 완전히 정지시킬 수 있다면 수술 뒤의 부조화 진 동반응과 그 '바늘의 과도한 진동' 또는 자율신경계 활동 자체의 피폐 로서의 지발遲發(작동 지연) 쇼크를 없앨 수 있다며 그런 약물 또는 그 '칵테일'—차단 칵테일—을 개발했다. 이에 토대를 둔 동면 마취라는 기술혁신은 급속히 외과 영역에 보급됐으며, 이것을 1952년에 정신과 영역에 적용한 것이 들레이Jean Delay, 1907~1987. 프랑스 정신과의, 신경학자, 작가, 아 카데미프랑세즈 회원였다. 그러나 정신의학은 물질인 약물은 외과학에서 도 입하면서도 그 철학은 도입하지 않았다. 대신에 '약리학적 로보토미전두엽 절제 수술'라는 좀 더 음울한 철학을 바탕으로 약물을 정신의학에서 사용하기 시작됐다. 향정신약을 낳은 프랑스 외과학에는 "자연 치유력을 과학적으로 해명하고 그 바람직한 면과 새로운 병적 현상을 만드는 바람직하지 않은 면 두 면을 살피면서 치료 전략을 세운다"라는 '외과학의 철학'(르리슈의 저서명)이 있었다. 정신과의가 가장 즉물적이라고 간주하기 쉬운 외과학에 철학이 있고 정신의학이 약물을 메스처럼 사용한 것은 웃지 않을 수 없는 역사의 역설이다.

그건 그렇다 치고, 약물 개발에 불가결한 토대인 서구 제약업은 론 강, 라인 강, 마스 강을 잇는, 1000년 이전의 성 힐데가르트 폰 빙엔이 서구 최초의 약학을 발상케 한 것과 기이하게도 같은 지대, 예전에 '수도원 계곡'이라고 불린 지대에 존재한다. 유럽은 빙하의 침식으로 고유 식물상이 풍부하지 못하다. 지중해가 회교도의 바다가 돼 서구가 지중해 세계로부터 차단당한 뒤(아마 쇄국이 일본의 본초학을 탄생시킨 것과 비슷한 사정으로), 또한 화폐경제의 위축에 따라, 서구가 스스로 빈곤한 식물상 속에서 약물을 찾아내야 할 필요가 생겼을 것이다. 그리고 또 대항해시대가 약학적 발견의 시대인 까닭도 이 서구 식물상의 빈곤 때문일 것이다. 이 계곡은 또한 마녀사냥이 가장 격심했던 지역인데, 대항해시대의 신대륙·아시아의 약물 수입은 중세 여성 치료 문화의 절멸을 부른 한 요인일지도 모르겠다.

이 골짜기가 세 번째로 역사에 등장했을 때 그것은 수자원이나 석탄 또는 그 둘 모두의 혜택을 받아 지적이고 근면한 노동자들이 사는 지대가 돼 있었다. 19세기 산업혁명은 화학공업에까지 파급돼 퍼킨[Sir]
William Henry Perkin, 1838~1907. 영국의 화학자. 18살에 아닐린(aniline) 염료를 발견했고 세계 최

초의 합성염료 모브(Mauve)를 발명했다의 합성남合成藍쪽빛 합성염료이 인도의 천연남

을 도태시킨 것을 시작으로 염료 공업이 성립됐다. 이들 화학공업의 연

구실은 방대한 종류의 화학물질을 만들어냈다. 클로르프로마진정신 안정

제의 일종. 자율신경 안정제로서 신경증 또는 정신병에 사용. 황달과 떨리는 부작용이 있음도 설파

제도 1900년 직후 몇 년간에 합성돼 반세기 가까이 연구실 선반 위에

서 잠잤다. 이들 중에서 저분자의 항히스타민제가 프랑스의 알레르기

성 혈관 반응을 비롯한 면역학적 연구 또는 혈관성 쇼크 연구와 함께

채용됐다. 라보리 등의 단계는 이들 중에서 하나 또는 그 조합으로 쇼

크 방지와 동면 마취를 실현하는 단계였는데, 그 때문에 그는 이들 '합

성약품의 대저수지'를 이용할 수 있었던 것이다. 그것은 또한 이들 염

료 공업에서 제약 공업이 분화하는 과정에서 항생물질과 함께 거대한

가속 작용을 했다. 이 분화를 다른 쪽에서 가속한 것은 나치스 독일의

패전으로 레페반응군群레페반응(Reppe reaction)은 고압 아세틸렌을 원료로 한 여러 유용한

화합물을 합성하는 반응. 일련의 반응을 합해서 레페합성이라고 한다. 독일의 발터 레페 등이 1930년

대부터 1940년대에 걸쳐 발전시킨 이들 반응은 합성수지·고무·섬유 원료 제조에 중요한 역할을 하고

있다을 공개하며 시작되는 플라스틱 공업의 출발이었다. 제약 공업 자체

가 거대 자본으로 등장했다.

20세기 전반기를 원리 발견의 시대라고 한다면, 20세기 후반기는 거

대한 에너지 공급의 뒷받침 속에 그 원리를 극한까지 연장시켜 물질화

하려는 원리 응용의 시대라고도 할 수 있을 것이다. 이른바 거대과학은

그런 것이며, 이를 가능케 한 것은 제2차 세계대전 뒤의 사회경제적 변

화에 따른 과학의 변화였다. 이 변화는 예컨대 우주위성에서 보내온

노이즈(잡음) 많은 정보를 '편집'해서 미세한 차이를 가시적(예컨대 화성의 지형)으로 만드는 기술에서 컴퓨터 단층촬영이 파생된 것처럼 거대 기술의 파급으로 지금 정신의학 영역도 잠식해가고 있다. 이런 사실은 의학의 성격을 바꾸고 있고, 이미 암과 치료의 그 장대한 캠페인에서 보듯 고가의 복잡한 방법이 우선적으로 추구되는 편향이 대학의 이화학 연구를 정부의 매개로 또는 직접적으로 거대 자본과 결합한 막대한 연구 투자 속에서 추진되는 것으로 바꿔놓음으로써, 거의 필연화할 것으로 보인다.

하지만 거대과학의 부산물을 응용한 검사 기술에서 종종 환자에 대한 침습성을 저하시키는 방향을 발견할 수 있는 점도 주목할 필요가 있을 것이다. 향정신약이 지닌 하나의 장점은 그 불쾌감으로, 적어도 상쾌감을 수반하지 않는 것이며, (따라서) 심리적 의존으로 발전하는 것을 별로 찾아볼 수 없다는 점도 덧붙일 필요가 있겠다.

제2차 세계대전 뒤 일반 의료 기술을 의사 개개인이 각자 몸에 익히는 일신구현성—身具現性은 대폭 감소했지만, 이는 상대적으로 정신의학을 다른 것보다 더 도드라지게 만들었다. 향정신약의 출현은 오히려 의료 기술에서 태곳적부터 내려온 일신구현성의 최후 보루라고나 해야 할 정신요법의 적용 범위를 대폭 확대했으며, 또한 양차 대전 사이의 분열병에 대한 정신요법가들과 같은 예외적 존재들이 아닌 보통의 정신과 종사자들도 정신요법을 할 수 있게 해주고 있는 것으로 보인다.

신 없는 시대의 서구 정신의학

유럽의 '신 없는 시대'가 언제 시작됐는지 얘기하기는 곤란하다. 베버는 이미 청교도주의 속에 아버지인 신이 사멸하고 점차 신 없는 시대로 향하는 과도현상을 보고 있었다. 물론 그것은 본질적으로 19세기인인 베버의 사상이었고, 그의 아버지와의 특수한 관계도 염두에 두지 않으면 안 될 것이다. 그러나 영어 역사에서 self(자기)라는 접두사를 지닌 단어가 갑자기 속출한 것은 16, 17세기, 곧 그 시대다. 가톨릭권 언어에서는 이 현상이 필자가 아는 한 생겨나지 않았다. 물론 20세기가 되면 autocritique(자기비판—처음 쓴 것은 러시아어가 아닌가 생각한다)이라는 기묘한 말까지 생겨나지만.

물론 이 '자기'는 처음엔 신 앞의 자기였고, 칼뱅이 아니라 루터의 말이지만 "신앙에 의해서만 의로움을 받는" 자기였을 것이다. 그러나 점차 자기가 홀로 걸어가기 시작한 것은 사실이다. 점차 '자기'주장은 서구인들에게 미덕이 됐다. 중세 서구인들에게 그것은 무례한 짓이었을 것이다. 르네상스인들이 갖가지 자기주장을 한 것으로 보이기는 해도 그들의 자기주장은 정치적·일상적인 자기주장이었다. 예컨대 마키아벨리는 자신의 정치적 생명이 완전히 끝났을 때 모든 걸 단념하고 저 격렬한, 하지만 냉정한 자기주장을 했던 것이다. 일반적으로 르네상스기에는 '자기'보다 '우주' 쪽이 훨씬 더 문제였다. 그것이 어떤 우주였든지 간에.

르네상스의 상인들은 결코 신을 부정하지 않았으나 그들은 만일 신이 존재할 경우에 대비해 어느 정도로 투자해야 할지 메마른 사고로 계산을 했다. "자, 일반적 선이라도 오늘은 한번 해볼까"는 그들이 일요일 아침 르네상스 도시 광장에서 교환하는 인사일 수 있었다. 거기에서 시니시즘^{냉소주의}과 함께 신에 대한 드러나지 않는 외경을 읽어낼 수 있으며, 면죄부도 그런 문맥에서 바라볼 수 있을 것이다.

특히 마녀사냥에 대한 항의자, 그중에서도 특히 요하네스 와이어는 오늘날 진보=몽매의 축으로 받아들여지고 있는 것과는 약간 달리 그 항의를 "마녀사냥에 관여하는 자, 특히 의사이면서 그렇게 하는 자는 의사(또는 인간)으로서 겸양의 미덕을 잊고 사람이 사람을 심판한다는 오만의 죄를 범하는 것이다"라는 문맥에서 그렇게 했다는 게 좀 더 진상에 가까울 것이다. 장 보댕과 같은 주지주의자는 오히려 마녀사냥을 추진했다―가상의 '마녀 문화'를 어둡고 몽매하고 뒤떨어지고 지저분한 것으로 간주하고.(당시 '중세적'이라는 말은 아직 존재하지 않았다.)

그러나 신 앞에서 단 한 사람('자기')으로 선다는 청교도주의는 점차 '자기'를 비대하게 만든 게 아닐까. 그러다 신이 점차 멀어지면서 비대해진 자기만이 남았다. 그것은 단순한 접두사가 아니라 에고^{ego}라는, 라틴어에서는 드물게 사용되는 단어를 차용해 점차 자립적으로 돼갔다. '개실個室의 성립'보다 한 세기나 뒤처졌다.

섀프츠베리나 볼테르로 대표되는, 일반적으로 외향적이었던 18세기에는 감각하는 주체로서의 인간에 초점이 맞춰졌다. 라메트리^{Julien Offroy de La Mettrie, 1709~1751. 프랑스의 의사, 철학자}의 인간기계론은 성급하게 그 주체조차 부정했지만, 이 조금 경조부박한 유물론자, 프리드리히대왕의 비호를 받았던 의사가 그 소책자를 "인간은 도랑에 가득 자란 풀, 울타리에 피는 꽃과 전혀 다를 게 없다"라는 의미의 한 구절로 마감했을 때 거기에는 "사람은 모두 풀과 같고 그 영광(행운) 또한 풀(의 꽃)과 같다"라는 성서 속 한 구절의 잔영이 보인다.(라메트리는 최후의 한 구절에 이르러 약간 비장pathetic해진다.)

17세기부터 18세기에 걸쳐 데카르트는 "나는 생각한다. 고로 존재한다"라는 테제보다도, 뉴턴이 대체하게 돼 있었지만 여전히 세력을 떨치고 있던 구식의 와동설渦動說 물리학의 상징으로서 지식인들에게 의식되고 있었다. 데카르트는 늘 유아론唯我論이 아닐까 하는 암묵의, 때로는 공공연한 비난을 받고 있었다. 데카르트는 "나는 생각한다. 고로 존재한다"는 발견에 대한 감사로 성모에게 봉헌한 인물인 티코 브라헤, 케플러, 갈릴레오의 물리학보다도 오히려 스콜라철학 쪽에 정통해 있었던 인물인 "사팔뜨기 소녀"에 대한 덧없는 회상을 평생 마음에 간직하면서 또한 엘리자베스 여왕에게 보낸 편지에서만 독아론獨我論 고백을 했을 정도로 이 여왕에 대한 신뢰와 애착을 갖고 있던 인물이었다. 그리고 데카르트는 네덜란드에서 상인들의 소곤거림을 새들이 지저귀는 소리로 듣고 '사상도 얼어붙는다'는 스웨덴으로 가서 오전 다섯 시에 크리스티나 여왕에게 강의하고 폐렴에 걸려 쓰러진 모순 가득한 인물이었다. 데카르트, 라이프니츠 그리고 20세기의 (본질적으로는 빅토리아기 사람이었던) 러셀까지 이 계열의 사상가들은 이중의 사상—현교顯敎와 비교秘敎라고 해야 할 것—을 갖고 있었다. 서구에서 독아론을 공언하는 것은 오늘날에도 거의 터부인데, 비트겐슈타인이 그 논리학적 논고의 공식적 가치가 의문시되고 있음에도 여전히 열렬한 독자들을 거느리고 있는 것은 이 공언公言—이라고 사람들이 이해한 것—에 가장 대담했기 때문이 아닐까. 다만 러셀, 비트겐슈타인의 경우에는 일이 역전돼, 비교秘教가 거의 열렬한 신 없는 신앙고백에 가까운 것이 돼 버렸지만.

한편 신이, 이른바 '공격하는 쪽'의 힘에 의해 무력화됐다고 하는 것은 너무 단순한 얘기일 것이다.

우선 가톨릭교회는 서임권敍任權 투쟁 이래 몇 세기 동안의 혼란으로 피폐해져 있었다. 교황청의 권위가 가장 고양돼 있었던 것으로 보이는 인노켄티우스 7세, 그레고리우스 8세 직후에 대립 교황의 시대가 연이어 등장한다. 때로는 세 명의 교황이 동시에 존재하기도 했다. 이런 국민국가의 발흥에 앞서는 성속聖俗의 투쟁이 있었고, 중세 속권俗權의 무력에 크게 의존한 십자군의 비참이 있었다. 그것은 중세의 가장 뛰어난 기사들을 이역에서 죽어가게 만들었으나 교회도 또한 보이지 않게 깊은 상처를 입었다. 그리고 주지하다시피 르네상스 당시 교황청은 그 이름처럼 약종상藥種商 출신인 메디치가에 포섭당했고, 은행가, 광산왕이 가톨릭 주교들을 파산에서 구해준 대신 면죄부가 그 빚을 갚기 위해 발행됐으며, 청교도주의가 복고 운동으로 출발한 것은 두루 알고 있는 바와 같다. 대항 종교개혁도 또한 기사도와 '싸우는 교회'로의 복고 운동으로서의 일면을 갖고 있다. 청교도주의가 원시 교부 시대로의 복고라고 한다면, 대항 종교개혁은 민족대이동의 파도 속에 잠기려는 로마제국 민중의 호민관 역할을 수행하려 한 행동하는 신부들의 모습을 방불케 하는 면이 없지 않다. 그러나 예수회는 예외적 존재였으며,

전례典禮 문제를 계기로 일시 폐지하라는 명을 받는다. 그것은 예수회가 이용한 상업 식민주의의 종언과 그 산업혁명으로의 교대 시기와 거의 일치한다고 할 수 있다.

16세기 이후 가톨릭 신학이 점차 국민국가의 대학으로 이행하고 신에 대한 말초적인 논의—성령이 마리아의 몸속에 들어갔을 때 쾌감을 느꼈는지 여부 따위—가 횡행하기에 이르러, 이 신을 '물적 존재'로 간주하는 신학은(오늘날에도 우주에서 지구에만 신이 자신의 아들을 보내주신 걸까, 그것은 무엇 때문인가, 아니면 은하계에 다수 존재하는 걸로 추정되는 고등생물이 사는 다른 별들에도 보내주신 걸까, 그럴 때의 모습은 그 별의 주민들 모습일까 따위의 논의가 존재한다) 신의 죽음을 가속시켰으며, 동시에 자아를 자립적인 '물적 존재'로 삼는 경향을 강화한 것은 아닐까 하고 필자는 생각한다. 적어도 계몽사상은 이런 종류의 종교적 '몽매'에 대립하는 무엇일 수 있다. 그것은 아마 앙리 벨Henri Beyle. 필명은 스탕달(Stendhal, 1783~1842). 프랑스 소설가의 비판적인 '사전辭典'으로 거슬러 올라갈 것이다.

어쨌든 속인에 의한 인간 심성, 특히 그 어두운 면에 대한 탐구는 퇴조해가는 신부·사제·목사들로 인한 공백으로 이끌렸고, 마침내 정신과의가 그들의 대리 역할을 맡게 된다.

대중이 정신의학서를 읽는 것도 19세기에 시작됐다. 그것은 결코 프로이트가 등장할 때까지 기다리지 않았다. 19세기의 대작가들은 종종 정신병원 견학이나 정신과의의 강의에서 영감을 얻었다. 신동 위너(사이버네틱스의 창시자)는 일곱 살 무렵 샤르코의 저작을 가까이 두고 즐겼다. 20세기 중엽이 되자 마침내 성직자들이 정신의학을 공부하기에 이르렀다.

그리고 1920년대부터 서서히 시작된 결핵의 약체화가 1950년대에 갑자기 뚜렷해짐에 따라 지극히 정신적mental인 면을 갖게 되고, 장기 치료를 요하면서 항상 재발이 없음을 보장하기 어려워 청소년기에 발병해 다수의 만성 환자를 낳는다는 결핵의 위치를 정신 질환, 특히 분열병이 대신 차지하기에 이르렀다. 이것은 분열병자의 예술 작품에 대한 주목에서부터 분열병 친화적인 사람들의 문학·예술·과학 활동의 대폭 승인과 같은 것으로 반영됐고, 때로는 정신병리학에서 분열병의 물신화라고나 해야 할 현상을 낳았으나 일반 분열병자의 지위는 개선되지 못해, 나치스의 '밤과 안개Nacht und Nebel. 1941년 12월 7일, 아돌프 히틀러가 발령한 명령. 이른바 총통령의 하나. "밤과 안개"라는 구절은 히틀러가 애청한 리하르트 바그너의 작품 〈라인의 황금〉의 제3장 '니벨하임'에서 직접 인용한 것. 이 명령이 시행 당초 의도한 것은 나치스 독일 점령 지역에서 모든 정치 활동가나 레지스탕스 옹호자들 중에서 '독일의 치안을 위험에 노출시키는' 인물들을 가려내는 것이었다' 이후 정신과의, 정신의학, 정신위생에 대해 대중은 깊은 의혹의 눈초리를 보내게 됐다. 독일에서는 '밤과 안개'에 관여한 대학교수가 자살 또는 재판에 회부됐으며, 오히려 군의로 전선에 나가 있던 사람들에 의해 슈나이더를 중심으로 재건됐다. 그러나 인류 유전학은 20년에 걸쳐 금지어가 됐다. 한때는 공중이 정신과의를 거의 범죄자로 바라보는 상태가 됐고 정신과를 선택하는 의학생들이 격감했다. 또 폰 바이어Walter Ritter von Baeyer. 1904~1987. 독일 정신과의에 의한, 강제수용소 모든 생존자들의 보상을 위한 정신감정이 극한상황에서는 거의 모든 인간이 정신이상을 일으킬 수 있다는 것을 밝혀냈으며, 서독 정신의학은 생물학주의에서 갑자기 상황론 또는 총체적으로 인간을 바라보도록 하는 의미에서의 인간학을 중시하거나 영국에서 배운 사회정신의학을 전면에 내세우기에 이르렀다.

1960년대에 이르러 격렬한 정신병원 개혁 또는 단적인 정신의학 부정, 정신 질환 부정의 목소리가 전 세계에 울려 퍼졌다. 좀 더 온건한 사람들도 원래는 제2차 세계대전 직후에 시작된 영국의 국민건강보험 National Health Service에서 "환자를 전문병원에서 즉각 일반 개업의로"라는 요구에 맞춘 시스템을 위해 정신과 영역에서 생겨난 공백을 메울 중간 시설과 그 배경을 이루는 영국 사회 정신의학을 채용하는 움직임을 보였다. 한편 거대 정신병원은 해체되기 시작해 종종 일거에 반감되거나, 또는 그 이상의 환자들을 퇴원시키는 조처가 특히 수천 병상에서 2만 병상에 이르는 거대 병원들을 보존하고 있던 미국에서 시행됐다.

그 결과가 어떠할지는 아직은 도무지 알 수 없지만, 그 때문에 1476개 병원에서 29만 5544개 병상을 보유한 일본의 정신병원(1984년 현재. 1981년에는 1800개 병원, 32만여 병상)이 아마도 세계 최대의 정신병 환자 입원 치료국이 됐을 것이다. 다만 소비에트는 특수한 제도를 갖고 있어 실상을 밝힐 수 없기 때문에, 또는 기타 이유로 보류해도 될 것이다.

한편 제3세계의 서구류 정신과의는 아직도 한 나라에 수십 명에서 일백 수십 명밖에 되지 않으며, 프란츠 파농과 같은 예외를 제외하면 그들 자신의 목소리는 이제 겨우 막 들려오기 시작했을 뿐이다. 또 1920년대에 시작된 빨라진 초경을 시작으로 문화와 정치체제의 차이를 넘어선 글로벌 현상—예컨대 '학생 혁명'—이 생겨나게 됐다. 이 세계의 동기화同期化는 양차 세계대전에 의한 동기화일지도 모르겠으나 그 귀결은 물론 아직 알 수 없다.

유럽이라는 현상

유럽은 인류역사상 획기적인, 그리고 아마도 예외적인 현상일 것이다.

인류가 지상에 출현한 이래 지리학적으로 크게 지구를 변모시킨 현상은 적어도 세 가지가 있다. 첫째는 최초의 농민인 화전 경작민의 출현인데, 그것은 지상의 1차림을 점차 줄어들게 만들었고 절멸을 걱정해야 할 정도까지 진행되고 있다. 인공위성 촬영을 통해 처음으로 밝혀진 바와 같이 오늘날에도 예컨대 중앙아메리카의 화전민 경작에서 나온 연기는 대서양을 넘어 아프리카에까지 확산되고 있다. 둘째는 유목민에 의한 지나친 방목인데, 그것은 많은 삼림이나 초원을 사막으로 바꾸었다. 셋째가 자본주의다.

자본주의는 또한 고대 도시 및 그것을 중심으로 한 고대 대제국의 성립(18세기 이래 유럽인이 civilisation이라고 부르는 것의 성립)과 나란히 크게 사회경제를 바꾸었다.

고대 도시의 성립은 기술사가 루이스 멈퍼드Lewis Mumford, 1895~1990. 미국의 건축 비평가, 문명 비평가, 역사가, 언론인[25]에 따르면 이미 인력에 의한 거대 기계의 성립으로 이는 오늘날까지 이어지고 있는 사태다. 거꾸로 얘기하면, 고대 도시의 성립 또는 일반적으로 civilisation은 인류 문화가 인간 개체에 체현되는 일신구현성—身具現性이 급격히 저하한 것이다. 의사는 좀 더 오랜 층에서 배출돼, 이 일신구현성을 적어도 최근까지 지니고 있었다. 특히 정신과의는 그런 의미에서도 왕이나 매춘부와 함께 '인류 최고最古의 직업'이라 할 수 있을 것이다. 의료는 '기술'이라는 말로 모든 걸 다 설명할 수 없는 것을 지니고 있다. 이 말이 감각적으로도 거북한 느낌을 주는 것은 그 때문일 것이다. 매춘부의 '기술'이 매우 일신구현적인 데 비해서는 다소 떨어진다 해도.(필자는 농담으로 얘기하는 게 아니다. 하위문화로서의 '치료 문화' 전체를 문제로 삼고 있는 것이다. 고대 중동의 신전 매춘을 특필하려는 건 아니다.)

그러나 서구는 비서구에게 무엇보다도 먼저 서구를 중심으로 한 자본주의경제와 그 문명에 전 세계를 강제로 가입시킨 강대한 힘이었고 오늘날에도 계속 그러하다. 이 강제 가입력이 서구를 인류사상 가장 특이한 현상으로 만들고 있으며, 이 때문에 서구는 비서구의 반격을 늘 두려워해왔다.

실제로 일본까지 포함해서 오늘날 정신의학은 거의 서구 정신의학이다. 이것은 서구가—필시 그 오만 때문에—acculturation(문화 동화同化)이라고 부르는 것이 정신의학에 끼친 결과다. 시선이 이미 그러하다면 그 대상도 또한 문화 동화된 사회, 즉 서구 문명에 강제 가입당하고 있는 사회의 범주를 벗어나지 않는다. 적어도 필자는 선교사보다 먼저 정신과의가 발을 들여놓은 사회를 알지 못한다. 설령 그런 경우가 있다 하더라도 문제의 본질은 달라질 게 없다. 그리하여 이른바 자신의 꼬리를 물려는 개처럼, 닫힌 원환처럼, 서구 정신의학은 보편 정신의학처럼 거의 필연적으로 자타의 눈에 그렇게 비치는 것이다.

하지만 서구가 처음부터 승리해서 의기양양한 존재로 등장한 것은 아니다. 유럽은 지리학적으로 아시아 대륙의 서쪽 끝에 있는 작은 반도로 근대에도 종종 그 본래의 왜소함으로 환원될지 모른다는 두려움을 계속 품고 있었다.

단적으로 서구에게 자신감을 안겨준 것은 산업혁명이었다. 그때까지는 2차에 걸친 인클로저 운동의 결과 영국이 농업 대신에 양을 사육하기 시작했고 그 양모는 인도에 보내져 직조되었다. 말하자면 매뉴팩처 인도에 비해 영국은 1차 산업국의 지위를 갖고 있었던 것이다.

산업혁명은 자국민의 착취를 통해 시작돼 비서구 민족의 착취에서 그 극에 이른다. 인도에서 직공의 오른쪽 팔꿈치를 절단하는 짓까지 벌이며 그 (인도의) 매뉴팩처를 격멸시킨 것이 영국이다. 서구의 윤리가 근면의 윤리에서 단적인 지배의 윤리로 바뀐 것도 실로 피할 수 없는 일이었다. 이 윤리가 (기독교 선교와 병행해서) 백인을 신의 소명을 받은 존재로 여겼으며, '원주민'이 그들을 신으로 부르는 것을 종종 거부하지 않았다. 그런 것을 통해 그들은 위신을 유지하고 간난에 대처하기 위한 자기 규율의 윤리를 지배 윤리의 한 가지로 탄생시켰다. 그것은 그들이야말로 이성을 지니고 자아를 가진 존재로 여기게 만들었다. 이 시기가 분열병의 발견 시기와 겹치는 것은 우연이 아니다.

항상 그랬던 것은 아니라 하더라도, 그들은 '이성 대 비이성'의 문맥에서 광기를 생각했다. 그 길로 계속 가면 결국 도달하는 곳, 즉 비이성의 북쪽 끝이 바로 분열병이 된다. 레비브륄Lucien Lévy-Bruhl, 1857~1939. 프랑스의 철학자. 사회학자. 문화인류학자 자신이 후년에 부정했음에도 불구하고 그 『미개사회의 사유』에서 추출된 '융즉融卽의 원리융즉률(融卽律), principe de participation. 개별적인 것을 구별하지 않고 동일화하고 결합해버리는 심성의 원리를 말한다. 레비브륄이 미개민족의 심성이 문명인과 본질적으로 다르다는 것을 보여주기 위해 도입한 개념'는 비서구인과 소아와 광인이 공통적으로 지닌 사유로 간주됐다.

'문화 동화'된 일본에서는 메이지유신 이후 그 지식인은 자신이 아니라 서구인이 자연스레 지니고 있는 것으로 '근대적 자아'를 상정하고 그것을 열렬히 추구했지만 끝내 도달하지 못했다. 이 '근대적 자아'의 추구는 필시 후타바테이 시메이二葉亭四迷1864~1909. 일본의 소설가, 번역가에서 시작돼 고바야시 히데오小林秀雄1902~1983. 일본 평론가 또는 나카무라 미쓰오中村光夫1911~1988. 일본 문예평론가, 작가와 그 추종자들에서 정점에 이른다.

그러나 기묘하게도 '근대적 자아'라는 말은 서구인들 대부분이 사용하지 않는 드문 말이다. 필자는 이것을 마녀사냥 뒤에 서구에 출현하는 '때 묻지 않은 소녀 신화'와 일종의 쌍을 이루는 신화, '근대적 자아 신화'로 간주한다. 이미 얘기했듯이 서구에서는 syntagmatism(통합주의)의 파산과 '때 묻지 않은 소녀'의 희생 위의 paradigmatism(범례주의)에 의한 재출발이 '서구'를 만들었다. 마녀사냥 사실은 깊숙이 억압당했다. 실제로 그것을 유럽의 과거에 존재했던 심각한 사실로 역사가들이 다루게 된 것은 19세기 중엽에 와서의 일이다.

유럽보다도 일본의 세속화가 더 빠르고 현저했다. 에도 바쿠후는 거의 그 성립과 동시에 단카 제도를 통해 포교를 금지하고, 교육과 의사의 세속화를 추진했다. 이에 비해 프랑스에서 공립학교의 종교적 교육이 금지된 것은 19세기, 그것도 그 끝 무렵이었으며, 20세기에도 신학자·신부이면서 의사인 사람들이 있었고 간호부의 상당 부분은 수녀였다. 따라서 일본에서는 마녀사냥을 거친 재출발이 아니라 처음부터 범례주의에 의한 근대화 과정이 시작될 수 있었다.

그런데 야마구치 마사오山口昌男1931~2013. 일본의 문화인류학자 씨[26]가 지적한 바와 같이 이단 배제의 논리는 마녀사냥 이래 정신병원으로의 격리를 거쳐 세균학의 살균을 통한 치료까지 일관된 것이었다고 할 수 있을 것이다.(여기에 외과학의 절제切除를 추가해야 할지도 모르겠다.) 야마구치 씨는 이 배제의 논리의 마이너스 측면을 지적하면서 통증과의 공존이라는 생각을 제시했다. 그리고 마이너스로서는 병이 점점 더 악화되는 것과 함께 우주적 상상력이라고 해야 할 것의 빈곤화를 들고 있는 듯하다. 이것은 내가 쓰는 용어로 얘기하자면 syntagmatism에서 paradigmatism으로의 전환과 더불어 시작된 과정일 것이다. 그러나 서구에서는 syntagmatism이나 우주적 상상력이 결코 근절되지 않았는데, 지금의 인간학, 특히 내과의 출신의 바이츠제커가 강조하는 것이 그것이라고 생각된다. 오히려 일본의 근대 의학이야말로, 그 하나의 이유는 수입한 학문이기 때문에 또 하나는 아마도 일본의 syntagmatism 전통의 결핍, 에도시대에 그 대부분이 근절됐다고 해야 할 상황 때문에 이 빈곤이 극심했다는 점을 생각해볼 필요가 있을지 모르겠다.

또 배제·선별의 논리는 또는 인류 역사상 농업 사회의 성립과 함께 출현했을지도 모른다. 삼림을 벌채하고 유용한 식물을 가려내 재배하고 잡초를 뽑고 생산품을 저장하는 일상의 영위는 이 논리에 속하는 것이며 동시에 숲이 이방 지역으로, 으스스한 존재의 서식처로 전화한다. 특히 일본의 농민은 2000년의 근면 끝에 세계 최강의 잡초를 만들어냈다(나카오 사스케中尾佐助1916~1993. 일본의 식물학자. 유전육종학과 재배식물학 전문가, 『재배식물의 기원』)는 사실을 생각해봐야 할 것이다.

그러나 뿌리는 더욱 깊이, 서구의 성립 자체에 뻗어 있을 것이다. 서구는 가장 많이 서로 모순되는 것들을 섭취해서 성립되고 성장한 문명이다. 여기서는 두세 개 문명과의 비교로 그칠까 한다.

그들은 갈라져 나가 인도 아대륙으로 향한 인도·유럽어족 동포와는 달리 윤회전생을 믿지 않았다. 인생은 1회로 끝나는 것이다—이것은 극소수의 예외를 빼고는 소크라테스 이전부터 현대의 철학자들에 이르기까지 일관된 사고다. 이것은 일반적으로는 역사의식을, 특수하게는 현실의 개인의 자아의식을 지향할 것이다. 또 서구인은 우주와 그 시원 이래의 시간을 인도인에 비해 지극히 협소하고 짧은 것으로 생각했다. 이것도 또한 개아個我의 상대적 무력無力을 없애는 방향으로 향할 것이다.

인도 대승불교의 철학자는 "만물은 묶은 갈대처럼 서로 의지하고 기다리는 것이며, 모든 것은 그것 자체로서는 있다고도 없다고도 할 수 없다"(나가르주나Nāgārjuna. 대승불교의 아버지), "특히 의식과 세계의 관계가 그러하다"(바수반두Vasubandhu. 유식 사상의 대성자)고 생각했다. 이에 대해 서구에서는 원자론이 주류다. 인도 우파니샤드의 철학에서는 오로지 자아(아트만)가, 대승불교 철학에서는 오로지 의식이 문제가 된다. 서구에서는 자아와 의식이 종종 등치다. 그 때문에 무의식의 존재를 서구에서는 완강하게 오랜 세월 거부해왔을 것이다. 물론 대승불교에 '자립중관自立中觀파'가 있고 서구에도 서로 의존하고 기다리는 철학은 있으나 그것들은 말하자면 융단 뒷면의 모양새다. 또 힌두교도는 인간보다 소를 상위에 두었지만 서구에서는 언제나 인간을 최상위에 두고 인간은 늘 신의 닮은 모습이라고 생각했다. 인도에서는 서구적 의미에서의 신은 없으며, 불교는 처음부터 무신론이고, 인격으로서의 불타도 늘 멀리 떨어져 있어 비인격화해 손이 닿지 않는 저편으로 가는 경향이 있었다.

카스트제도에 비하면 그리스·로마의 노예제나 중세 농노제도도 훨씬 유동적이었다. 이것과 인도에 교회가 등장하지 않은 것은 연관이 있을 것이다. 아마 카스트제도와 교회는 거의 서로 용납될 수 없을 것이다. 확실히 불교는 카스트제도를 부정했다. 불교는 그 무아론無我論과 연기론緣起論─일체물자성공一切物自性空─과 카스트제도 부정을 통해 힌두교에서의 일종의 청교도혁명적 색채를 띠고 있다. 그것이 수도원에 비견될 만한 승사僧舍를 탄생시켰을 것이다. 그러나 불교는 대승에 이르러 거의 다른 것이라고 할 수 있는 두 종교로 분해되는 위기를 맞았다. 각자覺者깨달은 자 지향과 대중 지향의 두 가지로, 후자를 위해서는 열반을 대신해 서방 페르시아에서 수입된 정토淨土가 준비돼 있었다.

이에 대해 교회는 이런 분해에 대해 언제나 용의주도하게 그노시스파에서 중세 신비주의를 거쳐 테야르 드 샤르댕Pierre Teilhard de Chardin, 1881~1955. 예수회 수도사 출신의 프랑스 철학자. 베이징 원인과 필트다운인 발견에 참여한 고생물학자이기도 하다에 이르기까지 소수자를 위한 비교秘敎주의를 몹시 경계했다. 한편으로 교회는 호민관과 같은 현실 활동을 계속했다.

실제로 교회는 서구에서 매우 독특한 존재다. 그것은 그 자신의 법과 체제를 갖고 있으며, 서구는 성과 속 이중의 지배를 유지하기 위해 격심한 긴장과 동요를 대가로 지불해야 했다. 이것은 동유럽의 황제교

황주의 또는 이슬람 세계의 교황제는 몰랐던 긴장이다. 또 유대교, 이슬람교, 힌두교와는 달리 성전聖典을 그대로 세속의 법으로 삼은 적도 거의 없었다. 마녀사냥 때에 구약의 한 구절이 근거가 된 것은 오히려 예외에 속한다. 이것은 중세에도 서구에 큰 자유를 주었다. 실제로 전통적으로 서구는 이슬람 세계를, 그리스·로마 세계를 서구에서 계승하기 위한 필요악으로 간주했으며, 최근에는 이슬람 세계를 서구와 나란히 그리스·로마 세계의 계승자—동시에 헤브라이즘의 계승자이기도 하다—로 삼지만, 서구가 계승하고 이슬람 세계가 계승하지 않았던 것이 있다는 사실도 주목해야 한다. 그것은 로마법인데, 유스티니아누스 법전이었다. 쿠란이 바로 세속의 법이기도 한 이슬람 세계에서는 로마법의 계승은 불가능했다. 이 차이가 서구의 '법의 지배'를 낳았고, 이슬람 세계에 하나의 불안정 요소가 됐다. 교회의 불성립과 더불어 이슬람 세계에서는 쿠란이 괜찮다고 하는 것 이외의 것을 해서는 안 되는가, 쿠란이 안 된다고 하는 것 이외에는 모두 허용되는 것인가에 대해 사상에서부터 일상 행위에 이르기까지 동요가 있었다. 전자의 견해의 최종적 승리는 이슬람 사상의 발전에 종지부를 찍었다. 이에 대해 '법의 지배'는 아무리 가혹해도 개인이 자신의 행동에 대해 어느 정도의 자유와 계산 가능성을 부여할 수 있었다.

이슬람 세계는 '마르얌의 아들 이사'를 무함마드를 잇는 예언자로 삼았지만, 그러나 그의 눈에 '파랑기'(기독교도)는 사형대를 상징으로 삼고 금욕을 강조하는 음울한 사람들로 비쳤다.(『천일야화』에는 기독교도인 왕녀가 개종하고 이슬람 왕자와 결혼해서 어두운 그늘이 없는 성애의 희열 속에서

진정한 행복을 맛본다는 이야기가 있다.)

그러나 이슬람교도가 음울한 것으로 간주한 것 속에 기독교의 효모(이스트)가 있었을 것이다. 기독교 세계에서 아리우스파에 대한 아타나시우스^{Athanasius}파의 승리와 그 결과로서의 삼위일체설 정착은 신 앞에서 도망갈 수 없는 개인으로 선 서구인들에게 모순에 대한 감각을 벼리게 한 결과가 됐다. 동시에 마리아 신앙은 그것을 보완하는 역할을 담당했다. 그것은 이윽고 18세기의 계몽주의에 이르러 조소의 대상이 된다.

서구는 또 세계가 점차 바람직한 방향으로 향하고 있고 인류 사회가 진보한다고 보는 점에서 특이하다. 대다수의 문명은 오히려 세계가 점차 퇴락하고 있다는 신념 또는 신화를 갖고 있었다. 이 진보에 대한 신념은 선행 문명들을 학습하면서 스스로를 확립해가는 문명에 특유한 것인지도 모르겠다. 진보 신앙을 저항 없이 수용하는 일본 또는 미국을 아울러 생각하게 된다.

진보는 그중에서도 특히 사악한 것의 배제였다. 이 관점에서 볼 때 마녀도, 일하지 않는 자도, 이성을 갖지 못한 자도, 전염병자도, 아니 아픔과 그 원인 예컨대 세균도, 의학에서도 간호에서도 맹렬하게 배제·청소돼야 할 존재들이었다. 질병 또는 병자와의 공존은 앞으로의 과제가 될 것이다.

진보와 배제의 전통은 점차 전면에 나서면서 근대에서는 신을 대신해 과학을 그 표상으로 하는 '진보의 종교'(도슨)에 근접했다. "신은 죽었다"라고 니체가 선고한 지 오래다.

마치면서
—'신 없는 시대'인가?

그러나 정말 서구에서 신은 죽었는가? 그것은 여전히 역사에 속하지 않으며, 적어도 서구를 그러한 사회로 보는 것은, 실은 아직 이를 것이다. 정신과의가 성性 문제를 환자에게 묻는 것은 오늘날 완벽하다고 할 정도로 자유롭게 됐지만, 아직도 신앙에 대해 묻는 것은 터부이며 물을 때는 '감히' 물어봐야 하고, 말해주면 거기에 특히 감사해야 하는 것이다. 신앙은 성보다도 더 깊은 내면의 비밀이라는 게 대중과 의사 사이에 흔들림 없는 묵계로 돼 있다.

20세기는 그 온갖 혼란 끝에 결국 정신과의를 환자에게 매우 가깝게 접근시켰다. 이것만큼은 분명히 얘기할 수 있을 것이다. 19세기의 정신의학은 전체적으로 러시아 농민의 속담처럼, 환자가 보기에 "황제는 멀고, 신은 더 멀다"고 탄식케 하는 존재였다. 이런 형태의 정신의학은 1960년 이후 무제한의 비판에 맡겨져 있다. 그것은 여전히 존재하고는 있지만, 그러나 적어도 지금 상황은 그 형해성을 증명하는 것이리라.

아마도 새로운 문제는 정신과의와 환자 간의 거리—먼 거리가 아니라—가 가까운 데서 발생하는 것이리라. 아니, 지금 발생하고 있다고 해도 좋을 것이다. '사제'를 넘어 거의 '만능자' '전지자'로서 환자에 군림하려는 의사의 내밀한 유혹이 (실은 의료의 기술적 미성숙에 의한 면이 크겠지만) 오늘날만큼 쉽게 진찰실에서 실현될 수 있었던 때는 아마 없었을 것이다. 정신과의는 일찍이 사목자가 내면의 전투를 벌인 것과 비슷한 내적 유혹에 직면하고 있다.(그러나 그것은 동시에 '의지할 데 없는 구원자'를 만들어내고 있다.) 정신과의가 신이 소멸하고 있는 시대에 사제 또는 신을 대신할 수 있을까. 이 유혹의 금욕 앞에서 의사로서의 동일성을 유지하면서 환자를 대할 수 있을까. 이것은 아마도 서구 정신의학의 문제임과 동시에 그 틀을 벗어난 현대의 문제, 특히 일본 (또는 미국)의 문제이기도 할 것이다.

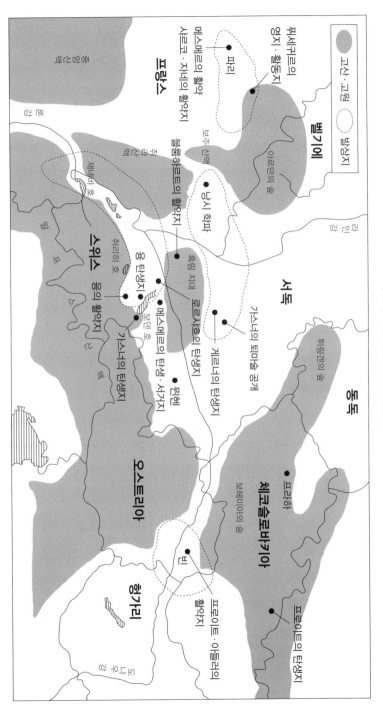

〈지도〉 역동 정신의학의 발상지

이 책은 아마도 내 속에 잠재해 있는 '심술꾸러기'성이 쓰도록 만들었을 것이다. 그렇게밖에 얘기할 수 없다.

맨 처음에 쓴 것은 제2장이다. 그 배경에는 도쿄대 분원의 이이다 신飯田真1932~2013. 일본 의학자. 정신과의. 전문은 정신병리학 씨와 진행한 우울병자의 생활사에 대한 세밀한 연구가 있다. 그 상세함 때문에 그것 자체는 아직 출간되지 않았지만 일단 이이다 씨와의 공저 『천재의 정신병리』(주오코론샤)의 '양념'이 됐다. 그를 비롯한 사람들과의 토론 과정에서 이 문제가 나왔다. 1968년에 준비에 들어가 1975년 봄에 일단 논문 형태로 『조울병의 정신병리 1』(가사하라 요미시笠原嘉1928~ . 일본 의학자. 정신과의. 전문은 정신병리학 편, 고분도)에 수록됐다. 거기에서 나는 우선 세계대전 전에 시모다 미쓰조가 제창하고 대전 뒤에 독일의 텔렌바흐가 얘기한 '멜랑콜리형의 영향'으로 재인식된 우울병의 발병 전 성격으로서의 '집착기질'을 문제 삼고 있다.

내 의문은 처음엔 소박한 것이었다. 왜 일본에서만 '집착기질'이 우울병의 발병 전 성격으로 돼 있고, 독일에서만 그것과 유사한 '멜랑콜리형'이 우울병의 발병 전 성격으로 돼 있는 걸까.

그것이 문화적인 문제라는 게 분명해 보였다. '멜랑콜리형'에 대해서는 마찬가지로 독일어권인 오스트리아에서도 스위스에서도 통용되지 않는다. 그런 사람은 있기는 하겠지만 그것으로 인식되지 않는다. 영미권은 말할 것도 없고 그 밖의 나라들도 마찬가지다.

　나는 일본과 독일의 평가 차이도 주목했다. '집착기질'과 '멜랑콜리형'은 조금 다르다. 간단히 얘기하면 전자는 열중성 또는 흥분의 지속성이 강조된다. 바로 그 때문에 '집착' 기질이다. "일 또는 그와 관련한 고양된 기분을 자택까지 갖고 돌아가는 사람"이 비근한 예가 될 것이다. 그러나 그 이상으로 큰 차이가 나는 것은 '멜랑콜리형'이 (독일에서의 정신과의 이력이 오랜 기무라 빈木村敏1931~ . 일본 의학자. 정신과의. 전문은 정신병리학 씨의 교시에 따르면) '매우 신통찮은 사람'인 데 비해 '집착기질'은 시모다가 "모범 군인, 모범 사원, 모범 청년"이라고까지 칭찬했다. 실제로 벌써 10년도 더 지난 일이지만 어느 대학 정신과의였던 듯한데, 어쨌든 그가 자기진단이 얼마나 어려운지를 시사하면서 동시에 "집착기질자"라는 게 "사회적으로 안전한 인물"이라는 일종의 통용 증명을 해준 사실에도 생각이 미쳤다. 그러나 나는 또한 사회 복귀를 하려는 환자에 대한 원조에서 이 사회 통념이 하나의 맹점을 만들어 무리한 인간 개조를 강요하고 있는 것은 아닌가 하는 의심도 몰래 품게 됐다.

　이런 의문들을 가끔 오랜 벗인 역사학자에게 얘기했더니 그는 야스마루 요시오安丸良夫1934~ . 일본의 역사학자. 전문은 일본 근세·근대사, 종교사상사 씨의, 당시 여기저기 잡지에 산재해 있던 논문들을 복사해 보내주었다. 그때부터 나는 많은 사람들을 만나 가르침을 받을 기회를 얻었다. 정신과의라는 별세계 사람의 특권으로, 예컨대 일본 역사학자라면 사토 세이사부로佐藤誠三郎1932~1999. 일본의 정치학자 씨와 가와네 요시야스河音能平 1933~2003. 일본의 역사학자. 전문은 일본 중세사 씨, 미국 역사학자는 아이반 홀Ivan P. Hall. 1932~ . 미국의 일본역사 연구자 씨와 어윈 샤이너Irwin Scheiner 씨 등 역사학계에서는 거리가 멀어 적어도 일본에서라면 자리를 함께하기 어려웠을 사람들과도 가리지 않고 만날 수 있었다. 그러나 결국 야스마루 씨가 제시해준 것에 많은 빚을 졌을 것이다.

어쨌든 내 주장은 집착기질적인 사람들에서 나온 윤리 또는 통속 도덕은 '재건=재정비의 윤리'라는 각인이 찍힌 근면의 윤리라는 점에서 특수했으며, 이 각인은 오늘날에도 그 18세기 말부터 19세기 초두의 일본 농촌 상황이라는 기원의 흔적을 간직하면서 지금 살아서 작동하는 각인이다. 그리고 예컨대 같은 근면이라고 해도 장인의 윤리와는 다르다는 것이다.

그 하나의 가지로서 "이런 류의 입론은 에도시대의 사농공상의 4계급에 대해 먼저 각각 검토해볼 필요가 있다"고 나는 결론지었다. 1972년부터 어윈, 홀 두 사람의 주선으로 하버드엔칭재단의 지원을 받아 도이 다케오 씨, 사토 씨를 중심으로 구리하라 아키라栗原彬1936~ . 일본 정치사회학자 씨, 마쓰모토 시게루松本滋1933~2010. 일본의 종교학자 씨, 후쿠시마 아키라福島章1936~ . 일본의 의학자. 정신과의. 전문은 범죄정신의학. 병적학(病跡學) 씨 등도 참여해 도쿄에서 '역사심리연구회'를 3년 정도 기간에 월 1회씩 열었다. 그 자리에서 나는 제2장 말미에 해당하는, 주로 무사 계급의 윤리에 대한 입론을 얘기했다. 거기에서는 오가이 또는 오오이시의 '응석'(도이)의 존재 여부 또는 존재 방식이 주로 문제가 됐다.

그 뒤에 나온 오오하시 가즈에大橋一惠 씨의 논문 「사춘기의 이인증離人症─의지의 관점에서」이인증은 자신이 자기라는 감각을 잃어버린 상태. 마치 캡슐 속에 있는 듯한 감각으로 현실감이 없거나 어떤 때는 기억이 전혀 없어져 자신도 모르게 전혀 모르는 장소에 있는 자신을 발견하는 등의 일이 일상적으로 일어나 생활에 지장을 주는 증상이다(나카이中井·

야마나카山中 편 『사춘기의 정신병리와 치료』, 이와나미 학술출판사)에 비춰 보면 오가이나 오오이시의 '의지'는 자기 억제임과 동시에 "이봐, 정신 차려"라고 자신이 금욕, 인내, 체념의 모습을 보이는 자기주장으로서 대타對他적이며 '응석'의 반전이라고도 할 수 있을 것이다. 1978년 나고야에서 열린 병적학病迹學회의 특별 강연에서 네 가지 계층 윤리에 대해 얘기했으며, 이는 나중에 〈일본병적학〉 제16호에 게재됐다. 그 일부를 토론에 부쳤고, 전체를 다시 쓴 게 제2장이다. 요컨대 에도 시기에 연마된 무사의 윤리 바탕에서 나는 거세감정과 그 부인否認에서 비롯한 치열한 긴장을 봤다. 오가이에 대해서라면 「사라나무」에서 체념이 주조를 이룬다면 「잔」에서는 오히려 '의지'가 표출되고 있을 것이다.

제2장의 작업을 벌일 때 인류는 모든 기질의 사람들을 포함하고 있겠지만 한 사회의 위기에 모든 기질의 사람들이 평등하게 이에 대처한다고 보기는 어렵고, 필시 어떤 기질의 사람이 이른바 역사의 간택을 받아 중요한 임무를 완수하게 될 것이라는 가설이 대두했다. 초기의 성공으로 그 기질의 특징은 윤리 또는 통속 도덕의 덕목이 되고 세련·조탁됨과 동시에 갖가지 기질의 사람들이 갖가지 동기에서 이를 모방하고 적어도 거기에 순응하게 된다. 하지만 성공 그 자체가 윤리의 기반을 무너뜨린다. 윤리 쪽은 정식화되는 데 반해 대처해야 할 문제는 변한다. 당초의 문제가 성공에 의해 해소 또는 경감되기 때문에 이 변화는 가속되기도 한다. 결국 제2장에 기록한 경과를 거쳐 처음에는 하나의 '기질', 이어서 '미질美質' 그리고 '덕목'이던 것이 '발병 전의 성격', 즉 그 실조失調가 병과 같은 상태가 되고, 여기서 비로소 정신과의의 인식 대상이 된다는 생각이다.

이런 생각은 집착기질의 경우에 비교적 타당한 듯 보였기 때문에 나는 오랫동안 내 임상적 관찰의 주된 대상이었던 분열병에 이 생각을 적용해보려고 시도했다. 1975년부터 1977년까지다. 이 시도는 나에게 "무서운 일을 시작해버렸다"는 전율에 가까운 감정을 맛보게 만들었다. 18세기 말 정도가 아니라 언제까지고 파 내려가도 바닥에 가닿지 않았다. "역사의 우물은 깊다"라는, 토마스 만의 장대한 『요제프 이야기』의 첫 구절을 나는 몇 번이나 떠올렸다. 마침내 바닥에 닿았을 때 나는 농경문화를 뚫고 그 밑에 있었다.

대략 바닥에 닿았다고 판단한 기초에는 나의 분열병론이 있었고, 그것은 1970년 이후의 〈예술요법〉지, 그 뒤의 『분열병의 정신병리 2, 3, 5』(도쿄대학출판회)에 이미 일련의 전개로서 기술돼 있다. 그것을 토대로 해서 『분열병의 정신병리 6』에 수록한 것이 이 책 제1장의 출발점이다. 나의 분열병론은 일반인에게도 아주 이해하기 쉬울 것으로 본 인간공학 용어로 간략하게 기록하기로 했다.

나는 인류의 역사 속에서, 인간들 가운데서 여러 과정들이 이끌려 나오는—논리적이 아니라 역사적인—하나의 순서를 상정하고 있다. 여기에서 기질론의 틀은 대폭 제거된다. 우리가 자연적 또는 인간적 환경(자신의 '내면'도 포함해서)과 관련된 전략의 모든 씨앗이 우리 모두에게 비장돼 있다고 나는 생각한다. 그것은 거의 모든 인공 물질에 대해서도 그것을 처리하는 효소가 유도된다는 인간 생체의 놀라운 가능성과 대응한다.(면역 클론 도태설도 같은 정도의 가능성을 전제로 하고 있을 것이다.)

이들에게 유전이냐 환경이냐 하는 논의가 거의 무의미하게 돼가고 있는 것과 마찬가지로 나의 입론에서도 이 논의는 무의미해지고 있다는 것을 염두에 두시기 바란다. 이 개념적 명확화는 "그 실조의 현대적인 형태가 분열병이 되는 것으로 보이는 본래의 바탕"이 제2장에서 다룬 '집착기질'보다도 인간에게 훨씬 더 기본적인 것이기 때문에 필연이 됐다. 그것은 제2장에서 문제가 된 '근세 농촌으로의 화폐경제의 침입' 등등의 사태보다도, 제1장의 '농경 사회의 성립' 그 자체가 거기에 더욱 상응하는 것이라고 본다면 후자 쪽이 훨씬 더 심각한 사태임이 분명하며, 그것과 이것은 대응한다.

이제 또 하나의 주장은, 이 비실조非失調 형태가 인간에게 지금도 여전히 유용하며 아마도 불가결한 것이고, 인류의 생존과 역사를 떠받치고 있으리라는 것이다.

그처럼 "실조하면 결국은 분열병으로 나타나는 것"은 여전하지만, 짊어진 짐 때문에 헐떡이며 헛돌 위험에 끊임없이 노출되고 있는 것이라고도 할 수 있다. 거기에서 필경 인류가 인류로 돼가는 과정에서 겪어온 자연으로부터의 외화外化, 자연적 존재로부터의 일탈―요컨대 인간의 상당히 근본적인 도착성倒錯性을 생각하지 않을 수 없다고 나는 본다.

제1장의 발표에는 약간의 용기가 필요했다. 만일 내가 자신 속에 "실조하면 분열병이 되는 것"의 씨앗을 느끼면서 상당한 세월 정신과의로서 분열병자로 불리는 사람들과 관계해오지 않았다면, 편집자 가도쿠라 히로시門倉弘 씨의 약간 이상할 정도의 권고를 별도로 하더라도 발표를 했을지 의심스럽다. 마찬가지로 원래 발상이 내 속에서 생겨날 수 있었을지도 의심스럽고.

일견 이론적인 형태를 갖추고 있으면서도 거의 개인적이라고 할 수 있을지도 모를 정도로 가장 경험 밀착적인 것이 아마도 이 장일 것이다.

그 임상적인 하나의 귀결은 "세상에 사는 환자"(『분열병의 정신병리 9』 가와쿠보川久保 편, 1980년)다. 이것은 '일하는 환자'(『분열병의 정신병리 11』 요시마쓰吉松 편, 1982년 간행 예정)로 이어진다. 곧 출간할 『살아가는 환자』(가제)와 함께 3부작을 구성할지도 모르겠다.

제3장은 『현대 정신의학 대계』(나카야마쇼텐) 제1권의 정신의학사로 집필된 것을 정리한 것인데, 그 토대는 1970년 도쿄교육대학에서 한 강의의 일부다. 그 프린트를 보신 『대계』의 총론 부분 편집 담당자 야스나가 히로시 씨가 의뢰한 지 9년 뒤에 일단 거두게 된 결실이다. 마침 국내외의 유럽사학, 특히 중세사의 눈부신 진전과 때를 같이한 것인데 작업에 예상외로 시간이 많이 걸렸다.

하나의 중점은 마녀사냥 시기에 두어져 있다. 기후적·경제적, 곧 문화인류학적 관념으로서의 풍요성·생산력을 함의하면서도 현실적인 의미의 생산력 감퇴를 기저에 놓고 그에 대한 위정자의 대응과 좌절, 여성에 대한 책임 전가는 마녀재판의 판결문에서 직접 추론한 것이다.

그와 관련해서 syntagmatism과 paradigmatism이라는 두 개념의 도입이 나에게는 피할 수 없는 것으로 여겨졌다. 구조주의적 색채를 띤 말이지만 나의 신조어다. 그 의미는 본문을 봐주시면 좋겠는데, 이 장 전체를 흐르는 제1의 기조다.

역동 정신의학이 근세 초기에 어둡고 몽매한 것으로 부정당한 숲과 평야 사이의 문화에 연원을 둔다는 것은 트레버로퍼한테서 시사를 받았으나 엘랑베르제의 『무의식의 발견』(부제 '역동 정신의학사')을 번역하는 중에 점차 내 속에서 명확한 형태를 갖게 된 것이다. 특히 그 번역서를 위한 지도를 작성할 때 역동 정신의학자들의 출신지와 활동 범위에서 깊은 인상을 받았다. 본문에서 쓴 대로 숲과 평야 사이의 지역이다. 마녀사냥을 부정한 평지의 계몽주의와 그것은 확실히 대립했다.

마녀사냥 이후의 역사를 추적하는 중에 정신의학사가 과학의 진보보다도 종교 및 혁명과 관련이 깊은 게 아닌가 하는 의문이 점차 강해졌다. 이것이 아마 이 장을 일관하는 제2의 기조일 것이다. 그것은 또한 정신의학사보다 먼저 그 배경사 쪽으로 나를 다가서게 만들었다.

1977년 가을, 나는 정신의학사의 기조를 위해 서구 7개국을 역방했는데, 서구 정신과의사들과의 토론은 나를 약간의 자기 불확실성 속에 빠뜨렸다. 판덴베르흐Werner Van den Bergh 씨처럼 역사적 전망이 뛰어난 사람조차도 서구 정신의학은 일관되게 '과학적 정신의학'이었으며, 종교와의 관련은 "있을 수 있지만" 깊이 들어가진 말도록 내게 권했다. 일반적으로 서구의 동료들은 종교와 혁명이라는 화제를 피했다. 내가 실망을 감추면서 에든버러의 서점에서 스코틀랜드사, 특히 장로교회사 책을 사 모으고 있을 때 본 적 없는 사람이 말을 걸어왔다. 에든버러대학 사회경제사 다조에 교지田添京二1926~2009. 일본 경제학사가 교수로, 그로부터 두 시간 동안 교수는 스티븐슨이 자주 찾았다는 오랜 펍에서 내 이야기를 들어주었다. 그때 교수의 기본적 지지와 귀중한 조언에 용기를 얻어 마침내 나는 이 장을 완성할 수 있었다고 해도 과언이 아니다. 다조에 씨는 "그럼, 처자가 기다리고 있으니"라는 말을 남기고 석판이 깔린 좁은 골목으로 사라져갔다.

엘리엇의 『네 개의 사중주』 속에서는 기묘한 시간에 황량한 거리에서 '스승'을 만나 본질적인 몇 마디를 듣는데, 그러고는 스승은 다시 스윽 안개 속으로 사라져버린다는(『신곡』을 토대로 삼았다) 한 구절이 있다. 다조에 교수와의 해후를 상기할 때마다 꼭 떠오르는 기억이다.

아마도 내 의식에는 자신이 일단 실천하고 있는 것이긴 하지만 어떤 거리와 위화감을 느끼기도 하는 서구 정신의학의 정체를 제대로 밝혀보고 싶다는 강한 저류가 일관하고 있고, 게다가 그 바닥에는 '근대 서구'라는 현상은 무엇일까, 라는 생각이 깔려 있다고 느낀다. '그것은 매우 특수한 게 아닐까'라는 느낌이 내게는 늘 존재했다. 내가 일본 등지의 마녀사냥의 부재에 대해 언급한 것도, 또한 '근대적 자아'를 일본이 추구하는 하나의 신화로 보고 그 땅(서구)의 '때 묻지 않은 소녀' 신화와 대치시킨 것도 그 선을 따라간 결과다.

일본의 근대 정신의학이 "근대 서구적인 장비는 무엇이든 다 갖춰놓고 있습니다"라는, 근대 일본 100년 곳곳에서 볼 수 있는 쇼 같은 존재여서는 안 된다고 생각한다. "쇼 같은 존재는 아니다"라는 반증의 하나는 저변의 충실이겠지만. 이것도 나의 '심술꾸러기' 같은 생각이리라.

편집자 가도쿠라 씨가 존재하지 않았다면 이 책도 존재하지 않았을 것이다. 5년에 걸친 나의 망설임을 굳건히 참아내며 기다려준 가도쿠라 씨에게 각별히 감사를 드린다.

1982년 이른 봄

분열과 집착의 인류사

2008년 3월 말 일본 교토에서 동아시아출판인회의 여섯 번째 회의가 열렸다. 한·중·일 3국을 중심으로 한 동아시아 지역 출판인들 정례 모임의 하나였던 그 회의를 현장에서 지켜볼 기회를 얻은 나는 거기서 '동아시아 100권의 인문도서' 출간 계획에 관한 얘기를 처음 들었다. 그 뒤 출판인들은 한·중·일이 각각 26권씩의 자국 인문고전들을 선정하고 대만(16권)과 홍콩(6권)도 22권을 선정하게 했다. 서로 번역 출간해 '동아시아 독서 공동체'의 공동 자산으로 삼자며 발표한 그 100권 속에 『분열병과 인류』도 일본 인문고전 26권 중의 하나로 포함됐다.

이실직고하자면, 그 전까지 나는 『분열병과 인류』라는 책의 존재도 지은이 나카이 히사오에 대해서도 아는 게 없었다. 뿐만 아니라 책이 다루는 분열병에 대해서도 꺼내놓을 만한 식견이라 할 게 없었다. 그럼에도 번역을 덜컥 떠맡은 무모함은 지금 생각해도 진땀이 날 지경이지만, 이런저런 사정으로 차일피일 미루다가 일을 맡긴 출판사의 처지를 난처하게 만들 지경에 이르러서야 부랴부랴 작업을 시작하고 보니, 처음 대충 짚었던 수준을 배반하는 내용 앞에 기가 질릴 지경이었다.

우선 지은이의 동서고금을 넘나드는 박람강기와 깊은 식견에 놀랐다. 덕택에 많이 배웠지만, 문학에 남다른 조예가 있어 보이는 그의 문장가적 기질의 문체도 버거웠다. 특히 서문부터 시작되는 기다란 주들과 전기공학 개념을 원용한 제1장 초두의 분열병 친화성 인지 특성에 대한 설명들은 전문 소양이 부족한 역자를 당혹스럽게 했다. 실은 번역을 끝낸 지금도 원서의 기세에 눌려 좀 더 자유롭고 편하게 작업하지 못한 점을 아쉬워하고, 독자들 눈에 역력하게 들어와 박힐 문장상의 소화불량기를 걱정하고 있다.

하지만 번역이 진행될수록, 그렇다고 난감함이 사라진 건 아니지만, 새로운 경험에 대한 경이와 즐거움이 커졌다. 현란하기까지 한 수많은 사실들의 확인 과정과 맥락 짚기는 마지막까지 긴장을 늦출 수 없게 만들었지만, 지은이가 거침없고 활달하게 직조해낸 세계는 너무도 흥미진진했고, 서구와 조우한 지 100년이 넘은 근대 일본의 지적 성취와 그 축적이 나름 대단한 수준에 가 있다는 생각을 하게 만들었다.

『분열병과 인류』는 분열병을 다룬 제1장과 우울병으로 이어질 수 있는 집착기질을 다룬 제2장, 그리고 서구 정신의학 배경사를 다룬 제3장으로 구성돼 있다. 옮긴이의 말이라 해봤자 사실상 각자 독립적이면서도 서로 얽혀 있는 이들 글에 대한 소박한 독후감 수준의 정리 차원에서 더 나아가지 못한다.

제1장에서 지은이는 분열병을 앓게 될 가능성은 인류가 다 갖고 있

다면서도, 역경으로 우울증 등이 심화될 경우(실조 상태) 분열병으로 발전할 가능성이 더 높다는 '분열병 친화자'의 특성을 중심으로 얘기를 풀어간다. 그들이 지닌 분열병 친화성을 지은이는 "가장 멀고 가장 희미한 징후를 가장 강렬하게 감지해 마치 그 사태가 현전한 것처럼 두려워하고 동경"하는 것 정도로 설명한다. 그가 인용한 또 다른 일본 정신과의 기무라 빈은 이를 '선취적인 구조의 탁월성'이라 표현했다는데, 한마디로 태생적으로 어떤 조짐이나 낌새(징후)를 일반인보다 훨씬 더 예민하고 빠르게 포착해서 예측하는 능력을 가리킨다. 지은이는 전기공학에서 빌려온 '미분회로적 인지 능력', 미분회로 모델이라는 개념도 아울러 설명에 활용하는데, 이 부분이 다소 어렵다는 느낌을 준다. 하지만 이런 어려움은 구체적 사례를 통한 설명에 들어가면 금방 해소된다.

인류사적으로 볼 때 이 분열병 친화성, 미분회로적 인지 능력이 탁월했던 건 수렵·채집민들이었다. 예컨대 여전히 수렵·채집민으로 살아가는 부시맨은 "사흘 전에 마른 돌 위를 지나간 영양의 족적을 인지하고, 보일락 말락 한 풀의 흐트러짐이나 바람에 실려 오는 희미한 냄새에서 수렵 대상의 존재를 인지하는", 그리고 땅 위의 마른 덩굴들 속에서 땅속줄기에 수분을 담고 있는 풀을 식별해내는 놀라운 능력을 갖고 있다. 이 탁월한 인지 능력이 역경에 처하면 분열기질로 발전할 수 있다. 수렵·채집민에게 닥쳐온 최대의 역경은 농경·목축의 등장이었다. 소유 개념이 없는 수렵·채집 사회와는 달리 생산물을 소유·저장하고 계급과 권력 지배 체제를 갖춘 농경·목축민의 힘에 밀린 수렵·채집민들은 사냥과 채집 대상이 풍부한 기름진 평야, 그리고 생태계가 온전한 자연보호 구역에서마저 점점 쫓겨나 소수자로 전락한다. 이처럼 변화된 상황에서는 변화 전에 그들에게 유리했던 특성들도 불리한 것으로 바뀌고 병으로 발전한다.

예를 들면 예전엔 몸싸움 등에서 온몸의 에너지를 삽시에 분출케 하는 고혈압이 생존에 유리한 합리적 의미를 지니고 있었으나 심리적 압박이 격심해진 오늘날에는 단지 병으로 전락해버렸다. 이처럼 예전엔 수렵·채집민 생존에 유리했던 미분화로적 인지 능력도 바뀐 상황에서는 오히려 불리한 요소로 전락하고 병으로 발전한다. 그리하여 유리했던 점들을 대부분 상실하고 소수자로 전락한 수렵·채집민들, 즉 분열병 친화자들은 그런 역경 속에서 "단단히 칼을 꼬나든 자세"를 취하게 되는데 그런 '무리한 상태'가 바로 분열기질적 특성으로 발현된다.

분열병 친화성에 또 하나의 불안정 요소로 거론된 것이 원망願望사고다. 수렵민들이 더 큰 동물을 잡고 싶다는 바람을 표현한 알타미라 동굴벽화는 이 인류의 원망사고가 구석기시대부터 등장했음을 보여준다. 외부의 징후(외부 입력)에 민감한 분열병 친화성의 미분화로적 인지 특성은 이런 사고나 원망 등 인간 특유의 내부 심리 작용에서 비롯하는 '내부 입력'으로 한층 더 복잡해지고 불안정성이 무제한으로 확대될 수 있다. 하지만 그런 역경 속에서도 수렵·채집민 사회에는 농경·산업 사회(이른바 문명사회)와는 달리 살인도 식인도 없으며, 파벌로 나뉜 권력투쟁과 다수파의 소수파 억압과 학대도 없다.

이 소수파와 대비되는 다수파의 성격적 특성이 제2장에서 다루는 집착기질이다. 이 집착기질자들이 문명사회의 다수파로서 우위를 점하지만, 그들만의 사회는 칠전팔기의 근면 윤리를 내면화하고 작은 파국들을 재건할 능력은 있으나 더 큰 파국을 감지하고 예견할 능력은 없다.

지은이는 집착기질자만의 사회를 앞 쥐들을 맹목적으로 뒤따라가다 바다에 무더기로 빠져 죽는 레밍에 비유하기도 한다. 집착기질자의 특성인 근면·성실·우직은 훌륭한 성취를 이룩하기도 하지만 그만큼 반작용도 키우는 악순환을 초래하기도 한다. 잡초를 뽑아내면 낼수록 잡초도 더 강한 놈들로 변조되는 진화가 이뤄지는 이치와 같다는 것이다.

농경·목축 사회 이후 등장한 이 집착기질이 서구 산업사회·화폐경제와의 조우에 따른 문화변용 속에서 우울증으로 발현되는데, 지은이는 이 집착기질·우울증을 분열친화성·분열병과 대비되는 개념으로 사용한다. 이는 또 '재건'과 '세상 바로 세우기', 평지(농지)와 숲, 강박증과 편집증, 복고적 개혁 지향과 발본적 혁명 지향이라는 대립 쌍으로도 연장된다. 하지만 그 대립 관계가 늘 고정돼 있는 건 아니다.

이 불리한 소수자-우세한 다수자의 대립 쌍은 분열병과 우울증의 대비로 이어지는데, 우울증에 걸린 사람들은 너무도 쉽게 사회에 복귀할 수 있는 데 비해 소수자로서의 마이너스 이미지가 각인된 분열병자들의 사회 복귀는 어렵다고 지은이는 말한다. 분열병자들의 사회 복귀에 가장 큰 장벽이 되는 건 강박적인 것에 익숙해져야 한다는 것이다. 원래 수렵·채집민들에게는 강박증도 히스테리도 집착기질도 거의 없었다.

하일레 셀라시에 황제 시절, 에티오피아 궁정의 여성(여관)들은 테이블과 나란히 또는 직각으로, 말하자면 규칙적 형태로 식기들을 배열하지 못했다. 이는 그들의 지능이 낮거나 그곳이 고지여서 산소 부족으로 의식이 몽롱해서가 아니라 그런 규칙적 배열에 아무런 가치를 느끼지도 인정하지도 못했기 때문이다. 식기를 규칙적으로 배열해야 하고 옷을 규정에 맞게 입어야 하고 줄을 서고 출석을 해야 하는 것, 그리고 그렇게 하지 않으면 안 된다고 생각하는 것이 바로 강박이다. 네모진 논밭과 그것을 에워싼 정돈과 청결(또는 청결하게 해야 한다는 의식), 정연한 질서, 거기에 대비시키는 이면의 꿈틀거리는 도깨비 세계와 그 걸 억누르기 위한 주술적 간섭, 권력과 지배의 질서, 이런 강박증 구조 는 수렵·채집민들에겐 없었던 것들이다. 그들에겐 신도 필요 없었다. 말하자면 신이나 신에 대한 경배도 강박이다. 지은이는 "강박적인 것 을 공기처럼 호흡하는 가정과 학교"라는 표현을 썼다.

정신병은 사회적·문화적 맥락에 따라 전혀 다르게 발현된다. 부시맨 들이 더 서구화된 듯 보이면서도 역시 수렵·채집민적 특성을 여전히 담지하고 있는 반강박적 사회 에티오피아에 가면 편안함을 느끼는, 이 른바 '정상인'이 된다. 분열병자로 정신병동에 수용된 사람들도 마찬가 지일 것이라고 지은이는 얘기한다. 수렵·채집민의 샤머니즘을 농경 사 회 등장 이후의 강박적 상황에서 '비정형 정신병'을 배양·발생시킴으 로써 분열병 친화자가 분열병자가 되는 걸 막는 역할을 하는, "인류 사 회가 감행한 자기치료의 시도"일 수 있다고 본 건 참신해 뵌다.

"수렵·채집민의 시간이 강렬하게 현재 중심적·카이로스적(인간적) 이라고 한다면, 농경민과 함께 시간은 과거에서 미래로 흐르기 시작해 크로노스적(물리적) 시간이 성립됐다. 농경 사회는 계량하고 측정하고 분배하고 저장한다. 특히 저장, 프로이트식으로 얘기하자면 '항문적'인 행위가 농경 사회의 성립에 불가결했다는 건 굳이 말할 필요도 없지 만, 저장품은 과거에서 미래로 흘러가는 유형인 시간의 구체화물이다. 그 유지를 비롯해 농경의 여러 국면들은 항구적인 권력 장치를 전제로 한다. 아마 신도 필요할 것이다."

농경 사회 이후의 이 강박증 구조를 프로이트는 "문화에 숨어 있는 불쾌한 것"이라고 했다. 나카이 교수는 인류가 수렵·채집 단계에서 농경 단계로 나아가고 몇 개의 중간 단계를 거쳐 공업화 사회에 도달하는 걸 진화로 생각하지 않는다. 목적의식적인 서구 중심의 발전사관을 신봉하지 않는다는 얘기도 되겠다. 그렇다고 해서 거꾸로 수렵민을 미화하는 것도 아니다. 다만 "인류가 인류로 돼가는 과정에서 겪어온 자연으로부터의 외화, 자연적 존재로부터의 일탈─요컨대 인간의 상당히 근본적인 도착성을 생각하지 않을 수 없다"고 얘기한다. 이런 말도 한다. "이 과정(문명화 과정), 전쟁을 하고 계급을 만들고 지구 표면을 대규모로 파괴한 과정은 홈런인가 아니면 홈런이라고 착각한 심한 파울인가. 인류는 몇 가지 본질적인 도착을 거쳐 인간이 됐는데, 발레리의 『로빈슨 우화』에 따르면, 일종의 (자연계의) 사치·도착·일탈이며, 이 중차대한 착각에 비하면 어쩌면 분열병의 '도착' 정도는 문제가 되지 않을지도 모른다는 것을 가끔은 생각해보는 것도 좋을 것이다."

프로이트는 문명화의 부산물인 강박증을 '불쾌한 것'이라고 했지만, 나카이 교수는 문명화 자체가 인류를 위험에 빠뜨리는 치명적인 파울일 수도 있다고 본다.

그는 또 소수자인 분열병 친화자들이 불리한 여건 속에서도 도태되지 않고 인류의 상당 부분을 계속 차지하는 것은 그것이 인류 전체의 생존에 필요하기 때문이며, 그들에게 번식에 유리한 특성도 있다고 본다. 왜 분열병이 이토록 많고 분열병 친화자들은 도태되지 않는 걸까? "그것은 종래의 대답인 '고통과 결핍'에 대한 내성보다도 오히려 성적 파트너를 획득하는 데 유리하다는 점에 있고, 그것이 자손을 남길 가능성을 높여준다는 쪽을 나는 선택하고 싶다." 모든 걸 재빨리 알아차리고 예민하며 다양성을 포용하고 다정다감한 분열병 친화자들은 주변적인 것에 대한 감성도 풍부해 보통 이성에게 인기가 좋다. 게다가 평소 숨어 지내는 그들은 사회가 위험에 처하는 비상시에는 돌연 정신적으로 충전된 것처럼 전면에 나서서 개인적 이해를 초월해 사회를 책임지려는 기개를 보여준다. 혁명가 중에 분열병 친화자들이 많은 것은 그 때문이다.

이에 비해 집착기질을 대표하는 제2장의 니노미야 손토쿠 같은 인물은 대조적이다. "(니노미야가 지닌) 이 세계관은 '주변적인 것에 대한 감각'이 몹시 결여돼 있다. 여기에 맹점이 있다. 주변적인 것에 대한 감각의 소유자만이 대변화를 예지하고 대처할 수 있다. 덧붙이자면, 이 감각 없이는 예술의 생산도 향유도 힘들다고 나는 생각한다." 인류에게 왜 분열병 친화자, 미분회로적 인지 능력자들이 필요한지를 역설적으로 잘 말해준다. 그는 분열병 친화자들이 "인류와 그 좋은 점의 존속을 위해서도 사회가 받아들이지 않으면 안 될 세금과 같은 존재"라고 얘기한다.

따라서 분열병자, 분열병 친화자, 미분회로 인지 능력자 들을 집착기질자로 만드는 걸 분열병 치료라 여기는 사회적 통념은 수정돼야 한다고 나카이 교수는 얘기한다.

지은이가 제일 먼저 썼다는 제2장 「집착기질의 역사적 배경」의 문제의식은 이 책의 출발점이었다. "왜 일본에서만 '집착기질'이 우울병의 발병 전 성격으로 돼 있고, 독일에서만 그것과 유사한 '멜랑콜리형'이 우울병의 발병 전 성격으로 돼 있는 걸까." 오직 일본과 독일에서만 통용되는 이런 성격적 특성을 지은이는 문화적인 문제로 파악한다. 책 전체가 분열병, 우울증 등 정신병이 어떤 문화적·사회경제적 배경 속에서 발생하고 또 그것은 역으로 그 배경에 어떤 영향을 끼치는지 '거시적 관점'에서 훑어가지만, 그 문제의식의 출발점은 역시 지은이가 살고 있는 일본이다.

독일의 멜랑콜리형과는 달리 니노미야로 대표되는 일본의 집착기질자들은 "타인으로부터 확실한 사람으로 신뢰받고 모범 청년, 모범 사원, 모범 군인 등으로 칭찬받는 부류의 사람"(시모다 미쓰조)이었으며, 열심·근면·착실이라는 도덕 윤리의 체현자들로 각인돼 있었다. 그들의 지향은 새로운 사회의 건설이 아니라 영광스러운 또는 좋았던 시절의 복구요 재건(세상 되돌려놓기)이었다.

일본에 집착기질적 직업윤리가 등장한 것은 화폐경제가 침투하기 시작한 에도시대 중기 이후, 즉 18세기 후반이었다. 화폐경제에 적응하기 위한 농촌 개조와 농업기술 혁신이 집착기질자들 주도로 거의 한 세기 동안 이어졌는데, "파도에 휩쓸린 당사자들 의식 속에서는 그건 진보가 아니라 위기"였다. 신자유주의 격랑에 휩쓸린 현대인들이 바로 그와 같은 신세의 극단으로 내몰리고 있다.

이 집착기질자들을 파탄으로 몰고 간 유력한 요소 중 하나가 이른바 '성공의 가을'이다. 집착기질적 직업윤리의 취약점은 그 기질의 소지자들이 성공을 거두면 거둘수록 그것이 규범으로서의 힘을 잃어간다는 데 있다. 목적을 상실하게 되기 때문이다. 통상 사회가 난관에 봉착하면 먼저 문제 해결에 적합한 개인들이 선택돼 전면에 나서게 된다. 그들이 성공을 거두면서 지도자로 부상하고 밑으로부터의 캠페인과 위로부터의 개혁이 맞물리면서 이를 실천윤리로 선도하는 이데올로그가 출현한다. 한데 성공과 더불어 그들의 지향성에 부합하는 문제들이 소진되고 점차 부적합한 문제들이 등장하면서 목표와 구심력 상실과 더불어 불안과 혼란이 가중된다. 그 결과 추종자들도 떠나고 집착기질자들은 실조 상태로 빠져든다. 한때 장점이었던 것들이 병적인 증상으로 전화된다. 이 말기적 증세를 나카이 교수는 "미네르바의 부엉이는 황혼에 난다"라는 헤겔의 말로 압축적으로 표현한다. "정신과의사는 철학자만큼 뛰어난 부엉이는 아니지만, 역시 헤겔이 얘기한 바와 같이 황혼에 난다. 정신과의의 손에 맡겨지는 건 어떤 성격 기질이나 삶의 방식의 말기일 것이다. 수렵·채집민에게서는 스스로를 현재화할 장소를 찾지 못했던 인간의 강박성이 이제 자신을 드러낼 차례가 돌아온 것이다."

수렵·채집민 사회를 압박한 농경 사회도 서구 산업사회와 접촉하면서 그로 인한 급속한 문화변용이 야기하는 정신이상 상태를 보이면서 알코올 탐닉 등에 빠져들었다. 세르반테스의 소설 『돈키호테』도 바로 그런 배경에서 나왔다.

근대의 일본은 그러나 상대적으로 더 약한 주변 존재를 희생시키면서 자신은 피해자에서 가해자로 갱생하고 군림한 '상대적으로 강한' 사회였다. 지은이는 아프리카 동부 변경 지역의 나가족을 토벌하는 인도군, 자연보호 지구 설정으로 수렵민을 기아 상태로 내모는 동아프리카 국가들의 관료와 군인, 피그미족의 존재 자체를 수치로 여겨 외국인에게 보여주지 않으려는 카메룬의 엘리트들을 지목하면서 그들 자신도 서구 사회의 '제3세계'라는 점을 지적한다. 그리고 이렇게 덧붙인다. "그들의 선배 노릇을 한 존재가 메이지 개국 불과 몇 년 뒤에 벌써 군함 운요호를 파견해 서울 외항인 인천항 바깥의, 몽골 점령 시대의 옛 도읍지 강화도를 포격하고 또 대만에 군대를 파병한 일본이다."

일본은 산업혁명 이후의 서구 세력과의 조우로 인한 충격과 좌절을 서구를 모방한 대외 침략과 식민지 경영으로 돌파한다.

메이지유신과 침략 전쟁, 패전, 전후 고도성장기를 거치면서 이런 집착기질자들이 주도권을 쥔 일본사의 패턴이 반복된 것으로 볼 수 있지 않을까. 1980년대 거품경제에 이르는 성공가도를 달려온 뒤 20년 장기 불황에 빠진 일본과 과거 할아버지 세대(기시 노부스케, 사토 에이사쿠 전 총리)의 '영광'을 되찾겠다는 아베 신조의 등장도 그런 맥락에서 그 의미를 읽어낼 수 있을지 모르겠다.

군국 일본과 만주국 등에서 그들과 한패를 이뤘던 같은 유형의 집착기질자들이 일본 패전과 광복 이후에도 주류 자리를 지키고 있는 대한민국 또한 그와 다를 게 없지 않을까.

책 전체 분량의 거의 3분의 2를 차지하는 제3장 서구 정신의학 배경사도 사실들의 나열이 아니라 서구 문화에도 해박한 정신의학자 나카이 교수 특유의 시선으로 재조립된다. 그중에서도 그가 중점을 둔 것은 근세 초기의 '마녀사냥'. "기후적·경제적, 곧 문화인류학적 관념으로서의 풍요성·생산력을 함의하면서도 현실적인 의미의 생산력 감퇴를 기저에 놓고" 마녀사냥의 실상을 추적하면서 마녀재판 판결문을 직접 읽고 "위정자의 대응과 좌절, 여성에 대한 책임 전가"를 추론한다.

마녀사냥에도 자연의 일부가 된 수렵·채집의 숲과 자연에서 외화돼 대립하는 강박적인 평야 사이의 대비, 서구의 숲 문화와 평야 문화 간의 차이와 대립이 연관돼 있다. 나카이 교수는 그 바탕 위에 전개된 스콜라철학 배경의 지적 혁명과 화폐경제의 침윤에 따른 농촌의 안정성 붕괴, 이를 더욱 악화시킨 16세기 이후의 기후 한랭화와 신대륙으로부터의 은 대량 유입, 종교전쟁, 페스트 유행과 인구 감소, 그것이 야기한 극도의 불안감과 히스테리 등 여러 요소들을 차례로 살핀다.

그중에서 당시 급증한 대학생, 궁중으로 대거 들어가 법관 등이 된 그들과 또 다른 다수의 고등실업자들과 모사꾼들 활약도 마녀사냥을 부추겼다는 고찰이 흥미롭다. 화폐경제에 적응하기 위해 돈이 필요해진 교황청 등 교회가 면죄부를 남발하며 거금을 차입해 썼고, 그에 따른 최종 이익은 돈을 빌려준 푸거 가 등 당시 금융업자들에게 돌아갔다. 그런 실정과 부패, 종교전쟁 등의 책임을 권력자들은 힘없는 사람, 특히 여성들에게 덮어씌웠다. 마녀사냥 희생자의 남녀 비율이 1 대 100이었단다. 대학을 다닌 식자들은 권력자에 빌붙거나 그들과 공모해 마녀사냥을 진행하고 희생자들의 재산마저 앗아가기도 했다.

고대 그리스부터 20세기 스탈린 치하 러시아까지의 서구(종횡으로 인용되고 언급된 이슬람, 아프리카, 동아시아 등도 포함해서) 역사를 정신의학사라는 프리즘으로 분해해 새롭게 읽어볼 수 있다는 것도 정말 색다른 경험이다. 그것도 박람강기에 남다른 식견을 지닌 동양권 정신의학자의 안내를 받아서.

『분열병과 인류』라는 제목이 좀 거창해 보일지 몰라도, 읽노라면 다른 제목을 붙일 수 없을 만큼 내용과 부합하는 적확한 작명이란 걸 실감할 수 있을 것이다.

2014년 12월

한승동

분열병과 인류

1 M. Schrenk, *Über den Umgang mit Geisteskranken*, Springer-Verlag, 1973.

2 L. Wittgenstein, *Letters to Russell, Keynes and Moore*, Basil Blackwell, Oxford, 1974.

3 로몰라 니진스카야, 『그 뒤의 니진스키』, 이치카와 미야비市川雅 역, 겐다이시쵸샤現代思潮社, 원본 발행 연도 미상.

4 H. C. Rümke, *De psychische & stoornissen van de gezonde mens*('건강인의 정신장애') in *Nieuwe studies en voordrachten over psychiatrie*, Scheltema & Holkema, Amsterdam, 1953 ; Psychiatrie 3 vols, Scheltema & Holkema, Amsterdam, 1960, 1971 ; 나카이 히사오中井久夫 '륌케와 프레콕스 감感'(『계간 정신요법』 3권 1호)에 일본어 역이 수록된 *Het Kernsymptoom der Schizophrenie en het 'Praecoxgevœl'*, Nederlandsch Tijdschrift voor Geneeskunde, 85(4), 4516, 1941 참조. 륌케는 자신의 내면에서 생기는 감각에 특히 예민한 사람이었음을 그의 저작을 통해 엿볼 수 있는데, 또 나치스 점령하에서 자유로운 대인 관계를 차단당한 것이 그것을 자각케 한 하나의 계기가 됐을 것이라는 점은 앞서 얘기한 1941년 논문의 말투에서도 찾아볼 수 있다.

5 야스나가 히로시安永浩, 「분열병 증상 기구에 관한 하나의 가설―팬텀론에 대하여」, 도이 다케오土居健郎 편 『분열병의 정신병리 1』, 기무라 빈木村敏 편 『분열병의 정신병리 3』, 도쿄대학출판회.

6 기무라 빈, 「분열병의 시간론」, 가사하라 요미시笠原嘉 편 『분열병의 정신병리 5』.

7 나카이 히사오, 「분열병의 발병과정과 그 전도轉導」, 기무라 빈 편 『분열병의 정신병리 3』.

8 P. 셰퍼드, 『수렵인의 계보』(고하라 히데오小原秀雄·네즈 마사키根津真幸·소쥬쇼보蒼樹書房) 참조. 필자는 셰퍼드의 수렵·채집민에 대한 절대적 찬미에 반드시 동조하는 건 아니며, 농경(목축)문화 특유의 윤리를 절대화하는 데에 대

해서도 동조하지 않는다. 이 점에서 문화정신의학이 이른바 culture-bound syndrome으로서 universal syndrome과 대비시키는 것은 농경문화 범위 내에서의 문화 결합성이며, 그 다수는 과도적인 문화변용에 따라 일어나는 것이다. 후자를 보편적이라고 하는 것도 농경문화 성립 뒤의 '보편'에 지나지 않는 것이 아닐까. 그리고 어느 것이나 서구 중심적이며, 서구 문화로부터의 이격성 離隔性에 의존해, 예컨대 자바와 뉴기니 고지대 주민처럼 현저하게 다른 문화를 병렬적으로 망라한다.

수렵·채집민에 대한 거의 타당한 지식은 E. R. 서비스의 『수렵민』(가모 마사오蒲生正男 역, 가시마鹿島출판회)을 통해 얻을 수 있지만, 여기서는 주로 부시맨을 예로 들었고, 또 주로 E. M. 토머스의 『함리스 피플』(아라이 다카荒井喬·쓰지이 다다오辻井忠雄 역, 가이메이샤海鳴社), 다나카 지로田中二郎의 『부시맨—생태인류학적 연구』(시사쿠샤思索社), 기무라 시게노부木村重信의 『칼라하리사막』(고단샤분코講談社文庫)을 참조했다. 각각 조사지역은 다르지만 그것을 넘어 특히 E. M. 토머스의 책에서 깊은 감명을 받았다. '함리스 피플'이란 그들 자신의 민족명을 영역한 것이다. 다나카 지로 씨의 책에는 부시맨의 상호성과 분배철학 및 "서로 농담을 주고받는 관계"가 주요한 의미를 지니고 있다는 사실이 기술돼 있다.

또 본 논문에서는 복잡한 사회구조를 갖고 있고 샤머니즘이 발달한 시베리아, 북서아메리카 수렵민을 제외했다. 생각건대 이들의 성립은 부시맨·피그미에 비해 상대적으로 매우 새로운 것이거나 2차적인 것이라고 생각됐기 때문이다.(부시맨·피그미가 아프리카에서 가장 오래된 민족이라는 데는 학계 거의 전체의 합의가 존재하는 듯하다. 한편 남미에는 역사시대, 그것도 극히 최근—제2차 세계대전 뒤—에 농경민에서 수렵민으로 변화한 예가 있다.)

9 예컨대 C. 지크리스트, 『지배의 발생—민족학과 사회학의 경계』, 오오바야시 다로大林太良 외 역, 시사쿠샤. 또한 주 8의 다나카 지로의 저서.

10 S. 기디온, 『영원한 현재』, 에가미 나미오江上波夫·기무라 시게노부 역, 도쿄대

학출판회.

11 나카이, 주 7 논문.

12 야스나가 히로시, 주 5 논문.

13 P. 마타네,『내 소년 시대의 뉴기니』(하라모토 코原もと子 역, 가쿠세이샤学生社) 참조. 마타네 씨는 파푸아뉴기니 미국·유엔 주재 대사로, "한 몸으로 두 세상을 살아가는 것과 같은" 뉴브리튼 섬의 한 부족민 출신으로 유엔 외교관이 된 그가 '일본어판 서문'에서 "어버이에게는 아이를 키울 책무가 있습니다. 이것은 농부가 작물을 돌보는 것과 다를 바 없는 것입니다"라고 얘기한 것은 농작물 보살피기를 인격 도야의 모델로 생각한 니노미야 손토쿠의 말투를 떠올리게 한다. 필시 두 사람은 "함께 얘기할 수 있는" '농민'일 것이다. 비록 한쪽이 화전갈이 얌고구마 사탕수수 농민이고 다른 한쪽은 세련된 원예적 쌀농사 농민 세계에 살고 있다고 하더라도.

14 P. 발레리,「로빈슨」. 저장과 시간 의식의 변화에 대한 적확한 표현.

15 마쓰에다 하리松枝張,『에티오피아 그림일기』(이와나미신쇼岩波新書)에 신세진 바가 많다. 또 에티오피아 궁정 파견 일본인 여관女官의 체험기 마쓰모토 마리코松本真理子·후쿠모토 아키코福本昭子의『맨발의 왕국』(카파북스)이 있다.

16 야스마루 요시오安丸良夫,『데구치 나오出口なお』, 아사히신문사. 특히 데구치 나오의 신 내림을 전후해서, 그 마을에 정신장애자가 동시다발하는 상황을 보라. 우유 가게, 인력거꾼, 정육점을 시작한 사람이 많고, 이들 새 직업을 가진 사람들을 대상으로 해서 긴코교金光教가 마을에 진출한다. 일본 메이지 10년대의 '문화변용'은 격심했다. 그러나 문화변용에서 많이 일어난 것은 분열병이 아니라 비정형 정신병인 것으로 생각된다. 지금 많은 문화의존 증후군은 비정형 정신병에 친근성을 갖고 있다.

17 해리 S. 설리번,『현대 정신의학의 개념』(나카이 히사오·야마구치 다카시山口隆 역, 미스즈쇼보みすず書房)의 '해설'.

18 이이다 신飯田真·나카이 히사오,『천재의 정신병리』, 주오코론샤中央公論社.

19 버트런드 러셀, 『서양철학사』, 이치카와 사부로市川三郎 외 역, 미스즈쇼보.

20 나카이 히사오, 「분열병의 만성화 문제와 만성 분열병 상태로부터의 이탈 가능성」, 가사하라 요미시 편 『분열병의 정신병리 5』.

21 J. Huxley, E. M. Mary, H. Osmond, A. Hoffer, *Schizophrenia as a genetic morphism*, Nature, 204(4955), 220-221, 1964. ―이노우에 에이지井上英二, 「유형과 질환에 대한 에세이」(우테나 히로시台弘·도이 다케오 편 『정신의학과 질병 개념』, 도쿄대학출판회)에 따랐다.

22 H. J. Eysenck, B. G. Eysenck, *Pszchoticism as a dimension of personality*, Hodder and Stoughton, London, 1976. 다른 접근법이었던 만큼 주목해야 할 추출이다. 부부는 이 아이디어를 10년간 품고 있었다고 한다.

23 나카오 사스케中尾佐助, 『재배식물의 세계』, 주오코론샤.

집착기질의 역사적 배경

1 도이 다케오, 『응석의 구조』, 고분도弘文堂.

2 시모다 미쓰조下田光造, 「우울병에 대하여」, 『요나고米子 의학지』 2-1 ; H. 텔렌바흐, 『멜랑콜리』, 기무라 빈 역, 미스즈쇼보.

3 야스마루 요시오, 『일본 근대화와 민중사상』, 아오키쇼텐青木書店.

4 모리타 시로守田志郎, 『니노미야 손토쿠』, 아사히신문사.

5 도이 다케오, 앞의 책.

6 기무라 빈, 「울병과 죄책 체험」, 『정신의학』 10-39.

7 그것은 '日光御神領村村荒地起返方仕法附百行勤惰得失雛形'닛코 신사에 딸린 마을들 황무지 재개간 방법과 여러 근태 득실 모형 정도의 뜻 형태로 고카弘化 3년(1846)에 일단 완성된다. 대부분이 일종의 수치표 또는 함수표 형태를 띠고 있었다.

8 역사심리연구회(1974년)에서 한 어윈 샤이너Irwin Scheiner의 발언.

9 오오노 스스무大野晋, 『일본어를 거슬러 올라가다』, 이와나미신쇼.

10 이이다 신·나카이 히사오, 『천재의 정신병리』, 주오코론샤.

11 핫토리 마사야服部正也, 『르완다 중앙은행 총재 일기』, 주코신쇼中公新書.

12 도이 다케오, 「웅석의 발견」, 와카모리 다로和歌森太郎 외, 『일본인의 재발견』, 고분도.

13 H. R. Trevor-Roper, *The European Witch-Craze of the Sixteenth and Seventeenth Centuries and Other Essays: Harper Torchbooks*, Harper & Row, 1969. 일본어 역『종교개혁과 사회변동』, 오가와 고이치小川晃一 외 역, 미라이샤未來社.

14 막스 베버, 『프로테스탄티즘의 윤리와 자본주의 정신』, 가지야마 쓰토무梶山力·오오쓰카 히사오大塚久雄 역, 이와나미분코.

15 본 논문을 그 역사론적인 계corollary로 하는 듯한 포괄적·인간학적 논구로, 기무라 빈의 「분열병의 시간론」(가사하라 요미시 편『분열병의 정신병리 5』)을 참조.

16 나카이 히사오, 「노구치 에이지」, 미야모토 다다오宮本忠雄 편『진단 일본인』, 니혼효론샤日本評論社.

17 가사하라 요미시, 「정신의학에서의 인간학 방법」, 『정신의학』10-5.

18 오다 스스무, 「산유데이엔쵸三遊亭円朝」, 전게『진단 일본인』.

19 가사하라 요미시, 「멜랑콜리 호발형 성격」, 『미스즈』185-2.

서구 정신의학 배경사

1 토머스 쿤, 『과학혁명의 구조』, 나카야마 시게루中山茂 역, 미스즈쇼보. 다만 쿤 자신은 나중에 패러다임설을 스스로 부정하는 방향으로 기울지만, 이 개념은 학계를 홀로 활보하고 있다.

2 '치료 문화'란 무엇을 병이라고 하고 무엇을 병이 아니라 할지, 어떤 접근을 치료로 볼지 또는 비치료로 볼지, 어떤 인간을 치료자라고 할지 또는 비치료자라고 할지, 어떤 시설을 치료 시설이라 하고 또는 그런 것이 아니라고 할지, 어떤 합의를 치료적 합의로 간주할지 또는 간주하지 않을지에 관한, 문화에 규정된, 그 문화의 '하위문화'다. 정신장애 치료 문화는—만일 그 문화에 있다고 한다면—또 그것의 한 가지다.

3 에릭 로버트슨 도즈Eric Robertson Dodds, 『그리스인과 비이성』, 이와타 야스오岩田靖夫·미즈노 하지메水野一 역, 미스즈쇼보. 이하의 기술은 본서 및 야마가타 다카오山形孝夫의 『레바논의 흰 산―고대 지중해의 신들』(미라이샤)에 많은 신세를 졌다.

4 카로이 케레니, 『신화와 고대 종교』, 다카하시 히데오高橋英夫 역, 신쵸샤.

5 M. 닐슨, 도즈의 앞의 책 제1장의 주에서 인용.

6 버트런드 러셀, 『서양철학사』, 이치이 사부로市井三郎 역, 미스즈쇼보.

7 앙리 엘랑베르제, 『무의식의 발견』, 기무라 빈·나카이 히사오 역, 고분도.

8 플라톤 철학과 아리스토텔레스 철학의 대비(A. O. 러브조이, 『존재의 커다란 연쇄』, 나이토 겐지内藤健二 역, 쇼분샤晶文社). 러브조이는 모든 서양철학사는 어떤 의미에서는 플라톤의 주석이라고 했다.

9 앙리 피렌, 『유럽 세계의 탄생』, 나카무라 히로시中村宏·사사키 가쓰미佐々木克己 역, 소분샤創文社.

10 H. R. Trevor-Roper, *The European Witch-Craze of the Sixteenth and Seventeenth Centuries and other Essays*, Harper & Row, 1956. 이하의 기술에서, 본서 및 오오키 히데오大木英夫 씨의 『퓨리턴』(주코신쇼) 등의 저서에 신세진 바 크다. 마녀사냥에 대해서는 Wilhelm G. Soldan의 *Henriette Heppe(geb. Soldan): Geschichte der Hexenprozesse*(1843)을 비롯해 K. 바슈비츠의 『마녀와 마녀재판』(사카이 슈지坂井洲二·가와바타 도요히코川端豊彦 역, 호세이法政대학출판국) 등. 모리시마 쓰네오森島恒夫의 『마녀사냥』(이와나미신

쇼)이 일본에서는 흔히 인용된다.

11 구스타프 르네 호케Gustav René Hocke, 『미궁으로서의 세계—마니에리슴manié-risme 미술』, 다네무라 스에히로種村季弘·야가와 스미코矢川澄子 역, 비쥬쓰美術출판사.

12 드니 드 루주몽, 『사랑에 대하여—에로스와 아가페』, 스즈키 다케오鈴木健郎·가와무라 가쓰미川村克己 역, 이와나미쇼텐.

13 미셸 푸코, 『광기의 역사』, 다무라 하지메田村俶 역, 신쵸샤.

14 그레고리 질보그, 『의학적 심리학사』, 가미타니 미에코神谷美恵子 역, 미스즈쇼보.

15 미셸 푸코, 앞의 책 및 『감옥의 탄생』(다무라 하지메 역, 신쵸샤). 1595년 암스테르담에서 생겨난 '교육의 집'은 범죄자란 단적으로 '노동을 혐오하는 자'로 규정하고, 톱을 사용하는 제재 노동을 통해 '교정'했다. 이어서 1597년의 '실 잣는 곳'은 그 여성판이다.

16 M. Schrenk, *Über den Umgang mit Geisteskranken*, Springer-Verlag, 1973. 19세기 독일에 대해서는 이 책에서 많은 도움을 받았다.

17 폴 아자르, 『유럽의식의 위기』, 노사와 교野沢協 역, 호세이대학출판국.

18 스티븐 F. 메이슨Stephen F. Mason, 『과학의 역사』, 야시마 스케토시矢島祐利 역, 이와나미쇼텐.

19 마이클 발린트, 『치료론으로 본 퇴행』, 나카이 히사오 역, 곤고金剛출판.

20 스티븐 툴민·앨런 재닉Allan Janik, 『비트겐슈타인의 빈』, 후지무라 다쓰오藤村龍雄 역, TBS브리타니카.

21 E. 존스의 공식 전기를 기본으로 하는 시대는 가고 있다. 사회학자 P. 로젠은 프로이트의 숨겨진 어두운 개인적 측면을, 엘랑베르제(앞의 책)는 프로이트가 동유럽 유대인 사회라는 낡고 어두운 층 출신이라는 각인이 찍혀 있는 것과 아들러, 융(그리고 자네)을 프로이트와 나란히 새로운 역동 정신의학의 건설자로 보고 융이나 아들러와 프로이트 사이의 사제 관계를 부정하면서 또 샤르

코가 프로이트의 스승이라는 증거가 부족하다는 걸 입증했다.

22 예컨대 사르트르는 『변증법적 이성 비판』에서 마르크스주의가 우리의 지평이라는 것, 즉 우리는 마르크스의 손바닥 위를 돌아다니는 손오공과 같은 존재라는 뜻의 말을 했다.

23 예컨대 폴 발레리는 프랑스에서 『자본론』(프랑스어 역은 마르크스 자신이 손을 댔다)의 가장 이른 시기의 독자이며, "나의 방법과 통하는 게 있다"라고 말했다.

24 19세기에 들어서도 잉글랜드의 정신병자 중 일부는 work house(노역장)에 보내졌다. 시설에 수용되기 위해서는 노동 능력이 있음을 입증하는 증명서가 필요했다.(노동 능력이 없는 자는 방치됐다.) 새뮤얼 튜크는 1831년, 의회에서 베들럼정신병원 관리자를 탄핵하는 증언을 해 해스럼 등을 면직하게 만들었다.

25 루이스 멈퍼드, 『기계의 신화』, 히구치 기요시浜口淸 역, 가와데쇼보신샤河出書房新社.

26 야마구치 마사오山口昌男, 『지의 원근법』, 이와나미쇼텐.

용어

ㄱ

ㄴ

ㄷ

ㄹ